北京高校优质本科教材
新时代小学教师教育融媒体丛书
刘 慧/丛书主编

CHUDENG JIAOYUSHI

初等教育史

夏鹏翔 唐延延/主编

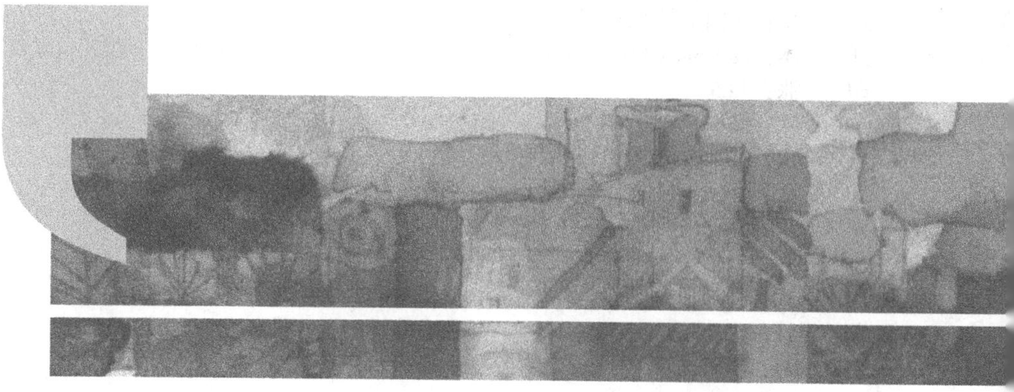

北京师范大学出版集团
BEIJING NORMAL UNIVERSITY PUBLISHING GROUP
北京师范大学出版社

图书在版编目（CIP）数据

初等教育史／夏鹏翔，唐延延主编．—北京：北京师范大学出版社，2019.7（2026.1 重印）

（新时代小学教师教育融媒体丛书）

ISBN 978-7-303-24189-7

Ⅰ．①初…　Ⅱ．①夏…　②唐…　Ⅲ．①初等教育－教育史－中国－高等学校－教材　Ⅳ．① G629.29

中国版本图书馆 CIP 数据核字（2018）第 216081 号

CHUDENG JIAOYUSHI

出版发行：北京师范大学出版社 https://www.bnupg.com

北京市西城区新街口外大街 12-3 号

邮政编码：100088

印　　刷：河北虎彩印刷有限公司

经　　销：全国新华书店

开　　本：889 mm × 1194 mm　1/16

印　　张：12.5

字　　数：260千字

版　　次：2019年7月第1版

印　　次：2026年1月第6次印刷

定　　价：36.00元

策划编辑：林　子　　　责任编辑：康　悦　梁民华

装帧设计：焦　丽　　　美术编辑：焦　丽

责任校对：李云虎　　　责任印制：马　洁

代　序

认识小学儿童　认识小学教育（节选）①

一、重新认识现代小学儿童的发展特征与教育

小学教育是为小学儿童举办的，我们不能仅仅要求小学儿童适应现有的小学制度，适应小学教师现有的教育方式。相反的，小学教育和小学教师必须正确认识小学儿童，认识他们的发展规律及发展需求。

不断发展和进步的儿童观是我们办小学教育的前提。儿童观是人们对儿童的总的看法和基本观点。意大利教育家蒙台梭利早就警示人们：了解儿童，注意我们和儿童世界的关系，“乃是一个良心的问题”。被誉为现代“中国儿童教育之父”的陈鹤琴先生也说：“只有了解儿童，才能教好儿童。”

6 ~ 12、13 岁是小学儿童身心发展速度最快的一段生命时期。他们从以游戏学习为主的生活方式进入以课堂学习各门学科为主的生活方式。学校学习生活和交往方式刺激着儿童的脑突触生长并且有选择和有一定方向性地形成愈益复杂的“互联网络”。小学儿童的学习潜能和创造力是巨大的，而且，只要具备良好的、有滋养性的环境，他们就会有惊人的可塑能力。同时，我们知道每个小学儿童都是一个独特的个体，他们有相互区别的不同神经活动方向和水平。

儿童的学习和发展是他们与其所处的环境互动的结果。认知学习的内容，成人世界的态度，儿童的情绪、情感顺畅表达与否等，构成对个人学习和发展不同的具体意义。所以，我们绝不应该对儿童采用同一的教育方式和评价方式。就社会生活方式和文化大环境而言，今天儿童面对的信息量以及传播方式，面对的价值观引导及其方式，以及他们自身的交往方式都发生了重大的改变，因此不能不考虑他们中的大多数作为独生子女的经历、他们对网络及媒体学习的兴趣和能力、他们受到的不健康风尚的影响和竞争的压力等。所以，我们必须在新的历史条件下重新整体地看待小学儿童。

二、重新认识小学教育的性质任务和特殊的教育功能

小学教育与教育体系内其他教育阶段相区别的独特性主要表现在基础性、全民性、义务性

① 选自朱小蔓《认识小学儿童　认识小学教育》，载《中国教育学刊》，2003（8）。

和公益性等方面，而最重要的独特性是基础性。长期以来，我们对基础性的理解：一是强调它是整个教育制度的基础，小学教育是为学生升入中学做准备；二是强调培养目标上的“双基”，即基础知识、基本技能。近些年，日益激烈的“应试教育”，已经从中学蔓延到小学。众多的家长把小学作为竞争的起跑线，提前演绎升学竞争。这种状况使小学生过早地承受着升学的压力，使儿童失去其本该欢乐的童年，结果是学生学习热情明显降低，对学习日益厌恶和逃避。

小学教育不是升学教育的基础，而是素质教育的基础，在人类倡导构建学习化社会的时代，它是终身教育的奠基阶段，是为人生的发展奠定基础的。作为基础教育，而不是高等教育、职业教育，它是以提高国民素质为目标而进行的非定向、非专门的教育，它不是为某一行业，而是为社会所有行业培养人才打基础的。所以，它的知识、技能不是为了选拔、升学、择业，而是尽可能为人的身心全面发展提供最有利的条件。今天，仅有传统上的“双基”是不够的，我们还要激发儿童积极的学习情感和态度，以促使他们终身保持热爱学习的欲望。从一定意义上说，这种起动力作用的情感态度比“双基”更为基本、更为重要。

三、重新认识小学教师的培养，转变传统教师的角色

小学教育是启蒙教育。在这一阶段，小学教师与可塑性极大的儿童们相处，通过各类课程以及与儿童打交道的互动过程引导儿童向真、善、美和谐的方向发展。小学教师要直接面对身心、智能、精神发展各异的儿童，要发现和感受他们的需要，引发他们学习知识、学习道德的兴趣。

教师要成为学生的关怀者、学生的促进者、教育的研究者。教师在课堂以及其他教育现场开展工作，具有相当大的独立性、个体性。儿童观摩、模仿能力和感受能力强，小学教师的言谈举止格外需要掌握分寸。小学生兴趣爱好的多向性、小学生知识教育的综合性，对小学教师的知识面、性格、气质、敏感程度及其应对能力等综合素质的要求很高，小学教师与大学、中学教师相比较，在许多方面都具有鲜明的专业特殊性。小学教师最有效而长远的培养是在小学教育的岗位上，在教育改革的活动中，从传统的角色中走出来，在新课程实施中实现自身的发展，提升我国小学教育的质量。

朱小蔓

丛书总序

本套丛书集中呈现了我们长期从事小学教师教育理论研究与实践探索的成果，体现了我们对小学儿童、小学教育、小学教师教育及其关系的认识与理解，也着重体现了国家对当代小学教育专业的认证标准、基本理念、培养目标与毕业要求。

培养好的小学教师是当代教师教育的重要使命。何谓好的小学教师？好的小学教师如何培养？这是新时代小学教师教育研究者和工作者必须回答的问题。小学教师是小学教育的实施者，小学教师的素质如何，直接关涉小学教育的质量、小学儿童的生命健康成长状况。《国家中长期教育改革和发展规划纲要（2010—2020年）》明确提出："有好的教师，才有好的教育。要加强教师教育，深化教师教育改革，创新培养模式，提高教师培养质量。"近些年来，我国颁布了《教师教育课程标准（试行）》(2011)、《小学教师专业标准（试行）》(2012)、《普通高等学校师范类专业认证实施办法（暂行）》(2017)、《教育部关于实施卓越教师培养计划的意见》(2014)、《教育部关于实施卓越教师培养计划2.0的意见》(2018)等，这些政策文件从多方面为培养好的小学教师划定了内涵边界，提供了政策保障。习近平总书记提出的"四有好老师"为培养好的小学教师指明了方向。

我国本科层次的小学教师培养开启于20世纪90年代末。经过多年的探索，"中小学"不分的局面被"打破"，小学教师的特性、小学教师与中学教师培养的差异性渐渐明晰，中学教师培养的"学科+教育"之"双专业"模式并不适合小学教师的培养；"综合培养、分科选修"的"2+2"培养模式，"综合培养、特色人才"的培养模式，"分方向"的培养模式，"2+大文大理"的培养模式[①]，随着卓越小学教师培养计划项目的推进，开始逐渐迭代升级。例如，首都师范大学小学教师培养模式由"综合培养、发展专长、注重研究、全程实践"的1.0模式，正在迭代为"儿童取向"的卓越小学教师培养2.0模式。其核心强调的是以儿童为本，实施儿童教育，凸显儿童性、生命性、体验性、综合性。

基于人本教育理念的理性审视，小学教育的实质是儿童教育，而非学科教学。儿童教育意味着以儿童为本，回归儿童的生活，助力儿童生命健康成长，为儿童幸福人生奠基。卓越小学教师之"卓越"的核心即在于突破学科本位，回归儿童教育本位。卓越小学教师是能以儿童为本、研究儿童、理解儿童、读懂儿童、实施儿童教育的好教师，是儿童生命健康成长的指导者和引

① 刘慧：《关于初等教育学科建设的几点思考》，载《首都师范大学学报（社会科学版）》，2009（1）。

路人。

促进儿童生命健康成长，是落实立德树人根本任务的重要体现，是小学教师全部工作的出发点和归宿点。儿童生命的健康成长，离不开教师的爱。爱是小学教师最重要的品质。教师之爱，首先体现为爱生命、凸显生命性。生命是教育的基点，基于儿童生命立场的教育教学活动，是促进儿童生命健康成长的必然要求。爱儿童的生命，就要认识儿童，理解儿童，读懂儿童，为儿童提供适切的教育。因此研究儿童，理解儿童生命成长的规律、儿童认识世界的方式、儿童生活的特性是小学教师的必备品质与关键能力。

高质量教育发展，需要高素养的教师。从教师素养的角度看，提高素养是小学教师专业发展的必要条件。当代我国小学教师的发展主要经历了增长学科知识、提高教学能力、提升学历层次、促进专业发展等阶段，而今正走向人的发展阶段。所谓人的发展，实质是人的生命发展。生命发展是教师专业发展的不竭动力。培育小学教师的发展素养，促进小学教师的生命发展是新时代小学教师教育的核心任务。

“未来已来，过去未去。”当今人类社会正处在又一个新的转型期，人工智能正在改变人类的生存方式，不仅挑战了现代人的体力、智力，而且正逐渐替代人类诸多赖以生存的职业。但也有人工智能不能替代的事物，就目前而言，人工智能的“天花板”是生命，关注人的生命、情感、感受、体验等是人工智能难以替代的，这正是小学教师的价值所在。

从未来的角度看，成为生命教师是教师发展的理想价值。所谓生命教师，是对生命有着深刻认识与理解，能以生命为本、以生命为师，用生命从事教育事业，以生命影响生命的教师；是能将教育回归生命，能以学生生命健康成长为宗旨和使命的为了生命的教师。生命教师是未来对教师的角色定位，也是教师应对人工智能挑战的一张“王牌”。

正基于此，本套丛书的创编注重由“知识本位”转向体现“以人为本”的教育理念，注重以学生为中心，凸显生命体验。教材的编写不是只见知识，不见人；不是以“教”为主，而是以“学”为主，体现以学定教；凸显“融媒体”的新型教材特点，体现时代对创编及使用教材的新要求，即通过增强教材的交互性和开放性，使教材成为师生学习的一部分，注重信息技术的应用，教学媒介由单纯的纸质教材延伸到包括电子课件、模拟动画、微课视频及考试系统等多媒体手段上来。

感谢北京师范大学出版社的邀请，尤其是林子编辑积极、热情的投入与推动；感谢参与本套丛书出版的全体作者。

谨以本套丛书为我国高校小学教育专业创建二十周年献礼。

刘慧
2019 年 3 月 15 日
于西钓鱼台嘉园

前　言

初等教育作为基础性教育，其重要性无须赘述。无论是从教育的机会均等、受教育者的权利的视角，还是从国家发展战略的高度来看，初等教育都是我国教育事业的重中之重。

首都师范大学初等教育学院自2011年起开设“初等教育发展”这门课程，专门就中外初等教育史进行了梳理和讲授。其间，任课教师借鉴了历史教材、教育史教材以及初等教育方面的相关资料进行教学，学生们普遍反映这门课程针对性强，对今后的工作和研究很有帮助。本教材就是在参考任课教师讲义的基础上，着重吸收有关初等教育的材料编写而成的。我们编写本教材出于以下几点原因：

第一，填补初等教育史教材的空白。教育史是师范专业学生的必修课程。迄今为止，中外教育史教材不下十几种。但是，大多数教育史教材是通史性的，对初等教育的描述比较简练，不尽全面。这不利于我们全面了解初等教育史。初等教育是教育发展的第一阶段，是基础，缺少了初等教育的教育史教材是不完整的。因此我们有必要编写教材，以期弥补以往教育史教材的缺陷，还原人类社会初等教育发展的全貌。

第二，为初等教育专业的师范生服务。自1999年开始，我国小学教师的学历提升为四年本科，至今已有200余所院校开设了初等教育专业。大批初等教育专业的师范生顺利毕业，走上小学教育的工作岗位。20余年过去了，各院校一直选用以往的教育史教材，因为还没有一部专门的初等教育史教材可供使用。为此，我们编写本教材，以使初等教育专业的师范生能够更加深入地理解初等教育，为他们以后的工作打好史学基础。

第三，开展初等教育学学科建设。编撰初等教育史教材是初等教育学学科建设内容。目前，我国初等教育的研究多数集中在办学理念、课堂教学、师生关系等层面，缺乏发展的视角，而这个视角首先应该是历史的。为此，我们以教材的形式进行研究，以史为鉴，读史明心，为我国初等教育发展提供可参考的元素。

本教材分为五编，共九章。第一编是初等教育概论，虽然篇幅较小，但是作为整本教材的核心，梳理、讨论了初等教育的概念、特点等重要内容；第二编是初等教育的起源——古代初等教育，外国到14、15世纪文艺复兴之前，中国到1840年被迫开放国门之前，主要阐述初等教育的历史渊源及古代思想家论初等教育；第三编是初等教育的产生——近代初等教育，外国到大规模工业化之前，中国到1919年五四运动之前，主要阐述初等教育的产生、代表性事件以及近代教育思想家论初等教育；第四编是初等教育的发展——现代初等教育，外国到第二次世界大战结束前，中国到1949年新中国成立，主要阐述工业革命后初等教育的普及状况及现代教育思想家论初等教育，中国部分加入了解放区的初等教育；第五编是初等教育的变革——第二次世界大战后初期的初等教育，中外都到20世纪60年代，主要阐述第二次世界大战后民主主义对初等教育的影响，中国部分加入了成人初等教育（识字运动[①]）。关于以上各章历史阶段的划分缘由和根据，本教材在第一章第三节有所介绍。

本教材在编写过程中，力图突出以下特点。第一是重视历史背景的描述。以往教育史教材大多专注于教育现象的描写，而对于教育产生的原因和发生过程中重要事件的追述不是很充分。本教材站在马克思主义辩证唯物主义和历史唯物主义的立场，联系地解读教育与社会政治、经济、文化的关系，发展地看待教育产生的来龙去脉，追溯历史，还原历史，以帮助学习者加深理解。

第二是站在全球史观的立场，打破洲界、国界的限制，在大背景、大环境下同时观察各国的初等教育，特别是我国初等教育发展与其他国家初等教育发展的异同。这种纵向加横向的阐述方法可以克服孤立、片面的弊病，有利于我们全面地分析整体与局部的关系，既可以借鉴他国，又能够聚焦本土。这种思路本身就是一种研究方法的渗透，对于学习者来说是很好的史学研究的训练。

第三是加入了成人初等教育的内容。成人识字运动是初等教育的重要组成部分。在我国，解放区的识字运动有着很好的基础。新中国成立后到20世纪60年代，三次扫盲教育高潮使得大批民众摆脱了不识字的痛苦和困境，成为有知识、有觉悟的国家主人。成人初等教育有力地推进了我国教育的发展，特别是补充和完善了学校教育，是我国初等教育发展过程中的大手笔。

本教材的理念、宗旨、编写提纲及框架由夏鹏翔、唐延延等商量确定。写作分工为：

夏鹏翔：第一章，第五章，第九章，第六、第八章中苏联初等教育；

唐延延：第二章，第三章，第四、第六、第八章中法国初等教育；

张志坤：第四、第六、第八章中德国初等教育；

于湛瑶、夏鹏翔：第四章第二节，第四、第六、第八章中英国初等教育；

刘慧、夏鹏翔：第六章第二节，第七章；

李晨晖、夏鹏翔：第四、第六、第八章中美国初等教育；

林莹、夏鹏翔：第八章第二节；

张鹏程、张文静、侯捷非、崔露涵：各章名人小名片及相关史料撰写。

全书修改、审定由夏鹏翔、唐延延负责。

本教材在编写过程中，得到了首都师范大学初等教育学院院长刘慧（非上述撰稿人）教授以及各位专家、领导的大力支持。人民教育出版社编审、课程教材研究所研究员刘立德教授给予

① 识字运动：20世纪初，晏阳初、陶行知等教育先驱者引领的声势浩大的平民识字运动，在我国民国教育史、我国近代社会教育史中占有重要的地位。1949年以后，我们普遍使用“扫除文盲”或者“扫盲教育”。——编者

了宝贵的建议和资料。另外，杨智慧、张惠娴、张誉馨、赵培培、左晓慧、李蓉和朱情也提供了相关的参考资料，在此一并表示感谢。

特别值得一提的是江苏教育博物馆馆长胡廷枢先生的故事。胡先生经营的博物馆内藏清末至改革开放近百年的教育文物1000余件，其中不少宝物都是我们小时候见过或用过的。胡先生搞收藏，却从不以收藏家自居，常谈自己是中国教育大厦的建造者。确实，馆内诸多宝物堪称极品，如民国时期富家小姐上学用的柳条书包，花费十几年时间“想”来的、用炮弹壳做的小学上课铃铛等。这些东西对我国近现代教育史研究来说，都是不可多得的宝贵资料。1998年，一次偶然机会，从商的胡先生走上了收藏之路。20年来，他辛苦奔波，献身收藏，一生劳苦而乐此不疲，是一名富有真性情、真情怀的民间教育者。

在江苏教育博物馆，我们这本《初等教育史》遇见了一份难得的资料——民国元年政府出刊的《教育》。这份资料记载了当年政府制定的学校系统表和小学及师范学校课程表。该课程表不仅有科目名，还记载了具体课程内容和课时数。这是其他教育类教材未曾使用过的，十分珍贵（第五章第一节）。衷心感谢胡先生的帮助，感谢他对我国师范教育的大力支持。

作为第一部初等教育史教材，第一版问世后，得到了我国著名教育家顾明远先生的关心，先生在百忙之中为本教材写下书评《一部小学教师的必读教材》，于2019年10月31日发表在《中国教育报》上（编辑改名为《教育史鉴古今》，见第4页）。在此，谨向德高望重的顾先生致以崇高的敬礼和深深的感谢。

2020年，《初等教育史》（第一版）参加北京市教育委员会主办的评优活动，荣获“北京高校优秀本科教材”奖，也收到了一些设有小学教育专业院校的好评。此次修订版，加入了制作“中国 MOOC”时的录课视频，以为学习者提供更为便利的学习资源（https://www.icourse163.org/course/CNU-1206448821?from=timeline&isappinstalled=0）。

但总体来讲，由于我们水平有限，其中不免有疏漏等问题。我们期待能为我国的初等教育研究做出微薄的贡献，更期待在尝试中不断改进，不断提升。在此，敬请各界专家、学者不吝赐教，我们将感激不尽。

2021年夏日

首都师范大学初等教育学院

教育教研室（A513）

2019年10月31日 星期四
中国教育报

◉教育感悟

教育史 鉴古今

顾明远

初等教育是基础教育中的基础，是提高国民素质、打好身心健康发展、终身学习基础中最重要的环节。千百年的历史告诉我们，一个人思想品德的形成、良好行为的养成、学习能力的发展，都是在初等教育阶段打下基础的。在当今我国九年义务教育得到普及的基础上，办好初等教育尤其重要。

教育大计，教师为本，加强初等教育教师队伍建设，培养一支高素质、专业化、创新型的小学教师队伍，是教育发展的基础工作。为此，在本世纪初，我国将小学教师的培养从中师水平提高到高等教育的水平。目前，我国已有200多所院校开设了初等教育本科专业。

如何在高等师范院校初等教育专业中培养小学教师？课程建设是一个重要环节。我主张小学教师的培养要一专多能，不能单科独进。这样才能适应小学生综合思维的培养。我特别主张教师要读点教育史。教育是科学，当前脑科学、人工智能等都对教育产生了革命性的影响；教育又是人文艺术，要靠经验的积累，历史的经验不可少。读点教育史可以了解历史上人才培养中的得与失、经验与教训，使教育在传统和创新的交替中不断发展。

现代意义的初等教育是工业革命的产物。但并不是说此前就没有初等教育。我国古代教育典籍《学记》中，就记载有“古之教者，家有塾，党有庠，术有序，国有学。”古希腊有斯巴达的军事教育、雅典的和谐教育。但这些都不是现代意义的学校教育。我国实施现代初等教育的小学校也只有100多年的历史。培养小学教师的师范学校，最早出现在1897年，是盛宣怀在上海南洋公学内设的师范院。100多年来，我国初等教育和师范学校走过了艰难曲折的道路，也取得了丰富的经验，值得我们认真总结。

首都师范大学的夏鹏翔、唐延延主编的《初等教育史》正是迎合了这种需要，适应当今我国对小学教师培养的需要，具有重要的理论意义和现实价值。

第一，重视史论结合。以“历史时间”为经，“历史叙事”为纬，记叙初等教育在人类社会历史长河中的地位和作用。重视历史背景的描述及其与初等教育的关系，从理论依据和事实依据两个方面，详细论证了中外历史发展与初等教育的关联和初等教育发展阶段划分。由此，加强了学术性，有利于提高师范生的学术素养。

第二，站在全球史观的视角，重视世界教育的发展。关注世界各国经济、政治、文化的变迁对初等教育的影响；站在世界大背景、大环境形势下，介绍各国初等教育的发展。拓宽师范生的教育视野。

第三，在内容编排上注意名人趣事的叙述，每一章之前加入了“名人小名片”，介绍本章节中重要教育人物的生平及其对初等教育的贡献；插入了资料图片，如民国元年政府颁布的《教育》中记载的当年学校系统表和小学及师范学校课程表，资料极其珍贵，也使教材增加了时政性、可读性。

第四，加入了成人初等教育一章，介绍了我国革命根据地和新中国成立初期的扫盲运动。这虽然不属于现代初等教育的范畴，但对于我国历史上扫除文盲、提高国民文化教育水平，具有重要意义。这个经验也值得记录下来。

《初等教育史》填补了师范院校教材的空白，对于我国初等教育学科的建设和小学教师的培养具有重要意义。

（作者系国家教育咨询委员会委员、北京师范大学资深教授）

目 录

第四编 初等教育的发展

第五编 初等教育的变革

第一编

概　论

第一章　初等教育概论

知识导图

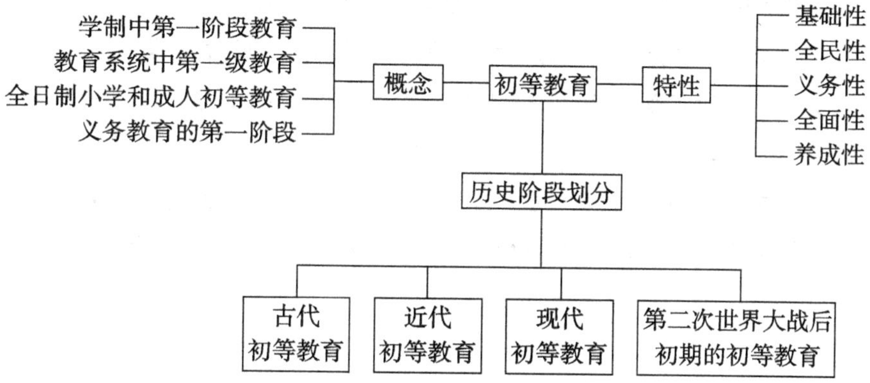

学习目标

1. 掌握初等教育的概念、特性及其与基础教育的区别。
2. 领会教育学意义上的初等教育。
3. 了解初等教育的历史阶段划分。

初等教育作为教育系统中基础的部分，有着基础性、全民性、义务性、全面性和养成性的特点。教育学意义上的初等教育始于16世纪欧洲宗教改革。之后直至20世纪60年代，世界政治、经济、文化领域的发展和繁荣极大地影响了近、现代初等教育的发展。

以历史学的视角划分初等教育的历史阶段，鸦片战争、文艺复兴是促成中外近代初等教育产生的重要历史事件；五四运动和工业革命分别是促进中外现代初等教育发展的重要历史事件；第二次世界大战结束后，民主主义教育理念得到普及。这些重要历史事件既是世界整体历史发展的重要节点，又是初等教育产生、发展和变革的重要原因。

第一节　初等教育的概念和特性

资源：初等教育发展概论

一、初等教育的概念

按照《中华人民共和国教育法》规定，我国现行学校教育制度分为四等，分别是学前教育、初等教育、中等教育和高等教育。目前我国教育界对初等教育的解释主要有以下几种。

初等教育又称小学教育或基础教育。它是使受教育者打下文化知识基础和做好初步生活准备的教育，通常指一个国家学制中第一阶段的教育，教育对象一般为6～12岁的儿童。在我国，它是社会主义现代化建设的重要基础。其主要任务是为国家培养新生，为他们接受中等教育打下良好的基础。[①]

初等教育是教育系统中最基础的部分，被联合国教科文组织称为第一级教育，是学校教育最初始的阶段，具有普及性、广泛性，一般属于义务教育阶段……我国现行学制中的初等教育指小学教育和成人初等教育，一般为六年制，也有五年制。[②]

初等教育主要指全日制小学，招收6～12岁的儿童，学制为六年（也可为五年）。全日制小学的教育任务是为国家培养新生，使他们在接受中等教育前有良好的基础。相当于小学教育程度的有成人初等教育。[③]

初等教育指对受教育者实施小学文化程度的教育，在我国，包括儿童的初等教育和青年、成人的初等教育两种。对儿童实施初等教育的学校为小学，给儿童以全面的基础教育；对青年、成人实施初等教育的学校为业余初等学校和识字学校。[④]

初等教育即小学教育，是使受教育者打下文化知识基础和做好初步生活准备的教育。实施初等教育的机构为小学，招生对象一般为6～12岁的儿童，修业年限为5～6年，是促进儿童全面发展的基础教育。中国实行义务教育制度，初等教育是义务教育的第一阶段。[⑤]

以上几种概念可以归纳如下：初等教育在国家整体教育体系中处于第一级，是基础性的教育；任务是开展小学文化程度的教育；目的在于指导小学儿童掌握基本的知识，促进小学儿童全面发展，培养社会主义新生力量。另外，我国的初等教育还包括成人初等教育，这也是本教材编入成人初等教育的原因之一。

基于以上认识，我们可以明确初等教育即一个国家教育体系中的第一级教育，一般指全日制小学，招收6～12岁的儿童，学制为5～6年，是指导小学儿童养成良好的品德习惯，掌握基础的文化知识，做好初步的生活准备，以促进儿童全面发展的教育。在我国，初等教育包括成人初等教育。

---

① 张念宏:《教育学辞典》，255页，北京，北京出版社，1987。

② 顾明远:《教育大辞典》增订合编本 上，185页，上海，上海教育出版社，1998。

③ 朱小蔓:《中国教师新百科》，66页，北京，中国大百科全书出版社，2002。

④ 中华书局辞海编辑所:《辞海》第7分册，10页，上海，中华书局辞海编辑所，1961。

⑤ 袁贵仁:《中国教育》，11页，北京，北京师范大学出版社，2013。

其中值得关注的是初等教育与小学教育、基础教育以及义务教育之间的关系。首先看初等教育与小学教育，二者最大的区别在于学生年龄上的差距，或者说是学生的范围不同。前者包括小学儿童和成人，后者专指6～12岁的小学儿童。在性质上，前者属于全民教育，后者既是全民教育，又是义务教育。在学习内容上，二者均属于基础性的学习，包括读、写、算等基本技能。

初等教育与基础教育、义务教育的异同点主要体现为初等教育包含在基础教育之中，是基础教育的第一阶段。因为，基础教育是“对国民实施基本的普通文化知识的教育，是培养公民基本素质的教育。也为继续升学或就业培训打好基础的教育。一般指小学教育，有的包括初中教育”①。目前，我国的基础教育包括小学和初中。我国于1986年颁布的《中华人民共和国义务教育法》规定“国家实施九年制义务教育”（第二条），即从小学到初中都属于义务教育范围。由此，基础教育和义务教育具有很高的同质性，初等教育是义务教育的一部分。

二、初等教育的特性

初等教育不同于其他阶段的教育，它在小学儿童的知识学习，特别是人生发展方面具有特殊的意义。其所具备的主要特性如下。

①基础性。初等教育处于学校教育制度的第一阶段，其基础性主要体现在它是小学儿童养成优良品质的基础、学习文化知识的基础、成为合格公民的基础和开展终身学习的基础等方面。它关系到国民个人基本素养的提升和全民族科学文化水平的提高，是国家整个教育事业的基础。

②全民性。初等教育不仅面向适龄小学儿童，还包括成人的初等教育。这关系到教育的机会均等、受教育者的权利等问题，更是提高全民族文化水平和国民素质的保障。

③义务性。站在法律的角度，初等教育强调适龄儿童都要进入小学接受基础性教育。为此，国家、社会、家庭必须提供条件，保证适龄儿童接受教育。强迫和免费是初等教育义务性的具体表现。

④全面性。初等教育的目的是促进小学儿童身心和谐和全面发展，因此，初等教育实施的是普通文化知识的教育、启蒙的教育，并在此基础上引导学生学会学习，学会生活，为成为某一方面的专业人才打下基础。

⑤养成性。初等教育除去文化知识的教授，更为重要的是培养小学儿童积极的人生态度，良好的学习习惯，诚实守信、助人为乐、热爱劳动等优良品质和善于思考、勇于创造的时代精神。

第二节　教育学意义上的初等教育

我国作为文明古国，教育的历史源远流长。夏、商、周时代的庠、序、校等教育设施是我

① 顾明远：《教育大辞典》增订合编本 上，627页，上海，上海教育出版社，1998。

国初等教育的早期形式。西周时期，国学分为小学和大学，贵族子弟接受“六艺”教育，还有专门为儿童撰写的教材《史籀篇》等，形成了初等教育的雏形。之后，初等教育不仅在官学中占有比例，在私学的普及过程中也占有非常重要的地位。特别是到了宋代，各种儿童读物、教材相继出现。初等教育除去以往忠孝人伦等道德性的内容之外，增加了社会、自然等知识性内容，在形式、内容等各方面都得到长足的发展。直到 1904 年清政府颁发《奏定学堂章程》为止，我国两千多年的初等教育成为东方古代教育的一大典范。

我国古代的思想家、教育家始终关注教育，尽力于教育的推进。从孔子的“有教无类”“因材施教”“学思结合”“举一反三”等教育思想的传播和实践，到孟子的性善论、荀子的性恶论等有关人性的探讨，先贤们献身教育，高屋建瓴，不仅引领了我国教育的发展，也丰富了世界教育思想的宝库。特别是战国末期问世的《学记》，是世界上最早的教育教学专著，在世界教育学领域中具有极其重要的意义。

但是，古代的教育思想主要包含在各种哲学著作当中。我国儒家、道家、法家等学派的论著既有教育思想，也有修身之道，是天地之大道、人生大哲学。西方也是如此。古希腊哲学家苏格拉底、柏拉图、亚里士多德等都就教育问题阐述已见，为我们留下了宝贵的思想遗产。然而，他们也并非就教育而论教育，教育只是其哲学思想的一部分，或者说是为他们的主义服务的。例如，柏拉图为了建设理想的国家，人为地将国民分为金、银、铜三个等级，主张实施分等级的教育。中世纪以后，欧洲大陆开始了黑暗的千年史，初等教育在“儿童性恶”这一基督教教义的影响下，束缚、压制甚至迫害儿童。经过文艺复兴、启蒙运动、宗教改革几大运动的洗礼，欧洲终于走出了黑暗，迎来了光明，初等教育也获得了“以人为本”“尊重儿童”和“个性自由”的新生。特别是以马丁·路德为首的新教的发起和传播，催生了本族语学校的诞生和普及，国家开始干涉教育，近代学校教育初具规模。

在由新教派与天主教派激烈对立引起的欧洲三十年战争（1618—1648）期间，饱受亡国之难和失去亲人之苦的夸美纽斯潜心研究“泛智论”。他撰写《大教学论》高扬“把一切知识教给一切人”，并论述了教育的目的论、方法论和教学论，从而使得教育学从哲学中分离开来，成为一门独立的学科，夸美纽斯也被誉为“近代教育之父”。

近代学校教育最大的特点体现为国家参与管理，有目的、有规模地开办学校。特别是现代以来，各工业国家逐步以法律的形式推动和普及教育，这和以往我国个人开办的私塾以及西方松散的、以教会学校为主的、小规模的教育截然不同。从这个意义上可以说，近代学校教育诞生在欧洲，教育学意义上的初等教育诞生在西方。为此，本教材把西方初等教育编在前边，以便于学习者参阅和理解。

我国近代以来开始学习西方，制定学堂章程，开办新式学堂，之后几经改革，有了今日的学校规模和发展模式。相对于外国的初等教育，本教材中我国初等教育的篇幅和内容更为充实，这一方面是因为资料收集比较方便，另一方面是为了凸显我国初等教育的完整性。

第三节　初等教育历史阶段划分

一、划分的理论依据

编写教育史教材，首先需要弄清楚的就是历史阶段划分。本教材也面临着同样的问题，主要集中在对中外近、现代的认识和划分。教材中相应的内容是第三编和第四编。虽然以往的教育史类教材已经有比较成熟的历史划分，但是本教材站在全球史观的视角，一方面参照以往的教材，另一方面更注重社会整体发展、中外历史发展的对应性，拟从历史的角度来划分中外初等教育的发展阶段。在此，仅就中国史学界中外历史研究中的主要观点在本教材中的应用做简单说明。

首先，modern兼有近代、现代的意思，中文一般译为近代。罗荣渠说："'modern'一词是文艺复兴时期人文主义者的著作中最先使用的。当时用这个词表达一个新的观念体系，即把文艺复兴看成是一个与中世纪对立的新时代。""在英文里，……'现代'（modern）一词至少有两层含义：一层是作为时间尺度，它泛指从中世纪结束以来一直延续到今天的一个'长时程'；一层是作为价值尺度，它指区别于中世纪的新时代精神与特征。"① 按照这个解释，modern与文艺复兴同生，无论是看时间尺度还是看价值尺度，文艺复兴都应该是欧洲近代或者世界近代的开端。另外一部分学者从资本主义发展史或者大国兴衰的角度，将1500年（或者15世纪末16世纪初）作为世界近代的开端。例如，吴于廑、齐世荣主编《世界史（近代史编）》（高等教育出版社2001年版）、齐世荣主编《15世纪以来世界九强的历史演变》（广东人民出版社2005年版）等。这两种观点虽然视角不同，但从时间段上看与上述罗荣渠的观点没有太大的出入。还有学者以工业社会作为近代史的上限。例如，许永璋认为"世界近代史是人类进入工业社会和工业社会发展的历史"②，它的上限可以定在18世纪60年代。这种说法与后述20世纪80年代以后的现代化研究有重叠之处。对于这些观点和分段，本教材认为取文艺复兴为外国近代初等教育的起点是合适的。因为资本主义发展也好，西方大国兴起也好，都受益于文艺复兴打破了封建束缚和宗教枷锁，解放了思想，提倡人的价值。教育史教材应该关注文化、思想领域在每个历史阶段中的特殊意义。

关于世界现代史的上限，新中国成立初期，受苏联历史编纂学影响，国内史学界一般将1917年俄国十月革命作为世界现代史的上限。直至今日，仍有学者坚持这种观点。例如，李世安认为应该"以十月革命作为世界现代史的开端"③。20世纪80年代以后，随着"现代化"研究的推广，史学家开始关注生产力形态，将工业社会作为现代社会的代表。例如，罗荣渠说："'现代化'作为一个世界历史范畴，是对第一次工业革命以来世界变革与发展的特殊进程的称呼。在这里，'现代'这个概念是以大生产力形态作为世界历史发展坐标的主轴对这个新时代的新定位。"因此，"新的现代化理论给'现代'的定位……是指18世纪后期工业革命开始以来一直到现在这

---

① 罗荣渠:《现代化新论》，5~6页，北京，北京大学出版社，1995。

② 许永璋，于兆兴:《世界近代史断限问题新探》，载《史学月刊》，2003（1）。

③ 李世安:《略谈世界现代史的开端问题》，载《温州大学学报·社会科学版》，2010，23（1）。

样一个新时代，这是人类历史发展进程中的一个特定阶段。这个新时代的中心内容是在现代生产力引导下人类社会从农业世界（社会）向现代工业世界（社会）的大过渡。”[①] 目前，持有这种观点的学者比较多。还有一些学者将近现代作为整体来考察。例如，钱乘旦认为世界近现代史的主题是现代化，近代以来的世界史就是围绕现代化这个主题展开的。[②] 但是，在看待世界初等教育发展的时候，特别是考虑到教育与经济发展的关系，本教材认为将工业革命作为外国现代初等教育史的上限比较合适。

对于中国近代史的划分，我国史学界一般将鸦片战争作为代表性事件。这主要是从社会性质上来判断的。也就是说，我国从独立的封建社会沦为半殖民地半封建社会的大事件，就是鸦片战争。对于这一点，学者们几乎没有异议。问题点在于中国近代史的下限应该划在哪里，这也关系到中国现代史的上限问题。

20 世纪 50 年代，以马克思主义群众史观（或者革命史观）为基准，我国普遍以 1919 年五四运动作为中国现代史的上限，即普通民众登上了历史舞台，并对社会发展起着重要的作用。这也是中国新旧民主主义时期划分的重要依据。周一良认为采取 1918 年米骚动作为日本现代史的起点是比较妥当的，因为米骚动与国际革命影响相呼应，给日本的劳工运动以强有力的刺激，在这个革命高潮中，无产阶级起了很大作用。[③] 将五四运动作为中国现代史的上限也是同样的道理。

到了 20 世纪八九十年代，随着研究视角和学科体系的发展，有的史学家从社会性质的角度建议把 1840 年到 1949 年作为中国近代史。例如，胡绳在对《近代史研究》创刊 100 期表示祝贺时建议："把 1919 年以前的 80 年和这以后的 30 年视为一个整体，总称之为'中国近代史'，是比较合适的。这样，中国近代史就成为一部完整的半殖民地半封建中国的历史，有头有尾。"[④] 对于用 1949 年取代 1919 年作为中国近代史的下限，金冲及解释道："以往我们比较多的把中国近代史说成从鸦片战争到五四运动，这大体上是从 1949 年以前流行起来的。……讲的是五四运动以后的中国革命史。当时把近代、现代那样划分很容易理解，因为那个时候还处在 1949 年以前，……现代只能说是五四运动以后了。现在新中国成立已经 50 多年，近代现代的概念应该有个变化。更为重要的是，从鸦片战争到中华人民共和国成立是一个完整的发展阶段，它是中国半殖民地半封建社会的历史，它是中国近代民族民主革命的历史。"[⑤] 对此，本教材完全赞同。但由于本教材止于 20 世纪 60 年代，因此，仍然取 1919 年五四运动为中国现代初等教育史的上限。

总之，对于中外近现代初等教育的阶段划分，本教材的整体认识如下：第一，站在 20 世纪 60 年代的立场，既然是教育史教材，那么我们编者本身也要将自己置身于那个时代，尊重那个时期的历史观、学术观；第二，在关注生产力发展水平的同时，更要注重思想观念、文化生活等意识形态领域的变革及其所发挥的历史作用，这一点关系到对文艺复兴和对五四运动的认识；第

① 罗荣渠：《"现代化"的历史定位与对现代世界发展的再认识》，载《历史研究》，1994（3）。
② 钱乘旦，吕一民，徐健：《"十一五"期间世界近代史研究》，载《世界历史》，2011（4）。
③ 林承节：《周一良教授论日本近代史分期》，载《北京大学学报》，1963（2）。
④ 转引自张海鹏：《关于中国近代史的分期及其"沉沦"与"上升"诸问题》，载《近代史研究》，1998（2）。
⑤ 金冲及：《中国近代历史的几个根本问题》，载《中共党史研究》，2005（3）。

三，以近现代史的视角整体把握，也就是将第三编、第四编作为中外近现代初等教育的第一部和第二部，这样可以连续、完整地解读那个时代初等教育的发展脉络。

另外，第二编、第三编和第四编在内容上都存在着时间差，也就是在每个阶段，中外两个时间段不整齐，有的相差一百多年，有的相差四五百年。对于这个问题，本教材认为在每个小阶段中看起来有差距的时间段，其实从人类几千年文明史的站位和全球史观的视角来看，四五百年就是一瞬间了，我们应该从大局观看历史，以社会性质来审视教育史。

特别需要说明的是苏联的初等教育。十月革命之前的沙皇俄国腐朽、落后，是封建、专制的帝国主义国家。由于其社会性质、生产力、社会阶层状况等与其他西方国家不尽相同，因此，它与宗教改革有距离，也没能赶上工业革命的大潮，走上资本主义发展之路，而是在十月革命的炮声中走上了社会主义道路。苏联教育对我国教育的影响非常大，特别是在新中国成立以后，其教育思想和教育实践成为我们初等教育改革的范本。为此，本教材在第四编和第五编加入了苏联初等教育，探究其从十月革命到20世纪60年代初等教育发展的脉络。

二、划分的事实依据

如前言所述，本教材分为五编，共九章。第一编是概论，第二编是初等教育的起源，第三编是初等教育的产生，第四编是初等教育的发展，第五编是初等教育的变革。历史阶段划分的事实依据主要集中在第二编、第三编和第四编。

第二编阐述初等教育的起源，即古代初等教育，主要探究初等教育的历史渊源。外国到14、15世纪文艺复兴之前，中国到1840年被迫打开国门之前。

在这里我们可以发现，中外两个时间段不整齐，相差竟有四五百年。这是因为从历史划分上看，在欧洲，文艺复兴被称为“近代的曙光”，文艺复兴之前有古代和中世纪两个阶段的划分。从教育的发展上看，文艺复兴之前，欧洲教育的繁荣集中体现在古希腊和古罗马时代。中世纪以后，教育陷入宗教的束缚，不但没有发展，反而有所倒退。文艺复兴运动的初衷正是对这种状况进行反省和批判，并在继承、复兴古代文明的基础上，提倡人性、人文、自由和科学，指引“近代的曙光”，特别是“近代教育的曙光”。在中国，从历史划分上看，鸦片战争是中国近代开始的标志性事件。鸦片战争之前的教育虽然也在随着时代的变迁发生着变化，但由于社会性质没有改变，因此教育理念、教育内容、教育方法等方面也没有根本性的变革，都可以统一归为古代初等教育。

第三编阐述初等教育的产生，即近代初等教育，主要探究初等教育的产生、代表性事件以及近代教育思想家对初等教育的论述。外国从文艺复兴到大规模工业化之前，中国从鸦片战争到1919年五四运动之前。

这里也存在着同第二编一样的问题，即中外在时间上相差一二百年。从历史划分上看，学者一般认为欧洲在文艺复兴和开辟新航路之后，开始向资本主义过渡，这是世界近代史的开端。从教育的发展脉络上看，欧洲文艺复兴，特别是宗教改革催生了初等教育。德国、法国以及北欧各国为推行新教，大力兴办本族语学校，大有方兴未艾之势。但是，那个时期毕竟是初等教育的始动阶段，办学环境、条件等方面困难重重，直至工业革命爆发之前，都是在摸索中发展的。中国的情况是鸦片战争以后，中国从独立的封建社会转向半殖民地半封建社会。西方列强的侵略暴行，促使中国认识到古代教育缺乏实用性，不能适应社会的发展，更无法对抗外敌的围攻，遂奋起直追，学习西方。然而几千年的封建观念极大地阻碍着近代教育的转型，虽然清政府力图维新，并颁发了学堂章程，但是新式学堂的数量和民众上学的情况极不乐观，远远达不到发展的规模。这可以说是中外近代初等教育的相似之处。

第四编阐述初等教育的发展，即现代初等教育，主要探究工业革命以后初等教育的普及状况和教育思想家对初等教育的论述。外国从工业革命到第二次世界大战结束之前，中国从五四运动到1949年新中国成立之前。

这一编在开始阶段的时间上，中外也是相差一百多年，但是在截止时期上几乎没有差别。从历史划分上看，欧洲工业革命后，资产阶级取代封建、宗教的统治，无论是人们的思想观念还是生产、生活方式都发生了根本性转变。各国逐步认识到普及教育对经济发展的重要性，先后制定法律法规，大力推行义务教育。到19世纪末20世纪初，西方各工业国家先后实现了免费的义务教育，初等教育得到了极大的发展。之后，两次世界大战相继爆发，西方各国忙于应战。直到第二次世界大战结束，教育保持着现状，没能向前迈进。对此而言，中国现代史的划分虽然也有工业化的因素，但更加以精神、文化的变革为代表，那就是1919年的五四运动。五四运动高扬“科学”和“民主”两面大旗，宣传现代社会提倡的公民意识、社会责任以及科学精神，这些理念对初等教育的影响是极大的。特别是“壬戌学制”（1922年）的制定，使得六三三学制定型，奠定了我国现代学校制度的根基，也促使我国的学制完成了与世界的接轨。

最后需要说明的是，本教材从教育的起源写起，截至20世纪60年代。因为沉淀过的才是历史，才能够供我们借鉴。取这个结点有两方面的考虑。第一是第二次世界大战后到20世纪60年代，世界整体处于东西两大阵营的对峙状态。冷战下的教育呈现出竞争性、对抗性和斗争性。例如，1958年美国出台的《国防教育法》，无论是改革背景还是改革目的，都是针对苏联的，政治气氛很浓。这种特殊背景下的初等教育，与其之后的发展形成对比，有必要向学习者阐述清楚。而20世纪80年代开始的教育改革则不同，呈现出国际化、多文化、人文性的态势。这正是第二次世界大战后，人类面临着构建“和谐世界”的共同任务。[①] 其中的背景和变化离我们很近，在此就无须多言了。

第二是我国初等教育发展的特殊性。我国古代初等教育以传授儒家思想为主；近现代开始学习西方，推行科学、实用的教育；新中国成立以后，虽然学校教育和成人初等教育都卓有成就，但是由于政治运动的影响，20世纪60年代的教育处于停滞状态；1978年改革开放以后，教育发展迎来了春天，我国再次奋起直追，学习西方，与世界接轨。尽管目前我国与发达国家还存在着差距，但是从理念上、思想上可以说和国际教育改革是同步的，并逐渐走到了与各国相互借鉴、共同提高的今天。改革开放40年来教育改革的历程和效果就在我们眼前，在此也无须多言。

如此看来我们可以说，于中于外，20世纪60年代都是一个分水岭。站在第二次世界大战后

① 向荣:《世界史与和谐世界》，载《历史研究》，2008（2）。

70多年的今日回顾世界初等教育，我们可以看到，世界格局、政治斗争、生产发展等直接影响着初等教育的目标、内容和方法等。可喜的是，我们终于迎来了教育的国际化、多元化。教育产生于人类社会，服务于人类社会，始终都应该发挥其正能量，为人类幸福做贡献，为世界和平做贡献！

思考题

1. 初等教育的概念是什么？它和基础教育的区别是什么？
2. 初等教育具有哪些特性？
3. 如何解释教育学意义上的初等教育？
4. 以小组研究的形式探讨初等教育的历史阶段划分。

第二编

初等教育的起源

第二章　外国初等教育的起源

知识导图

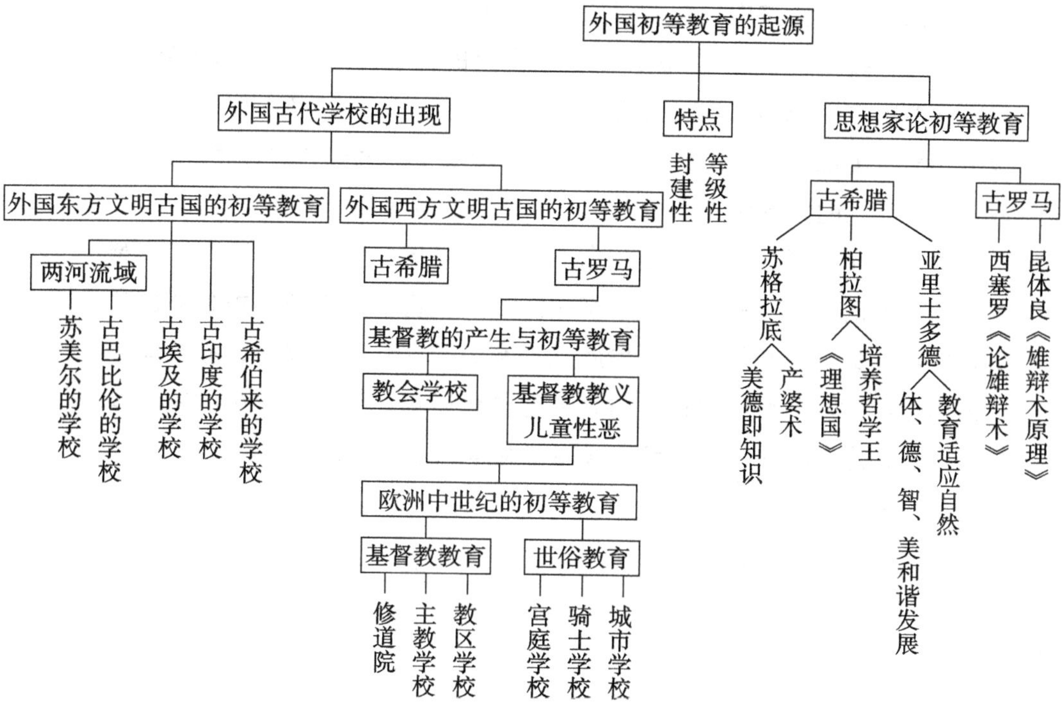

学习目标

1. 了解各文明古国初等教育的历史背景。
2. 理解各文明古国初等教育的历史意义以及西方古代教育思想家的教育理念。
3. 掌握各文明古国初等教育的分类及特点。

教育是人类社会永恒的主题。远古时期没有阶级，没有家庭，也没有私有财产。儿童被视为氏族公社公有，由公社公育。儿童在八岁前不分性别，生活在一起，由妇女负责照管。八九岁以后，男孩跟男子学习男子应做的事，女孩由妇女教以妇女应尽的职责。此时的教育只有社会性，没有阶级性。随着家庭的产生、私有化的出现，儿童转为家庭所有，教育儿童的责任也转移到父母尤其是父亲身上。文字的产生促使专门的教师和学校出现。学校的产生是人类教育发展史上第一个里程碑。从此，教育有了真正的内涵和丰富的内容，学校成了教育的同义词。

世界最早的学校产生于古代东方。两河流域、埃及、中国和印度最早进入文明时代，也最早产生了学校。西方教育的历史源于古希腊的教育，古罗马又继承和发展了古希腊的教育。基督教产生以后，教会学校成为中世纪欧洲教育的主体，与之并行的还有满足于贵族子弟的宫廷学校。因此，这个时期西方初等教育的特点是封建性和等级性。

名人小名片

“‘大’材更要‘小’用”——亚里士多德与亚历山大

亚里士多德（Aristotle，公元前384—前322）是古希腊三贤之一。由于他对包罗万象的各个学科的开创和分类，因此他成了希腊时代乃至整个西欧中世纪的学术权威，更是被但丁称为“智者中的大师”。这位在学园中成长起来的百科全书式的哲学家接受了一个不寻常任务——做一名12岁的马其顿王子（亚历山大）的家庭教师。将面对的不再是一个个有经验知识和分析能力的学者，亚里士多德最初也可能是忐忑不安的。好在教育都是相通的，亚里士多德对待这个好动又任性的学生像观察自然一样有耐心，当然和他涉及的包罗万象的知识体系一样，他也找到了亚历山大的特殊之处。

因为在以军功立国的马其顿，对常备军的训练也会从青少年开始抓起，所以他入乡随俗的第一步就是充分尊重那个孩子活泼好动的特点。据说这位雄才大略的大帝异于常人，以慷慨正直广受士伍爱戴。这既是其天性使然，也离不开亚里士多德对军事体育训练中规则设计的良苦用心。亚历山大热衷《荷马史诗》。这部英雄的冒险史诗打开的正是一扇外面世界的窗户，让亚历山大对成为像赫拉克勒斯一样有功绩的英雄心驰神往。亚里士多德肯定了《荷马史诗》对王子立志的价值，但也引导他区分历史和神话，并让他向自然寻求知识。

亚里士多德7年来的陪伴和教育迸发了惊人的力量。亚历山大在公元前334年开始了征服欧亚非的步伐，像一道黑色的闪电划破了旧秩序。这项石破天惊的伟业要感谢亚里士多德，因为亚里士多德传播的技术使得马其顿的地图绘制是最精细的，攻城设备也是最高效的。[①]亚历山大也深受亚里士多德学术热情的影响，除了士兵，随行的更多的是精通地理、生物和印刷术的专家。无论是尼罗河的鳄鱼和天文学，印度的大象和数学，还是小亚细亚的麦穗和历史学，都被亚历山大视为未来帝国文化的重要积淀送给了他的老师亚里士多德。面对幅员辽阔的帝国，亚历山大采用了文化互渗的政策。每到新的领地他都尝试穿当地的服装，说当地的语言。在以自己名字命名的亚历山大港还建立了当时汇集三个大洲文明成果的图书馆，促进了泛希腊化时代的到来。

此时的亚里士多德正值壮年，“一个人最大的幸福莫过于在人生的中途、富有创造力的壮年，发现自己此生的使命”[②]。亚里士多德在亚历山大身上看到了教育的力量：不是每个人都可以成为像亚历山大一样的命运垂青的强权者，但是每个人都可以成为最优质的自我。为此亚里士多德和色诺克拉底像他们的老师柏拉图一样选择创办一所学校，将学问的种子播撒下去。有了多年的积蓄和亚历山大的资助，亚里士多德选择在哲学的发源地雅典创立吕克昂学园。在新的平台上亚里士多德又展现了“大材大用”的能力，带头做起了研究和辩论。当凉爽的海风拂面时，他就在绿荫绣成堆的小道上边走边和学生在评论、解释、推理、反思中度过一天中最逍遥惬意的时光，因此亚里士多德学派也得了“逍遥学派”的雅号。

---

① [美]保罗·约翰逊:《英雄：从亚历山大大帝、尤里乌斯·凯撒到丘吉尔和戴高乐》，张薇薇，译，38页，北京，中信出版社，2014。

② [奥]茨威格:《人类群星闪耀时》，高中甫，潘子立，译，123页，天津，天津人民出版社，2011。

第一节 外国古代学校的出现

一、外国东方文明古国的初等教育

外国东方古代教育包括两河流域、古埃及、古印度以及古希伯来的教育。这些地方产生了世界上最早的学校和文字，出现了文学、几何、天文、建筑等方面的学科知识，对人类进入文明社会做出了极大贡献。

（一）古代两河流域的初等教育

古代巴比伦位于亚洲西部的幼发拉底河与底格里斯河流域（简称两河流域），希腊语称为“美索不达米亚”（两河之间的地方），是历史最悠久的古代东方国家，也是人类最早的文明发祥地之一。在古巴比伦文化教育发展的进程中，先后兴起的苏美尔王朝和巴比伦王国兴办的学校最具代表。

图 1 楔形文字

1. 苏美尔的学校教育

巴比伦文化的前身是苏美尔文化。早在公元前 5000 年左右，苏美尔人来到了美索不达米亚，开创了两河流域的文明。公元前 4000 年左右，苏美尔人发明了古老的文字——楔形文字。楔形文字后来在两河流域得到广泛的传播及采用，成为当时西亚古代各民族的通用文字。这是苏美尔人对人类文明最有意义的贡献，直接导致了世界最早学校的产生。

大约在公元前 3500 年，苏美尔人开始了原始社会向奴隶社会的过渡，在两河流域南部建立了一些奴隶制城邦国家。公元前 3000 年至公元前 2500 年，苏美尔人开始建立学校。最早的学校与寺庙有密切联系。在古代两河流域，掌握文字几乎等同于掌握知识。苏美尔文字最早就是由祭司发明的，也是由祭司首先使用的。僧侣、祭司负责观测天象，预测风雨，择日祭祀神灵，还要管理寺庙。因为这些工作，寺庙中的有关人员（也称作书吏）需要学习文字和符号，所以训练书吏的学校就出现在寺庙中了。学校使用泥板书教学生书写，学生做作业或练习也用泥板，因此苏美尔人的学校被称为埃都巴，即泥板房子。[①] 在泥板房子中，校长是专家、教授，也被称为校父；学生被称为校子；教授的助手被称为大哥，主要负责书写新的泥板，以供学生临摹，并检查学生的临摹与作业情况。此外，学校还有教授苏美尔语、绘画的教员，维持秩序的管理人员。当时图书馆收藏的也是泥板书，大图书馆收藏的泥板书达数万块之多。

考古学家通过考察学校遗址得知，当时苏美尔学校根据创立者可分为三大类：一是宫廷或政府机关设立的学校，二是附属神庙的学校，三是私立学校。由于这些学校主要是培养寺院和宫

① 参考李海峰，祝晓香：《古代西亚苏美尔人的学校教育》，载《阿拉伯世界》，2003（6）。

廷里的缮写员的，因此训练书写能力成为学校教育的主要内容，此外还有阅读、翻译、计算等。随着学校的发展，课程内容不断丰富。课程主要分为三部分：第一部分是语言类课程，主要是学习苏美尔语的单词和语法；第二部分是半科学性课程，如算术、动物学、植物学、地理学、矿物学等；第三部分是关于文学和创作的课程，主要是学习、抄写、模仿过去的文学作品与进行新的文学创作。

苏美尔人的学校不具有全民性，学生多为富裕家庭的男孩子。教学方法简单，以强制性的机械练习为主，一般先由教师在潮湿的泥板上写上字，再由学生临摹。学习过程单调乏味，体罚是常用的方法。

2. 古巴比伦的学校教育

公元前1894年，阿摩利人占据了巴比伦城，建立了古巴比伦。公元前18世纪，巴比伦第六代国王汉谟拉比（公元前1792—前1750）征服了南北诸城市，统一了整个巴比伦尼亚地区，控制了两河流域的大部分区域，建立了强大的中央集权的奴隶主专制的国家，并大修水利，发展经济，使古巴比伦王国进入了鼎盛时期。

汉谟拉比为了巩固统治，不仅重视军事控制，而且注重文治。其在位期间颁布的《汉谟拉比法典》是目前所知的人类历史上第一部较为完备的成文法典。根据这部法典的规定，巴比伦尼亚的居民分为自由民和奴隶两大类。自由民按社会法律地位又可分为阿维鲁（全权自由民）和穆什根努（非全权自由民）两个等级。前者包括僧侣、贵族、高利贷者、自耕农以及各行各业的雇工等；后者是在经济上依附王室的人，如充当常备军士兵的人等。古巴比伦还创造出灿烂的科学文化，其中最杰出的成就是天文学和数学。

学者根据大量史料研究推断，古巴比伦时期已经建立起一套为权贵阶层服务的学校体系，专门培养治国之才和僧侣祭司，因此，古巴比伦最早的学校通常是设在宫殿和寺庙中的。设在寺庙中的学校又分为两级：一级是初级教育，主要对年青一代进行读、写、算的基本训练，其中语言文字教学主要是教授苏美尔文（古文）和阿克德文（日常用语）；另一级是以培养文士为目的的学院，主要教授具有应用价值的技术类学科，如工程学、天文学、建筑学、医学、炼金术等。因为当时没有课堂教学，所以教学方法是师徒传授式的个别指导，所有教学内容的教学方式是一样的，即学生观察教师的操作，记诵材料和模仿，然后自己动手，教师随时纠正错误。

古巴比伦的教育被少数人垄断，只有僧侣才能充任文士，因而寺庙成为文士教育的主要场地，学习文化知识也成为僧侣的特权。随着社会的发展，除了寺庙、官府需要识文断字的文士以外，社会、私人对文士的需求量也增加，由此导致非僧侣身份的文士大量出现，但奴隶不能享受学校教育。古巴比伦衰落后，代之而起的亚述帝国和新巴比伦王国先后成为两河流域新的霸主，在教育方面依然沿袭着古巴比伦的传统。

公元前3世纪后，巴比伦作为古文明的中心，在历经近两千年风雨沧桑后逐渐衰落。直到19世纪中叶后，经过考古工作者的考古发掘和研究，人们才了解其在早期人类文明史上的卓越地位。有学者指出，两河流域的文化教育是发展极早的，甚至可以说它早于埃及，至少是与埃及同时有了学校的。这是人类最初的学校教育的摇篮，也是人类正式教育的起点。

（二）古埃及的初等教育

古埃及位于非洲东北部尼罗河下游。尼罗河充沛的雨量使得处于干旱区的古埃及变成了沙漠中的绿洲，成为世界上最早进入文明社会的地区，形成了古埃及文明。公元前3100年左右，上埃及国王美尼斯建立了第一个奴隶制国家，随后古埃及经历了早王朝（公元前3100—前2686）、古王国（公元前2686—前2181）、中王国（公元前2040—前1786）、新王国（公元前1567—前1085）和后埃及（公元前1085—前332）等历史时期。其中古王国和中王国是古埃及的黄金时代；法老是国家的最高统治者，掌握一切政治和经济权力；金字塔是法老的陵墓，象征着至高无上的权力和威严。

1. 古埃及文明

公元前4000年左右，古埃及产生了象形文字，随后出现了表示音节的符号，在古王国时代已经发明了24个辅音字母。这种世界上最早产生的字母，是古埃及人的独特贡献。埃及的字母后来成为腓尼基字母的根据，腓尼基的字母又影响了希腊字母的创造。

由此可见，西方文明是在东方文明的滋润下成长起来的。在自然科学方面，古埃及在天文、数学和医学等领域都取得了令人瞩目的成就。

2. 古埃及的教育

（1）家庭教育

家庭教育是古代东方国家一种重要的教育形式。学校出现后，家庭仍然承担着教育子女的重任。在古埃及，4岁以前的孩子一般由母亲教育；4岁以后，男孩由父亲教育。许多专门的知识技能都是通过父子相传的方式传授下来的，如祭司、建筑师、木乃伊师等，都是家庭祖传的职业。古埃及人还传授给下一代简单的计算和书写技能。道德教育也是家庭教育的重要内容之一。古埃及的道德教育目标是使年轻人敬畏日神、效忠国君、尊敬官长和孝顺双亲。

> 古埃及的惩戒手段中最主要的是鞭棍的打罚。很多文献把鞭棍和教学视为同义语。古埃及人对年青一代偶尔犯些小过失，也每每处以体罚。公元前1500年左右，王子塔户提（Tahuti）曾说，他每日遭受鞭打犹如每天吃饭一样的经常。
>
> 滕大春，戴本博：《外国教育通史》第1卷，62页，济南，山东教育出版社，1989。

（2）学校教育

古埃及学校在公元前2500年左右，即在古王国时期产生，在中王国时期得到发展。与其他国家相比，其学校教育较为发达，教育制度较为完善，学校种类也多一些，大致有以下几种类型。

①宫廷学校。宫廷学校是法老在宫殿里为皇家、贵族子弟开设的。贵族子弟在此学习完毕，接受适当的业务锻炼后，即被委任为官吏。苏联教育史学家米定斯基认为，建于公元前2500年的埃及宫廷学校是人类有史可稽的最古老的学校[①]，是古埃及最早出现的学校，也是最高一级的学校，因此一般人家的子弟或中级以下官吏的子弟是不能进入此类学校学习的。学

① ［苏］米定斯基：《世界教育史》，叶文雄，译，11页，北京，生活·读书·新知三联书店，1950。

校的教师大都是国家的官吏和专家，很受尊重。宫廷学校也是王宫文化教育的中心。国王和重臣经常参与学校的活动，对学生讲话，讲述奴隶主的功绩及种种神奇的传说、故事等，并要求学生遵守国家法律，效法名人言行，坚定地为奴隶制国家的利益效力。

为了使贵族子弟成为一名英勇善战的武职官吏，习武也是宫廷学校的一门重要课程，主要训练项目有射箭、铁饼、标枪、骑马、刀剑等，并经常要求师生外出打猎。

有些宫廷学校还要求贵族子弟了解一些当时已经整理和总结出来的初步的科学知识，如天文、数学、建筑、医学以及地理等。

宫廷学校的纪律是严格的。教师惯用灌输和体罚的方法，教师施行体罚被认为是正当合理的。古埃及谚语："男孩的耳朵是长在背上的，只有打他他才听。"①

②寺庙学校。寺庙学校是附设在寺庙中的学校，注重科学技术教育，也是学术中心。当时的僧侣中有一些是皇家的天文官（大儒），对数学、测量学、物理学等深有研究。寺庙中还收藏了大量图书，能够为继续深造的青年一代提供方便。寺庙学校一方面要向学生传授普通的知识，如文字书写、语言、计算、几何、天文等学科的知识；另一方面也向学生传授如神学、巫术、占星术、法律、医学、建筑、历法、数学、水利学等专门学科或比较高深的知识。这些知识的传授是和学校的培养目标相联系的。寺庙学校既培养一般官吏、一般神职人员，也为皇帝培养修建宫殿、陵墓、寺庙及医治疾病的人员。

寺庙学校收取高昂的学费，绝非一般人家的子弟上得起的。其教学方法很简单，即教师问学生答，文字书写和背诵占据重要地位。在整个教育过程中，教师特别注意宗教神学精神和巫术思想的灌输。

③职官学校。职官学校创办于中王国时期，是由政府各个部门开办的。这时期古埃及国力昌盛，政府部门事务繁多，需要大批的官吏。财政、司法、军事和水利等部门均设立学校，训练能从事某种专业技术工作的官员。职官学校以吏为师，重视实际技能的培养，修业期为12年。职官学校以吏为师，重视实际技能的培养。

④文士学校。在古埃及，文士是指一些精于文字书写、通晓国家法令并且有较好文化修养的人。他们具备充任官吏、管理宗教事务的能力，属于候补官吏。把年青一代培养成文士成为当时社会的时尚，因此相应的文士学校应运而生。文士学校一般是初级的和启蒙性的学校，主要教授一些识字、阅读、书写和基本计算方面的知识。对天赋较好的学生，文士学校可加授天文、医学和法律方面的知识。这类学校的地位不如前三种学校，但设置广泛，招收人数较多，对学生的出身和年龄限制稍宽些，修业期限有长有短，满足了大多数奴隶主阶层的需要。这类学校靠收取学费维持。

上述几类学校课程不同，水平也不一致，充分反映了当时统治阶级的要求，反映了社会经济、文化发展的要求。总体来说，学校是培养统治者所需人才的场所，受教育权完全被王公贵族独占，一般平民子弟很难享有受教育权，奴隶更是被剥夺了受教育权。

（三）古印度的初等教育

① ［苏］司徒卢威：《古代的东方》，陈文林，贾刚，萧家琛，译，89页，北京，人民教育出版社，1955。

古印度的疆域很广，包括南亚次大陆上的所有国家。公元前2000年前，印度河流域出现了奴隶制城邦国家和文字。公元前2300—前1750年，当地的达罗毗荼人创造了哈拉巴文化。约在公元前1400年，中亚游牧部落雅利安人入侵古印度，建立了强有力的王国。在征服过程中，雅利安人的游牧文化逐渐转为农耕文化，并与当地的土著文化融合，发展成印度—雅利安文明，还创造了自己的文字——梵文。

公元前1000年—前600年，古印度逐渐形成了一套严格的等级制度，即种姓制度。种姓制度把印度人分为四个等级（种姓），按高低依次为：①婆罗门，即僧侣；②刹帝利，即武士；③吠舍，即农民和从事工商业的平民；④首陀罗，即奴隶及处于奴隶地位的穷人（主要是当地土著）。前两种为高级种姓，属特权阶级。前三种为再生人，即通过入法礼，可以得到第二次生命；首陀罗为非再生人。不同种姓的人通婚所生的子女被排斥在种姓之外，被称为贱民，处境更为悲惨。种姓制是婆罗门教维系印度奴隶社会生产关系的精神依托。

公元前6世纪以前的古印度教育基本上是由婆罗门教实施的宗教教育。婆罗门教教育以维持种姓制度和培养宗教意识为核心任务。婆罗门教的经典——《吠陀》被视为梵天智慧的结晶，知识的总汇。背诵《吠陀》是教育的主要内容。僧侣是《吠陀》的解释者和捍卫者，也是传授经典的教师。不同级别种姓子弟享有的受教育权利不同：婆罗门所受教育在当时是最完备、最高级的；刹帝利和吠舍所受的教育内容比较简单，程度比较低，尤其是吠舍所受的教育更为逊色；首陀罗则被剥夺了受教育权。

1. 婆罗门教的家庭教育

公元前9世纪前，婆罗门教的教育以家庭教育为主。

古印度实行严格的家长制。父亲在家庭里的权利极大，是一家的主宰，权利与义务之一是教育子女。为了使下一代保持世袭的种姓，使子女将来能充当僧侣，父亲往往在家中教子女学习背诵用古梵文写成的《吠陀》，教学方法机械、神秘、烦琐。再加上《吠陀》被看作神灵的话，学习者只许背诵不许抄写，写下来有渎神之嫌，所以学习者完全靠一遍一遍地背诵，学习十分困难，十年左右才能学完一部。

2. 婆罗门教的学校教育

公元前8世纪以后，印度在几何学、天文学、水利学、建筑学、医学等学科方面都有了很大发展；此外，为了正确诵读和解说《吠陀》，还产生了语法学、发音学、声韵学、逻辑学以及哲学等学科。

公元前8世纪—前4世纪的孔雀王朝是古印度文化的兴盛时期，也是学校诞生之始。由于对《吠陀》的学习由机械背诵发展到钻研教义，一般家长已不能胜任子女的教育工作，因此古儒学校便产生了。古儒是指那些专门研究《吠陀》，具有相当文化修养的人。古儒在家中设校课徒，这便是古儒学校。那些不能或不愿亲自教导孩子的家长把自己的孩子送到此处学习。古儒均系婆罗门种姓。古印度把教师推崇为崇高的职业。凡教师堪称古儒者，是极高的荣誉。古儒学校不收学费，因为传授圣书是神职，为神效劳是不应索取报酬的。但实际上，学生家长常常给古儒丰厚的赠礼，所有田地也由学生代为耕种，学生毕业后给教师赠礼也是常事。可见，古儒学校也非一般贫寒子弟能进入的。学生一般在七八岁入学，入学前须经古儒考验，许可后方被接受。

学生入学后须迁居古儒家中，学习年限一般为12年。学习内容主要为《吠陀》，还有为学习《吠陀》准备的六科基础：语音学、韵律学、文法学、字源学、天文学和祭礼。由此可见，学校教育已经在神学学习中包括了更广泛的知识，这是有利于印度学术发展的。教学方法虽然仍以记诵、讲解为主，但也增加了复述、讨论、演示等方法。当然，体罚仍然非常盛行，因为教典和法律都允许教师用竹棍和绳索惩罚学生。此外，古儒在学校教学时，常常利用年长儿童充当助手，让助手协助教师把知识传给其他儿童。这种方法在18世纪被英国传教士贝尔袭用，成为19世纪英国盛极一时的导生制。

3. 婆罗门教的佛教教育

佛教是世界三大宗教中出现最早的，产生于公元前6世纪，创始人是迦毗罗卫国（今尼泊尔境内）王子悉达多·乔答摩（约公元前566—前486），即释迦牟尼。佛教反对种姓制度，主张各种姓平等，宣扬现实世界是虚幻的，教导人们破除贪嗔痴，追求圆寂或涅磐（不生不灭）之境。佛教宣传众生平等、因果报应，提倡禁欲和修行，以求得精神的安慰和升华。佛教寺院内广纳信众，使用地方语言传播教义。公元前3世纪，佛教在孔雀王朝阿育王统治时还一度被定为国教。

佛教教育以寺院为教育场所。寺院是修行的地方，也是教育机构，承担教化众生的责任。寺院的学习内容主要为佛教经典，学习年限一般为12年。8～12岁的儿童入寺拜师修行。经考验合格者，叫作比丘，即僧人。多数离寺回家；少数留寺继续修行，10年后，担任寺中僧侣职务。佛教重视女子教育，尼庵和寺院并存于各处，是女僧修行和学习之地。女僧学习完毕称为比丘尼。寺院组织严密，由住持负责安排教育工作。教学采用地方语言，以提高教学效率。

寺院不仅是教育机构，也是学术机构，甚至堪称学术研究中心。著名寺院曾吸引不少外国青年及学者前来就学，其中最著名的是纳兰陀寺（唐代高僧玄奘曾经就读于此）。此外，古印度的医学、天文学、数学等自然科学知识主要是在宗教学校以外，由学者私人传授的。

（四）古希伯来的初等教育

古希伯来位于现在的巴勒斯坦地区，是现代犹太人祖先的居住地。古希伯来人由以色列和犹太两个部落组成，其历史大致可分为两个时期：第一时期从摩西带领古希伯来人逃离埃及（约公元前14—前13世纪）到公元前586年犹太王国亡于巴比伦，第二时期从公元前538年古希伯来人返回家园到公元1世纪被罗马帝国吞并。

古希伯来民族是一个不断遭受外族奴役、不断颠沛流离的弱小民族，先后被埃及、巴比伦、波斯等外族奴役。传说大约在公元前13世纪，古希伯来人的祖先摩西带领受奴役的古希伯来人逃离了埃及，接受了上帝所赐予的十诫，重申了与上帝的盟约，初步创立了犹太教。从此，犹太教成为古希伯来人维系自己民族生存的精神支柱，也是古希伯来教育的主要内容。古希伯来人在社会生活中体现出神权统治的特点。

1. 家庭教育

古希伯来第一时期的教育以家庭教育为主，最初由母亲实施基本的道德教育。男孩稍大些后由父亲负责教育，女孩仍由母亲负责教育。犹太教经典——《摩西十诫》明文规定妻为夫之财产，受丈夫的严格约束，子女亦须听命于父亲，父训就是法律。父亲既是家庭的祭司，又是子女

> 在巴比伦的头几年，对流放者说来是非常痛苦的，寺庙烧成了灰烬，神又远离了他们。这种身处异国的痛苦使希伯来人写下了一首历史上最美好的诗：
>
> 在巴比伦河边，我们扎下了营房；
> 只要想起锡安山，叫我们怎能不悲伤！
> 啊！只有把竖琴悬在柳梢上。
> 让我们自由是为了给他们歌唱，
> 摧残我们却还要我们欢畅。说，
> 给我们唱一首锡安歌！
> 但，我们怎能把圣歌飘在异国他乡。
> 如果我把你遗忘，啊，耶路撒冷！
> 让我失去灵巧的右膀。
> 如果我不把你看得至高无上，
> 让我的舌头劈开直到上膛！
>
> [美]弗罗斯特：《西方教育的历史和哲学基础》，吴元训，等，译，33页，北京，华夏出版社，1987。

的教师。

因为犹太教综合了古希伯来人的信仰、习俗、礼拜仪式以及宗教组织等多方面的内容，在保持其民族文化和民族生存中承担着重要作用，所以培养子女的宗教信仰是古希伯来家庭教育的主要目标。大约在公元前5世纪，古希伯来人的口头文学逐渐向书面文学发展。古希伯来的《圣经》是一部百科全书式的书籍，包括宗教、法律、历史、诗歌、格言、神话传说等多方面内容。家长主要以《圣经旧约》来教导子女。这种经典学习不重视知识传授，只重视宗教信仰和宗教感情的陶冶，是道德的而非理性的训练。同时，子女还学习一些口头的民族文学和民族传说。子女到一定年龄时，家长还对其进行职业技能的传授。因为在古希伯来民族中，父亲实际上承担着教育子女的职责，所以学校的教师常常被称为父亲，师生之间经常以父子相称。

2. 教堂学校

公元前586年，古希伯来人沦为巴比伦之囚，被囚后仍恪守古老的宗教传统，遇安息日及重要宗教节日都要举行宗教活动。由于同病相怜，加上远离耶路撒冷圣殿，古希伯来人建立了犹太会堂，改个人祈祷为集体祈祷。犹太会堂开始时主要进行宗教活动，后来逐渐成为讲授律法知识及《圣经》的教育场所。犹太会堂的兴起与后来古希伯来的学校教育有密切关系。

公元前538年，巴比伦被波斯帝国灭亡，古希伯来人重返家园。犹太会堂也迁移而来，并在犹太人居住区得到发展。大批儿童也随父母到会堂听讲道及学习《圣经》知识。随着听讲儿童人数增多，古希伯来人在会堂外扩建房屋，并设专人负责教学，这就形成了古希伯来最早的初级学校。这类学校向6～10岁的儿童进行初步的教育，教育内容主要是读、写和理解记忆简单的律法知识。

3. 小学

公元前2世纪左右，学校从犹太会堂中分离出来，形成了较完备的教学制度。到公元前1世纪，古希伯来的学校已较为发达。当时每个村落均设1所学校，儿童人数在25名以内，由1位教师教学。儿童满40名，增助教1名；儿童满50名，设2位教师。

男童一般6岁入初级学校，6～10岁学习《圣经》和简单的读、写、算。教师以口授方式教授若干经书的语句，指导儿童高声诵读。有时为了帮助儿童记忆，教师给儿童印刻上字句的圣饼，组织儿童竞赛。

古希伯来人从宗教信仰的需要和民族生存的需要出发，强调教育的重要性。儿童的教育对古希伯来人来说是一种极其重要的、与宗教信仰和民族存亡息息相关的事务。故当时的教育是一种强迫教育，凡不受教育之人必被剥夺一切权利并被放逐城外，未设置学校的城市是不容存在的。在这种观念的指导下，教育儿童被古希伯来人看作必须完成的任务。基督教产生以后，这种观念得以继承。教会组织和宗教人士始终把儿童的初等教育看作自己应当承担的责任，在近代初等教育的实践中为广大儿童提供了接受文化知识教育的机会。但要明确的是接受学校教育者仅限于男孩；女孩只能在家中由母亲教育，学习宗教及家事。

在古希伯来人的观念中，"愚蠢在小孩心中，只有棍棒才能把它赶走"①。父亲必须履行自己的职责，将儿童从邪恶中拯救出来。因此，古希伯来人对儿童实施的教育是严厉苛刻的，他们认为鞭打是获得知识和增长才智的方法。在古希伯来文中，谬萨尔一词既指教育，也指体罚。这种儿童观直接影响了基督教教义中的儿童观。在教育中对儿童进行体罚一直沿用到西方近代社会。

古希伯来人建立起来的犹太教文化和教育直接影响着基督教文化和教育的产生和发展。基督教是影响西方近代初等教育发展的重要力量，所以犹太教对西方初等教育的发展也有极大的影响。

二、外国西方文明古国的初等教育

资源：外国西方古代学校的产生

外国西方古代教育的代表是古希腊和古罗马的教育。斯巴达军事化教育和雅典和谐发展的教育形成对比。古罗马继承并改造了古希腊的教育，将其传到欧洲，是欧洲古代初等教育的最大贡献者。正如恩格斯所说："光荣属于希腊，伟大属于罗马。"

（一）古希腊的初等教育

古希腊是世界文明发祥地之一，是现代西方文明的摇篮，同时也是现代西方教育的发源地。古希腊时期的初等教育已得到较为完善的发展。虽然古希腊还没有形成系统化和制度化的学校体系，但是学校已经成为对儿童实施教育的重要场所。这不论是在尚武的斯巴达，还是在追求和谐的雅典，都得到了体现。

1. 斯巴达军事化的初等教育

斯巴达是位于伯罗奔尼撒半岛南部的一个较大的城邦，是一个以农业为主的国家，周围多山，与外界交往不便。封闭的地理条件对其经济、文化和教育的发展都有一定影响。

斯巴达的居民分为三个等级：斯巴达人是第一等级，是城邦的公民，享有一切特权，约3万人；皮里阿西人是第二等级，有土地，可以经营农业，从事工商业，不是奴隶，但也不具有政治权利；希洛人是第三个等级，是当地的土著居民，为被征服的奴隶，不具有任何政治、经济权利。第二等级和第三等级人数合计约有30万人。

斯巴达实行贵族寡头专政，导致阶级矛盾十分激烈，奴隶频繁起义。斯巴达人为了巩固政权，

① ［美］S. E. 佛罗斯特：《西方教育的历史和哲学基础》，吴元训，张俊洪，邢齐一，译，41页，北京，华夏出版社，1987。

先后实行了一系列具有浓厚军事色彩的措施，使整个国家成了一座戒备森严的大军营。这种社会政治状况决定了斯巴达教育的基本特征。

斯巴达的教育是一种纯军事训练性的教育，目的是完全服从于统治阶级的政治、军事需要，即镇压奴隶的反抗和对外战争。斯巴达视教育为治国的最主要的手段和工具，认为教育关系到整个城邦的安危和斯巴达人的生死存亡，是国家的事情，对年青一代进行教育是国家的职责。所以，斯巴达的教育完全由国家掌控。

在斯巴达，儿童属于国家。检验合格、体质健壮的婴儿在国家监督下由父母教养到7岁，不合格的被抛弃。男孩从7岁起被送入国家的教育机构，开始军营生活，直到18岁。在这个阶段，教育的主要任务是通过严格的军事体育锻炼和道德灌输，使儿童养成健康的体魄、顽强的意志以及勇敢、坚忍、顺从、爱国等品质。教育的主要内容是五项竞技、神话以及传说等。其中，五项竞技包括赛跑、跳跃、摔跤、掷铁饼和投标枪，这些同时也是古代奥运会的主要比赛项目。此外，儿童也参加祭神、竞技和各种仪式。

图2　斯巴达新生儿接受检查和烈酒考验

与绝大多数古代国家不同的是，斯巴达人非常重视女子教育。女子通常和男子接受同样的军事、体育训练。教育的目的在于造就体格强壮的母亲，以生育健康的子女；同时，当男子出征时，女子能担负起防守本土的职责。

2. 雅典追求和谐发展的初等教育

雅典是古希腊另一个具有代表性的奴隶制城邦国家，位于希腊半岛东南的阿提卡半岛，三面临海，拥有优良的港湾和丰富的矿藏，同外界的贸易和文化交流十分频繁，工商业发达。早期与斯巴达一样实行贵族统治，后经过梭伦改革和克里斯提尼改革，雅典实行了奴隶主民主政体，这对雅典文化和教育的发展有十分深刻的影响。雅典成为当时全希腊的经济、文化、科学和艺术的中心。

雅典的教育高度发达，形成了与斯巴达大不相同的另一种类型的教育，对后世欧洲的教育也产生了深远的影响。公元前6世纪，梭伦立法明确规定，父亲有责任让子女接受适当的教育，否则，子女成年后有权不赡养父亲。国家还指定官员监督学校的工作。雅典的教育目的是培养忠于祖国的公民。一个好公民的标准是不仅能为祖国英勇作战，还拥有健美的身体、较高的文化修养、多方面的兴趣、发达的智力、高尚的审美情趣和从事艺术活动的能力，有关心国家大事、节制、正直等美德。也就是说，雅典的教育目的是培养身心和谐发展的公民。基于这样的教育目的，雅典为不同年龄的儿童设立了不同的学校。雅典盛行私人办学，国家仅负责16～20岁青年的教育。

子女出生后由父亲进行体检。7岁前，子女在家中由父母养育。有钱人家会为子女请保姆或家庭教师，也可能由有文化的奴隶（教仆）担负教育工作。家庭教育以游戏为主，也包括给子女讲故事，教孩子唱歌，注意培养子女的礼貌行为等良好习惯。7岁后，女孩在家中由母亲继续教育，学习纺织、缝纫等技能；男孩则开始进入文法学校、弦琴学校学习。文法学校主要教授读、写、算，弦琴学校主要教授音乐、唱歌、朗诵等。雅典学校非常重视音乐教育，认为音乐能塑造、改变一个人的性格，优美的旋律能滋润子女的心田，可以使他们心灵纯洁，举止文雅，还可以使人生活和谐、幸福。这两类学校都是私立、收费的。子女上学、放学均有教仆陪同，以免受到街头的不良影响。学校的教师一般是有政治权利的自由民，也有一些是赎身的奴隶。

雅典很重视体育。子女在13岁左右除了继续在文法学校、弦琴学校学习以外，还进入体操学校（又称角力学校）接受各种体育训练，如游泳、舞蹈、赛跑、跳跃、摔跤、掷铁饼、投标枪等。体育教育的目的是使子女具有健全的体魄和顽强、坚忍的品质。十五六岁时，大多数子女开始从事各种职业；少数显贵子女进入国立体育馆，接受体育、智育和审美教育，这属于中等教育。18岁时，青年进入青年军事训练团，接受军事教育。20岁时，青年经过一定的仪式，被授予公民称号。

图3　雅典和谐教育

（二）古罗马的初等教育

古罗马的教育是对古希腊教育的继承，同时也根据自己发展的需要，对古希腊文化和教育进行了吸收和改造，形成了具有自己特点的文化和教育。在西方教育史上，古罗马的教育与古希腊的教育一样占有重要的地位。更重要的是，古希腊的文化、教育主要是通过古罗马的改造影响欧洲的。

古罗马的历史一般分为王政时期（公元前8世纪—前6世纪末）、共和时期（公元前509—前30）和帝国时期（公元前30—476）三个阶段，每个时期的教育特点各不相同。王政时期至共和时期前段是古罗马从原始社会向奴隶社会过渡时期。教育受希腊文化影响较大，以家庭教育的形式开展道德、农业、军事、法律等内容的学习。共和时期后段，古罗马开始出现学校教育，形成较为系统的教育制度。帝国时期以后，国家开始干预教育。除去传统的道德和读、写、算，法律、建筑、医学等专门的学术也得到了发展。古罗马时期初等教育的形式和内容如下。

1. 家庭教育

图4 《一个罗马男孩的生活》——取材于石棺文物

P.Monroe，*A Text-book in the History of Education*，The MacMillan Company, New York，1919，p180.

在早期的罗马，儿童教育主要是通过家庭来实施的，家庭是儿童成长和受教育的天然场所。1～7岁的儿童由母亲抚养与教育。女孩从7岁起，在家中继续接受母亲的教育，为将来做母亲和主妇做准备。男孩在7～16岁与父亲形影不离，跟随父亲学习读、写、算术、民族英雄的故事和宗教、军事方面的诗歌，二人既是父子又是师徒。公元前450年后，男孩还要学习《十二铜表法》。

2. 学校教育

公元前3世纪后，古罗马人在学习、吸收、融合古希腊文化教育的基础上，形成了几乎是平行的两种学校系统：一种是以希腊语、希腊文学的教学为主的希腊式学校；另一种是拉丁语学校，包括初等、中等、高等教育三个阶段。其中初等学校就是为7～12岁儿童开设的教育机构，主要学习的内容是读、写、算和《十二铜表法》，重文字教育，轻音乐教育和体育；教学方法主要是文字记诵，体罚盛行。初等学校是私立的、收费的，不受国家管理，校舍简陋。教师的地位低下，收入微薄，多由一些沦为奴隶的古希腊人或自由民充当。学生几乎来自平民家庭；贵族子弟不屑于就读这类学校，通常通过聘请家庭教师另行教授其学习初步的文化知识。

从总体上看，古罗马将初等教育看作家庭的职责，国家对初等教育既不监督也不鼓励，初等教育仍然是个人的、家庭的事务。

《十二铜表法》分公法、私法。在公法方面，它明确了社会违法行为，规定了一些基本的规章制度，如第一、第二表为诉讼程序和法庭规则，第三表为债务，第四表为父权、家长权，第五表为家长与遗嘱，第六表为契约法，第七表为土地法，第八表为伤害法，第九表为与宪法有关的一些规定，第十表为神圣法，第十一表为婚姻法，第十二表为诉讼法的补充规定。

黄占英：《世界上下五千年》，108～109页，长春，吉林出版社，2015。

三、基督教的产生与初等教育

资源：基督教的产生与欧洲中世纪初等教育

基督教产生于公元1世纪中叶，最早在古罗马帝国的属地——巴勒斯坦兴起。在古罗马帝国强盛时期，被奴役、被压迫、被征服的民众为了摆脱帝国的奴役，只能用救世主即将解救人间苦难的宗教信念，来秘密传播反抗古罗马统治者的思想。早期基督教宣扬人人都是上帝的子民，在上帝面前人人平等以及博爱、互助和极乐。这种教义对被压迫的人有极大的吸引力。于是，基督教很快在帝国各地的劳苦民众中传播开来。最初，罗马帝国统治者残酷迫害早期基督教徒，但仍然阻止不了基督教的传播。从公元2世纪后半叶开始，基督教教义开始宣扬君主是神的代表，基督教教徒要像敬畏上帝一样敬畏君主，这完全迎合了当时统治阶级的需要。因此，基督教转而变为古罗马帝国统治者对人民进行精神统治的工具。公元392年，罗马帝国皇帝狄奥多西一世正式定基督教为古罗马帝国国教。此后，基督教成为西方社会发展中一个重要的影响因素，对西方教育也产生了重大影响。

公元395年，古罗马帝国分裂为东、西罗马帝国。在西罗马帝国，基督教会大力反对和排斥世俗学校的教育，开始自办学校。最初建立的学校是教义问答学校，分为初级教义问答学校和高级教义问答学校。直到封建社会结束，教会学校是唯一的学校教育组织形式。

基督教最初认为儿童可塑性较强，应该从小接受教育，不受邪恶和异教的影响。在奥古斯丁的原罪说被作为罗马教会的官方学说之后，儿童也成为具有原罪的人。要控制儿童邪恶的本性并使其成为高尚的人就必须惩罚他们的肉体，压制他们的欲望。基于这种观点，对儿童的约束和惩戒成为中世纪教育的重要特征，戒尺、棍棒是中世纪学校不可或缺的工具。

四、欧洲中世纪的初等教育

公元476年西罗马帝国灭亡至1640年英国资产阶级革命是西欧封建社会形成和发展时期，史称中世纪。中世纪欧洲的教育主要分为宗教教育和世俗教育（宫廷学校）两大类。骑士教育是中世纪家庭教育的一种特殊形式，独具特色。

（一）基督教教育

基督教作为中世纪欧洲的主流意识形态，逐渐形成了相应的社会组织结构，构成了由专门的神职人员组成的教会，产生了专门从事传教工作的教职以及开展宗教活动的仪式、行为规范和教规。这些都需要传授给基督教教徒。

1. 修道院

修道院是基督教最早和最典型的教育机构。中世纪后，它不仅承担了宗教教育的基本职能，还成为西欧主要的教育机构。修道院分内学和外学。内学招收由父母送来、将来准备充当神职人员的儿童，外学负责教育那些不准备做专门神职人员且不以教职为生的儿童。儿童一般10岁入学，学习年限为8～10年。教育目的是培养儿童必备的神职人员的三种品质：服从、贞洁、安贫。学习内容主要是神学《教义问答》和古典七艺（文法、修辞、逻辑、算术、几何、天文、音乐），对学生采用棍棒、鞭条等惩罚为主的管理。

2. 主教学校

主教学校又称大教堂学校，设在主教所在地。与修道院相比，主教学校设施更好，水平更整齐，学科内容更完备。个别主教学校后来发展成大学。主教学校始于英格兰，最早的主教学校是坎特伯雷主教学校。主教学校的管理特点体现在师资管理上。教师要接受宗教首长的监督，新教师还须发表就职宣誓：绝对依从教堂主教；忠实履行学校训令；不得向学生敲诈等。①

3. 教区学校

教区学校多设在教士所在的村庄，是基督教教会对广大教民和一般世俗群众进行宗教教育的机构，数量很多，但规模较小，设施极为简陋。教师由牧师担任，教学内容为读、写、算和宗教知识。

（二）西欧封建主贵族与新兴市民阶层的初等教育

8 世纪以后，随着封建制的发展和王权的巩固，有别于教会学校的、满足世俗封建主需要的教育形式和机构出现了。

1. 宫廷学校

宫廷学校是培养王公贵族后代的教育机构，设在国王或贵族宫廷中。最早的宫廷学校是 8 世纪上半叶设于法兰克王国的王宫中的。公元 768 年，加洛林王朝的查理曼大帝即位。他南征北战，使国力日盛，这一时期成为法兰克王国国势最强盛的时期。为了提高法兰克人的文化素质，查理曼大帝大力发展文化教育。宫廷学校成为欧洲重要的世俗教育形式。

公元 782 年，查理曼大帝邀请英国僧侣阿尔琴（Alcuin，公元 735—804）到宫廷，以协助教育工作。阿尔琴率领三位助手，共同办理宫廷学校，对王子、公主、皇亲国戚及侍从、廷臣子弟进行教育。为了给臣民做出榜样，皇帝皇后也参加学习。阿尔琴担任法兰克王宫宫廷学校校长 14 年，使这所学校成为欧洲最著名的宫廷学校。

宫廷学校教授古典七艺、拉丁语和希腊语等科目。教学方法主要是问答法，教师按教育目的编写问答式教材，学生背诵。宫廷学校主要培养封建统治阶级所需要的官吏，但因为中世纪早期欧洲社会生活的特点，教俗封建主往往二者合一，所以世俗官吏教育也具有浓厚的宗教色彩。

2. 骑士学校

在教会学校居垄断地位的中世纪，骑士教育是一种特殊形式的家庭教育，开始于 9 世纪末，盛行于 12 世纪。骑士是西欧封建社会的一种特殊产物，骑士教育的目的是培养身体强壮、虔敬上帝、忠君爱国、宠媚贵妇的骑士。骑士教育共分为三个教育阶段：第一阶段（出生至七八岁）为家庭教育，儿童在自己家里接受教育，除学习宗教和道德知识外，还注重身体的养护；第二阶段（七八岁～14 岁）为侍童教育，等级较低的封建主把自己的长子送到高一级封建主的城堡中去充当侍童，让他们侍奉封建主和夫人，学习上流社会的礼节和行为规范，同时学习一些知识，并进行体育锻炼和学习使用武器；第三阶段（14～21 岁）为侍从教育，学习者成为封建主的侍

---

① 转引自王保星：《外国学校管理史话（四）——欧洲中世纪的学校》，载《纪念〈教育史研究〉创刊二十周年论文集（17）——外国教育政策与制度改革史研究》，2009。

从，同时学习骑士七艺（骑马、游泳、打猎、击剑、投枪、弈棋、吟诗）。其中，前两个阶段属于初等教育范畴。在侍从教育即将结束前，未来的骑士要选一位比他年长的妇女并对其表示爱慕。满 21 岁时，他们通过典礼被授予骑士称号。

3. 城市学校

城市学校是中世纪出现的另一种世俗教育形式，是在 11～12 世纪兴起的、适合新兴市民阶层需要的世俗学校，前身是由手工业行会或商会开办的行会学校（也叫基尔特学校）。这种学校是初级学校，教学内容除读、写、算、自然常识外，还包括手工艺训练以及宗教常识等。学校使用本族语进行教学。行会或商会提供校舍设施，委派教师。入学的学生均要缴纳学费。

后来，行会学校逐渐由各个城市的市政当局接管，改称城市学校。到 15 世纪时，西欧的大城市几乎都开办了城市学校，这对当时社会经济和文化的发展起了很大的促进作用。

第二节　外国古代教育思想家论初等教育

一、古希腊的教育思想

（一）苏格拉底的教育思想——治国者教育

图 5　苏格拉底

苏格拉底（Socratēs，公元前 469—前 399），古希腊时期著名的哲学家、教育家，在西方哲学史上被称为“哲学之父”。他出生于雅典一个平民家庭，父亲是雕刻匠，母亲是接生婆。苏格拉底一生经历了雅典民主制度的由盛到衰，中年后目睹了雅典的衰落过程。眼看着雅典城邦日益衰落，民风日下，苏格拉底十分悲痛，决心用自己的毕生精力来挽救祖国的命运。为了提高雅典人的道德水平，培养治国人才，苏格拉底潜心钻研哲学并积极从事教育工作，对教育的意义、目的、内容和方法，都提出了自己的主张。

苏格拉底认为，教育目的是培养治国人才，治国人才必须受过良好的教育，因此他主张通过教育来培养治国人才。

关于教育内容，苏格拉底提出了美德即知识的观点，主张首先要培养人的美德，教人学习做人，成为有德性的人。他认为，一个人的道德行为如何，取决于他是否具备有关的知识，只有当一个人知道什么是善、什么是恶时，他才能趋善避恶。因为知识是人们后天通过教育获得的，所以以知识为基础的道德也可以通过教育来培养，因此，德性可教。

在教学方法上，苏格拉底总是通过讨论和问答的方法来揭露对方观点中的矛盾，引导学生得出正确的结论。这种教学方法被后人称为“苏格拉底法”，被他本人称为“产婆术”。他认为教师不是授人以知识的，而是使知识自己产生的产婆。“产婆术”包括讥讽、助产、归纳和定义四个步骤。讥讽就是不断向对方提出问题，迫使对方陷入矛盾之中无法回答，最终承认自己的无知；助产就是帮助对方从对话中得出问题的正确答案；归纳就是从各种具体事物中找到事物的共性和本性；定义就是把个别事物归入一般概念。亚里士多德评价“产婆术”说：“有两样东西完全可以归功于苏格拉底，这就是归纳论证和一般定义。这两样东西都是科学的出发点。”因为“产婆术”有助于启发学生的思考，所以被后代教育家继承和发展，被当成是西方近代启发式教学的萌芽。

（二）柏拉图的教育思想——哲学王教育

图6 柏拉图

柏拉图（Plato，公元前427—前347），古希腊思想家、哲学家和教育家，出生于雅典的贵族家庭，青少年时代接受过良好的教育，喜爱文学创作和诗歌，师从苏格拉底后兴趣转向哲学。公元前387年，柏拉图在雅典城郊创办了学园，讲授哲学长达40年之久。主要著作有《理想国》《法律篇》。在这两部著作中，柏拉图论述了哲学王的教育。

首先论述教育的作用。柏拉图认为，教育对国家和个人来说都是十分重要的。一个国家只有通过良好的教育，才能培养出理想国的顺从公民以及具有勇敢和智慧的统治者。对一个人的发展来说，如果一个人得不到合适的教育，那么好的天赋得到的结果甚至会比差的天赋得到的结果还要坏。

其次论述教育的目的。柏拉图确定教育的最终目的是要培养卫国者，即培养哲学家或哲学王。哲学王应该热爱知识，热爱永恒不变的真理，是聪明和智慧的，具有慧眼，能够透过现象世界，从理念世界中窥见抽象、绝对永恒的真理。此外，哲学王还应具有勇敢、节制、正义等美德。柏拉图认为，大多数人是不能管束自己的。所以教育的作用是有限的，它只对少数人有效。教育的主要功能不是培养，而是筛选、选拔。这种论点显然是为奴隶主阶级垄断教育服务的。

最后论述教育内容。柏拉图深受斯巴达教育的影响，强调指出：取消私人办学，由国家办教育并进行严格的监督和控制，对所有儿童实行强迫教育；把教育当作国家的头等大事，由国家选聘教师并支付薪金；男女均接受教育。为实现这个理想，柏拉图提出了一个完整的教育计划。

第一阶段是学前教育阶段（出生至6岁），这个时期的教育内容主要是摇篮曲、儿歌、游戏和讲故事。第二阶段是普通教育阶段（7～十七八岁），这个时期的学生必须进入国家办理的初等学校，如文法学校、弦琴学校、体操学校学习。教师的主要任务是进行情感教育，让学生养成节制的美德，“以体操锻炼身体，以音乐陶冶心灵”。在音乐教育方面的课程主要有音乐、舞蹈、读、写、算，在体操教育方面的课程主要有游戏、体操、骑马、射箭、投掷等项目。第三阶段是意志教育阶段（18～20岁），这个时期的青年进入青年军事训练团，主要任务是锻炼意志，学习的主要内容有体育和四艺（算术、几何、天文、音乐理论）。第四阶段是理智教育阶段（20～30岁），这个时期的主要任务是发展智慧，目的是思考接近理念世界的“神”。教育内容主要是四艺和哲学。第五阶段是辩证法教育阶段（30～35岁），这个时期受过理智教育的出类拔萃的青年继续研究辩证法，以便正确理解世界。学习结束后，他们将担任国家的重要官职。第六阶段是实际锻炼阶段（35～50岁），极少数才华出众的人又经过15年的锻炼，经受过各种考验，并且“在事业上和学识上都是最好的”，最后成为哲学王，即国家的最高统治者。这就是柏拉图的整个教育构想。

（三）亚里士多德的教育思想——和谐发展教育

亚里士多德（Aristotle，公元前384—前322），古希腊哲学家、思想家和教育家，17岁师从柏拉图，深得柏拉图喜爱。在古希腊哲学家中，他是最博学的人物之一。其主要著作有《政治学》《论灵魂》《伦理学》等。

图7　亚里士多德

亚里士多德认为，教育的目的不仅是为国家培养有教养的公民和治国人才，而且要发展个人的天性，使年青一代得到和谐发展，为将来的美好生活做准备。亚里士多德的和谐发展的教育观点是根据他的灵魂论提出来的。他把人的灵魂分成三部分：植物的灵魂，这是灵魂的低级部分，主要表现在营养、发育、繁殖等生理方面；动物的灵魂，这是灵魂的中级部分，主要表现在本能、感觉、情感、欲望等方面；理性的灵魂，这是灵魂的高级部分，主要表现在认识和思维方面。教育必须与之相对应，即人的教育应该先由身体开始，继而激发情感，最后获得理性。所以对儿童要实施体、德、智、美和谐发展的教育。

体育是儿童教育的首要任务，目的是使儿童有强健的体魄和顽强的精神。德育的目的是培养儿童良好的习惯和高尚的道德。智育从追求知识的目标出发，让儿童掌握知识、发展思维能力。在智育中，儿童学习的科目是阅读、书写和哲学等。美育主要包括音乐和绘画。音乐教育对理性的培养和发展有很大作用，是和谐教育的核心。美育不仅包括唱歌、弹奏，而且包括文学作品、诗歌朗诵和欣赏，任务是培养儿童的审美能力和美的创造能力。

在教育史上，亚里士多德首先提出教育要与人的自然发展相适应，即要根据儿童的年龄特点进行教育。他把年青一代的教育划分为三个阶段。

出生至7岁为学前教育阶段。这一阶段的幼儿主要在家庭中接受教育。教育任务是促使幼儿的身体健康发育。此时教育必须注意幼儿的营养，坚持母乳喂养。对幼儿的教育应以游戏为主，对游戏应进行指导，还要培养幼儿良好习惯。

7～14岁为儿童进入正规集体教育阶段。这一阶段的主要任务是情感和道德的教育，是和谐教育。和谐教育的核心是音乐教育，同时辅之以体育、德育、智育等。教育内容主要有阅读与书写、体育锻炼、音乐、绘画和道德品质的养成。

14～21岁为学校教育的高级阶段。这一阶段的主要任务是发展学生的理性灵魂，主要开设纯粹思辨的学科，如哲学、逻辑学、伦理学、物理学等，此外还有科学方面的教育。

二、古罗马的教育思想

（一）西塞罗的教育思想

西塞罗（Cicero，公元前106—前43）是古罗马杰出的政治家、教育家和文学家。他创作的文学作品被后人尊为“西塞罗文体”；他优美的拉丁文体不仅促进了当时拉丁文学的发展，而且对后来西方文学和教育的发展产生了重要影响。西塞罗是雄辩术教育的倡导者，他的教育思想主要体现在《论雄辩术》一书中。

古罗马的传统教育目的是培养农民和军人，后转向培养雄辩家。西塞罗认为，这种教育目的的改变反映了社会对人才的要求，是教育价值的真正体现。他主张教育的价值在于实用。在他看来，学生学习的目的不仅仅是提高智力，更重要的是把自己学到的知识有效地应用到公共和私人生活中去，为社会和个人服务。因此，西塞罗认为，教育的根本目的在于培养政治家，只有优秀的雄辩家才能成为真正的、出色的政治家，所以教育的直接目的是培养雄辩家。他强调罗马青年人要学习演说术或雄辩术。

什么是雄辩家？西塞罗认为，一个名副其实的雄辩家必须能够就眼前的问题，用语言艺术进行阐述，以规定的模式，脱离讲稿，伴以恰当的姿势，得体而审慎地进行演说。他提出，能就任何问题进行得体的演说是雄辩家最本质的特点。

西塞罗认为培养雄辩家的方法有三种：第一，通过广泛阅读获得广博知识；第二，长期练习写作；第三，实际锻炼。法庭的实际观摩是提高雄辩技巧的最佳方式，经验是最好的教师，实践是最理想的方式。

（二）昆体良的教育思想

昆体良（Quintilianus，约公元35—95），古罗马著名的教育家和雄辩家。因为他在雄辩术方面的高深造诣和在雄辩家培养方面的丰富经验，公元70年，他被任命为罗马第一个国立拉丁语雄辩学校（修辞学校）的负责人。昆体良的教育思想主要反映在《雄辩术原理》中，这本著作是西方教育史上第一本专门研究教学理论的著作。昆体良在书中全面总结了古希腊罗马的教育思想和教育实践方面的成功经验，并系统阐述了自己独特的教育思想体系。

昆体良十分重视教育的作用。他认为，培养人需要天赋和教育的结合，人的天赋是教育的基础，天赋的发展又依赖教育。昆体良深信儿童具有广泛发展的可能性，认为儿童一般生来就具备对智力活动的理解能力。如果有人没有得到应有的培养，那么他缺少的不是天赋而是教育。从强调教育对人的发展的重要作用出发，昆体良极力推崇学校教育。当时，人们对学校教育颇有微词，而昆体良提出了学校教育优于家庭教育的观点。他认为学校教育的优点体现在以下几个方面：一是学校教育可以起到激励儿童的作用；二是学校教育能给儿童提供多方面的知识；三是学校教育可以培养儿童适应社会公共生活的习惯和参加社会活动的能力；四是学校教育可以发展儿童之间的友谊，培养儿童与人打交道的能力。

昆体良和西塞罗一样，以培养雄辩家作为教育的最终目标。但和西塞罗不一样的是，昆体良认为一个未来的雄辩家是从咿呀学语时开始培养的，因此，雄辩家的整个教育过程应该分为四个阶段。第一阶段——家庭教育。家庭教育的任务是培养幼儿良好的习惯和发展他们的语言能力。教育内容包括游戏、唱歌、讲故事等，幼儿的保姆和家庭教师必须身体健康、品德良好、说话清楚正确。第二阶段——初级学校教育。儿童到学龄期，就要进入国立初级学校学习。教育内容主要是阅读和书写，教师要培养儿童良好的道德。第三阶段——文法学校教育。与初级学校相比，文法学校设立了广泛的学科，包括文法、修辞、音乐、几何、天文、伦理学、希腊语、拉丁语等。第四阶段——修辞学校教育。这是培养雄辩家的最后一个阶段。教育内容主要是雄辩术，此外还有一些与雄辩术有关的知识，如逻辑、伦理学、自然哲学、诗歌、历史以及演讲技巧等。在这一阶段中，学生还必须在校内外进行演讲练习。

昆体良教育思想中最重要和最有价值的内容是教学理论。

第一，昆体良提出了分班教学和课程交替进行的设想。把学生分成不同班级，教师将同样的内容同时教给学生，以节省时间和精力；学生还可以共同学习。教学内容采取交替传授的方式，多科并进，使学生的心智处于活跃的状态。

第二，昆体良提出了一些具有普遍意义的教学原则：因材施教原则，每一名学生都有才能上的个别差异，教师在教学过程中要区别对待；教学适度原则，教师要避免让学生做力不能及的事情，传授的内容必须与学生的接受能力相适应。昆体良还主张通过促进学生积极思考来提高教学效果。教学除了传授知识之外，还要培养学生的判断能力、创造能力等其他能力。

昆体良坚决反对使用体罚。在当时体罚盛行的情况下，他的这一主张十分可贵。

第三，昆体良提出了一个包括三个递进步骤的教学方法，即模仿、理论和练习。模仿就是学生在教师的指导下开展实践活动；理论就是通过学习理论知识从而指导学生更好地完成学业任务；练习就是按照正确的方法重复，从而掌握牢固的知识。

另外，昆体良对教师提出了严格要求。他认为教师要德才兼备，有广博的知识，对学生应宽严相济，要有教学艺术，深入浅出，还应根据学生的先天差异，实施因材施教。

思考题

1. 古巴比伦王国最早设立的学校分为哪几类？
2. 简述斯巴达和雅典的初等教育，它们各自的特点是什么？
3. 古印度的教育如何划分？它们各自的特点是什么？
4. 试论古罗马初等教育的历史意义。
5. 简述欧洲中世纪初等教育的历史背景和主要形式。
6. 以相互复述的形式熟悉和理解西方古代教育思想家的教育理念。

第三章　中国初等教育的起源

知识导图

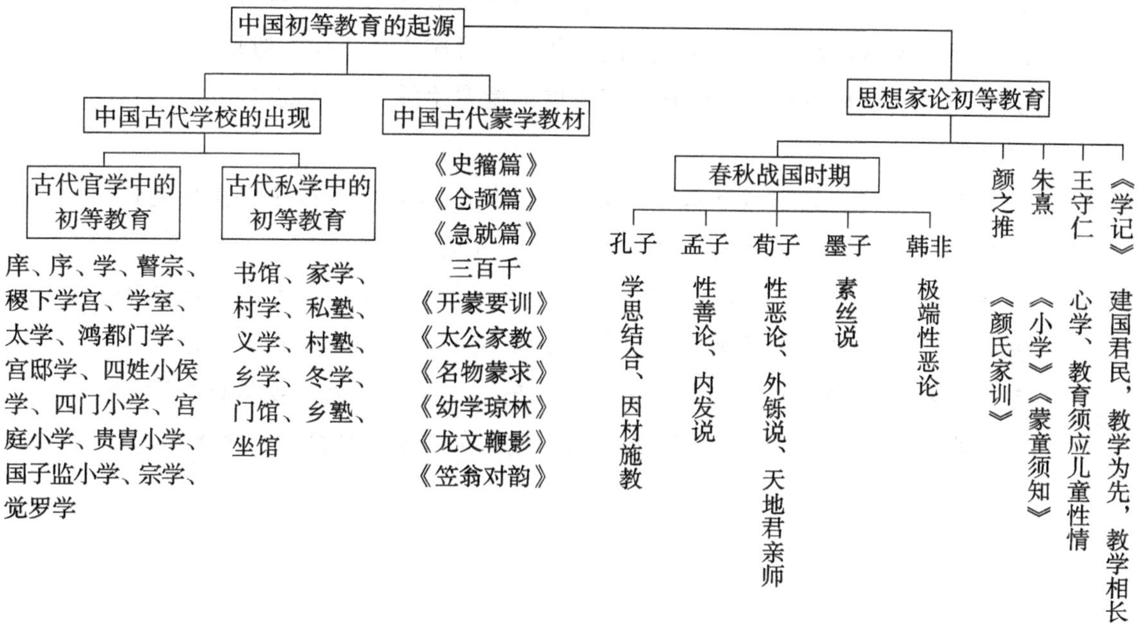

学习目标

1. 了解我国古代初等教育产生的历史背景以及官学、私学两个体系形成的原因。
2. 理解我国古代教育思想家的教育理念和《学记》的教育教学思想。
3. 掌握我国古代官学、私学初等教育的类型及特点，熟悉主要蒙学教材的内容。

大约在公元前21世纪，我国建立了第一个奴隶制国家——夏朝。先秦时期的典籍《左传》《国语》等书籍多处引用《夏书》的材料说明，这说明夏朝已经进入了有文字记载的文明时代。夏朝的教育机构主要有庠、序、校等，是一种政教合一的场所，也可被称为学校的雏形。此后，历朝历代均以教育作为民族和国家发展的重要手段，正可谓“建国君民，教学为先”。

初等教育作为古代教育的核心，在我国古代官学系统中的重要地位和作用毋庸赘述。古代初等教育的另外一轨是以孔子为代表的私学。两千多年以来，私学与官学相辅相成，形成合力。在诸子百家教育思想的指导下，我国古代初等教育得到了充分发展。我国古代初等教育附有大量蒙学教材，内容充实，形式多样。这与以《圣经》为主要教材的欧洲同时期的初等教育形成了鲜明的对比，成为东方初等教育的一大典范。

名人小名片

"心脏复苏"的发明者——王阳明

王守仁，字伯安，别号阳明，明朝思想家和教育家。张岱（明末清初文学家）评价："阳明先生创良知之说，为暗室一炬。"阳明先生的悟道要从一次石棺的"求死之旅"开始说起。

一场大雪让贵州龙场成了缺衣少食的人间地狱。面对漫天飞雪和一天天临近的死亡，王阳明不禁喃喃道："死亡是什么？我一直困困寻找的圣贤之道的出路又在哪呢？"愁苦和饥饿像鞭子一样抽打着他的心。然而王阳明又有那种百折不挠的拗脾气，绝境之下，决心主动冥想生死。刚好他发现一个仅容一人的小山洞，稍加凿刻就成了一座冰棺。于是他给仆从留下"此朝我要向死而生，以棺椁为席盖，除非顿悟绝不出石棺！"的"遗嘱"后，靠毅力躺入了凛寒刺骨的冰棺。

他的热气和温度渐渐被石棺折损，一开始还觉得冰冷的双手双脚也慢慢变得麻木了。随着意识渐渐地模糊，他内心的疑问却越来越大："生命的意义在何处？死亡又是什么？"死亡的恐惧那么真实，但却扼不住他思绪的劈波斩浪。他想到人和万物一样，在生命的原点，哪一个不是这样知觉全失的，但这并不阻碍生命奔向那至美至善的圆满。你看那悬崖上的花朵儿，它从生命一开始就是为了忠于自身的生命状态，也不求人观赏也不求人撷取。外在的东西不能加增或减损它生命的完整。①

"是的，就是这个，"王阳明也不知道自己是处于休克状态还是迷梦中，突然兴奋地大喊了一声，"我还真是个傻子！"原来他苦苦寻找的成圣之道从根本上是偏离的，格物致知的方法是笨拙的，因为人和万物一样，在生命的开源处就完美无缺，它的存在就是为了显现原本的光明，如花要绽放，水要流淌一样自然。也就是说人的内在已经气质自足了，人所要做的不过是"发明本心"。像擦拭落满灰尘的铜镜一样，剥离人过多的私欲得失就能找到生命的本心。原来朱熹所说的"格物致知"只是格错了对象。他没有想到一个生命本身就是和万物同呼吸共脉搏的小宇宙，用一颗澄明的心去光临万物才能致知。原来"圣人之道，吾性自足"，一个人应当躬身修德，使得"天地虽大，但有一念向善，心存良知，虽凡夫俗子，皆可为圣贤"。② 在来贵州龙场前，他一直认为这个蛮夷聚居的凄苦之地多半世风日下，但在这儿他却发现当地村民并非凶神恶煞，反倒是比那些京城里急功近利的读书人要坦诚许多，所以追求生命本真的法门在于自己的本心不被遮蔽。既然人人都可成圣贤，那他所能做的就是指点人人去"发明本心"，去活出自己的圣贤的生命。

想到这里王阳明恍然大悟，对！他此生的使命还没完成；对！他的学说还需要广布。王阳明一下子从迷梦状态中清醒，用尽全身的力气打开了石棺。

"先生醒了！"书童和官役面面相觑，惊呼失色。但此时的王阳明除了虚弱，更多的是淡然的神色。可以说这次冰棺的"心脏复苏"恰恰是他"心学"思想的诞生，他此生的使命不仅是追求自己的圣贤之道，而且是像悬壶救世的大夫，要为世人做一次"心脏复苏"，发现他们的本心与良知。

---

① 安之忠，林锋：《一颗心的史诗，王阳明大传》，75页，北京，当代世界出版社，2018。
② 当年明月：《明朝那些事儿》第4部，211页，杭州，浙江人民出版社，2011。

第一节 中国古代学校的出现

公元前 17 世纪，商朝建立，成为我国第二个奴隶制国家。商朝的教育机构主要有庠、序、学和瞽宗四种。此时的教育已有了固定的校舍，并选拔德高望重的人为师，通过传授军事技能和礼乐等典章文化，以造就奴隶主贵族的接班人为教育目的。

公元前 11 世纪，周朝建立，是我国奴隶制的全盛时期。西周更是周朝发展的高峰时期。在前代学校发展的基础上，西周的教育制度日臻完善。其特点是学术官守，也叫学在官府，官师合一，政教合一。

公元前 770 年至公元前 221 年，西周灭亡，周室东迁，我国传统的官学制度遭到致命打击。但这并不意味着教育的终结，而是从此我国的教育制度出现了两大系统：一是由各级政府主持、管理的教育，即官学；二是以私人或私人集团主持、管理的教育，即私学。私学自春秋战国时期产生之后，延绵不绝，成为重要的文化教育现象。纵观我国古代小学教育的发展，我们可以看出，古代的小学教育既依赖于官学，又离不开私学。它们相互补充，共存发展。

一、中国古代官学中的初等教育

（一）封建官学制度发展的揭幕——稷下学宫

严格地讲，我国官学意义上的初等教育初始于西周，新的官学制度构建完成于汉代，但其揭幕则始于战国时期的稷下学宫。

西周的学校教育分为国学、乡学两类。国学中设有小学，其中主要是宫廷的贵胄小学。天子有小学，各诸侯也有自己的小学。小学入学年龄不一，8 岁、13 岁、15 岁入学都有记载。小学教育的内容主要是关于奴隶主贵族必须掌握的道德行为准则和社会生活知识、技能等，其中尤以道德教育为主。乡学是设在王都郊外、六乡行政区中地方学校的总称，是地方基层学校，在西周时期均为初等教育机构。西周学校教育的基本内容是六艺，即礼、乐、射、御、书、数。其中书、数的教学主要是在儿童时期进行，也被称为小艺。

图 8 六艺图

张光奇：《古代教育 / 印象中国文化的脉络》，合肥，黄山书社，2016。

战国时期，齐国在国都临淄（今山东淄博市东南）稷门外设置学宫，招聘天下士人来此讲学。于是，“谈说之士期会于稷下”“不治而议论”，稷下学宫由此而来。稷下学宫的创设时间大约在公元前4世纪60年代，历经150年左右。稷下学宫是有教师有学生的学校，是官家操办、私家主持且集教学、研究、咨政为一体的特殊性质的教育机构。一方面学宫的主办者是齐国的君主，办学目的是为齐国培养人才；另一方面学校由各家私学构成，具体的教学和学术活动由各家各派自主。其特点如下：首先稷下学宫坚持兼容并包、学术自由的办学思想，听任诸子百家自由辩论；其次，稷下学宫在管理上采取门户开放政策，欢迎各方学者来学宫游学；最后，稷下学宫礼贤下士，通过提供优厚的政治和物质待遇吸引各方人才。

（二）秦汉时期的初等教育

公元前221年，秦统一六国，建立了中国历史上第一个君主专制中央集权的封建国家。秦代的教育政策遵循着一个中心原则，即维护国家的统一和君主集权的封建专制制度。法家思想在教育中占据统治地位。

秦始皇统一六国后，为了加强对各地区的行政管理，统一文字，这对中国文化和教育的发展意义重大。但是，为满足加强中央集权的君主专制政治的需要，秦始皇对私学采取了严厉禁止的政策。

为了达到思想的高度统一，秦始皇“焚书”“坑儒”。同时，为实现以法治国的目的，秦始皇采取以法为教、以吏为师的教育政策。私学的禁止和吏师制度的执行，导致教育上出现了法律之外无学、官吏之外无师的局面。这无疑是教育发展史上的一次大倒退。

秦代的文教政策虽然专断，但其教育并非一无是处，如秦制定了严格的法律条款保护学生。《睡虎地秦墓竹简·秦律杂抄》记载：“秦律规定擅杀养子者，法当弃市。”此外，秦律还明文规定：教师如果役使学生过度及加以鞭打，应罚一甲；打破皮肤，应罚三甲；在学学生可以免除兵役。

秦代官学小学教育组织机构主要是学室，由秦在各乡设立的三老负责基层教化工作，但记载不详。

汉代是中国封建小学教育发展的一个重要历史时期，总结了秦王朝灭亡的教训，完成了文教政策上的大转变，推动了初等教育的发展。鉴于秦灭亡的教训，汉初统治者以道家的“清静无为”作为政治指导思想。汉初文教政策也与秦代不同，重视知识分子的作用，允许开办私学，废除“挟书律”[①]。这对教育的发展、学术的繁荣提供了一种较为宽松的环境。公元前140年，汉武帝即位以后，董仲舒提出三大文教政策：罢黜百家，独尊儒术；兴太学以养士；重视选举，任贤使能。独尊儒术的文教政策，促成了教育的政治伦理化，实现了教育的儒学化。这一政策成了整个封建时代文化教育的指导思想，对中国古代小学教育也产生了巨大影响。

汉代的中央官学分太学、鸿都门学和宫邸学。太学是封建地主阶级的大学，鸿都门学是一种专门学校，宫邸学被认为是汉代中央的小学。宫邸学是设于宫廷中的学校，是东汉明帝始建的供太子、诸侯、外戚贵族及功臣子弟学习儒家经典的贵胄学校。永平九年（公元66），东汉明帝

① 孟宪承，陈学恂，张瑞璠：《中国古代教育史资料》，142页，北京，人民教育出版社，1961。

为外戚樊氏、郭氏、阴氏、马氏的子弟们开立学校，因其非列侯，故称小侯，学校亦称“四姓小侯学”。学校拥有比太学优越的设备和师资条件，教学质量较高。教学内容以《孝经》为首，兼有《尚书》等儒家经典。后来招生对象有所扩大，不仅限于此四氏子弟，而且接受匈奴子弟为留学生。贵胄学校的设立，一方面是贵族子弟享有教育特权的反映；另一方面也是朝廷对他们施以君臣名分等儒家思想的教育，借以约束其行为的手段。

两汉地方官学始于汉景帝时代的蜀郡太守文翁的兴学活动。据载：“至武帝时，乃令天下郡国皆立学校官。”[①] 这是第一次由中央集权的封建国家发布建立地方官学的命令。到平帝元始三年（公元3），汉代始确立地方学校制度，“立官稷及学官，郡国曰学。县、道、邑、侯国曰校。校、学置经师一人。乡曰庠，聚曰序。序、庠置孝经师一人”[②]。可以看出，汉代地方官学分为四级，郡国设学，县邑设校，乡设庠，聚设序。学和校属于何种程度的教育，目前意见尚不一致；庠和序相当于小学教育，这确定无疑。庠、序一级教育由三老官来掌管，“三老掌教化。凡有孝子顺孙，贞女义妇，让财救患，及学士为民法式者，皆扁表其门，以兴善行”[③]。在庠和序读书的学生，成绩优异者可以升入学和校。可见，汉代地方学校从教师聘任、教学内容设置，到学校礼仪，都按一种制度来贯彻执行。地方官学的教育活动主要是行礼、推行道德教化和传授经学。有些地方官吏兴学是为了推广农耕技术和移风易俗。汉代地方小学为照顾农村生产的特点，常有依季节安排教学工作的特点。东汉杰出的史学家、文学家班固在《两都赋》中对汉代地方小学、郡国学校的情况做了生动的描述：“是以四海之内，学校如林，庠序盈门。”

（三）魏晋南北朝时期的初等教育

魏晋南北朝社会动荡不安，战乱不断，政策朝令夕改，使得儒学的一尊地位被打破，多种思想文化活跃起来，儒释道三教并行，玄学兴盛一时，学校教育也发生了明显的变化。这个时期教育事业的延续主要是依靠私学、家学，而不是官学。官学虽整体时兴时废，但仍兴办小学教育。东晋、北魏时期，地方学校有所发展。北魏孝文帝于公元494年迁都洛阳后，励行汉化，禁穿胡服，改用汉语；在学制方面要求完备，下令立太学、四门小学，立四门博士，于四门置学。宣武帝下诏营建国子学，并大选儒生为小学博士，定员40名，树小学于四门。四门小学的内容缺乏史料证明，大致是与其他官学的内容相似。

由此可知，魏晋南北朝时期官立小学虽然不够系统，小学的教育教学活动也不够正规，但是一些开明的君主或贵族统治者为了巩固封建政权，在大举兴办高等教育的同时也积极倡导小学教育。

（四）隋唐时期的初等教育

隋唐时期（公元581—907）的教育是隋唐社会发展的重要标志。隋代立国时间很短，但隋代的学校教育从某种意义上来说，起着承上启下的重要作用，尤为值得指出的是由隋炀帝倡导的科举取士制度开创了中国传统教育的一个新时代。唐代是中国封建社会的鼎盛时期，学校教育也

---

① 《汉书·文翁传》。
② 《汉书·平帝纪》。
③ 《后汉书·县乡》。

得到了较快的发展。当时唐代学制的完整性不仅在亚洲处于遥遥领先的地位，而且与处于同时代的欧洲学校教育制度相比，也远远超过了后者。

魏晋南北朝时期，由于社会动乱，思想自由，儒家思想失去了两汉时的独尊地位。隋代为了满足国家统一和中央集权的要求，开始恢复儒家思想的正统地位，重视对儒经的整理修订。唐代统治者在建国之初，吸取各朝经验教训，更加认识到儒家思想对于巩固和维护大一统政治的重要性，于是便形成了“重振提高儒术，兼容佛道”的文教政策。

隋唐时期的小学教育受这一历史时期文教政策的制约及官学教育体制的影响，有官学小学的建制，但更多的是在私学小学教育中进行的，体现出明显的多样化特征。隋文帝、隋炀帝都曾下令在州县设立学校。唐代确定崇儒，重视兴学，利用封建国家的力量来办学。唐代的中央官学中设有宫廷小学，府、州、县、镇、乡等地方都建立了官学，农村按里另设立学校。开元二十一年（公元 733 年），唐政府“许百姓任立私学，欲其寄州县受业者亦听”①。唐代地方学校中也有小学的建制，乡里官学是地方官学的重要组成部分。乡里之学虽名官学，但大半属私学，经费自筹，教师无定员，校舍自理。这表明国家在基层教育上的诚意不够，或缺乏实力，而这实际上刺激了民间乡学、村学的兴办。

（五）宋辽金元时期的初等教育

宋辽金元是中国封建社会继续发展的时期，其文教政策基本内容是尊孔崇儒，提倡佛道，崇尚理学。这一时期，尤其在宋朝，我国的封建政治和经济已经得到了恢复和发展，科学文化进一步繁荣，封建教育制度基本完善。学校教育制度仍分官学和私学，官学仍分中央官学和地方官学。此外，书院的设立与私人教学成为这一时期学校教育的突出特点。此时的私学带有蒙学的色彩。整个小学教育既有继承又有创新。

宋代小学教育在汉唐时期的基础上有了较大发展，在规模、体制和教育内容上都体现出一些自身特色。宋代官学中设置的小学分为两类：贵胄小学和州县小学。贵胄小学是专为教育宗室子孙设立的，又分为资善堂、宗学、诸王宫学和国子监小学。诸王宫学类似宗学，设有初等教育和高等教育，还设有诸王宫大和小教授。高宗绍兴五年（公元 1135），诸王宫学设小学教授 2 人。1216 年，诸王宫学并入宗学。国子监小学是中央设立并管辖的小学。神宗元丰年间（公元 1078—1085），国子监设立小学，这是第一所由朝廷下令兴办的小学。在国子监中设立小学，也算是小学教育上的一个创举。宋代的贵胄小学是封建教育等级制和宗法性相结合的产物。设立专门的宗学和国子监小学，实际上是把小学教育纳入国家整体的教育部署当中，设置的时间几乎跨越了北

北宋国子监小学

此学初立时，生徒人数尚少，只设两斋：一名“外传”，一名“初筮”。到徽宗政和时，儿童发达至千名，于是分为十斋。入学年龄以八岁至十二岁为合格。课程分诵经及书字两科。三舍升补法与太学相同。至升级时至少要能作文，再试本经及小经各一道，稍通补入内舍，优则补人上舍。

陈青之：《中国教育史》上，191 页，北京，中国文史出版社，1921。

① （宋）王溥：《唐会要》，635 页，北京，中华书局，1955。

宋和南宋两个时期，对古代小学教育的发展有一定的推动作用。

宋代地方小学主要有州、县小学，虽为地方小学，但管理比较严格。1054 年制定的《京兆府小学学规》对学生入学、学长选定、课程设置、教学进程、考课、过失惩规和假期都做了明确规定，是宋代地方官学学规的集大成者，可以当作宋代州、县学校教学与管理状况的一个缩影。宋代统治者比较重视地方学校建设。1022 年，宋仁宗刚即位就赐兖州学田[①]，这对州县小学的建立起到了鼓励的作用。以此为开端，宋代逐渐形成了以学田为主要赡学经费来源的地方教育财政模式，这样州县小学的经费和师资都有了基本保障。但宋初对地方学校的设立有一定限制。庆历年间，在范仲淹的推动下，宋仁宗诏令全国州县兴学。宋徽宗崇宁元年（公元 1102），大规模的办学运动开始。朝廷命令每个州县都要建立小学，并且颁布全国统一的小学制度，在学生入学年龄、学生定额以及课程和考核方面都做了相应规定。当时的官办小学和私立小学的教学内容相似，可概括为三类基本课程：识字、诗赋、经术。宋徽宗大观三年（公元 1109），朝廷编成《大观重修小学敕令格式》，正式规定小学实行三舍升级制度。政和四年（公元 1114），朝廷颁行的制度规定国子监小学及全国各地官办小学都实行三舍法，使得小学和州学、太学之间建立了升级关系，这标志着古代小学的考试升级制度取得了巨大的发展。州县小学为了标榜有教无类，也录取一些贫民子弟入学。政和七年（公元 1117），由成都府路提举常平司提议，政府还曾下令选择居养院孤儿入州县小学读书。[②]

从宋代开始，中国古代小学对教师的管理逐渐被纳入中央的教育行政管理之中。官办小学的教师选用都要服从国家的统一命令。官办小学教师都属于整个官僚系统的组成部分，直接接受国家任命官员的有关部门的管理，在不同程度上享受官方俸禄。元代继承并发展了宋代关于教师的管理制度，对小学教师的管理不仅涉及官方的小学，也涉及非官方的小学。崇宁兴学后，宋代形成了遍布全国的学校网络，但官办小学规模毕竟有限，且入学机会多被官吏子弟占据，教育目的主要是为科举考试做准备。再加上南宋孝宗以后，政治腐败，财政困难，教授乏人，州县小学日渐衰落，因此当时的小学教育主要还是依靠广泛存在的各类私立小学的。

辽、金、元三代的社会经济、政治状况极为相似。各朝统治者都迫切需要巩固新建政权，有效辖制幅员广大的疆域内的各个民族，尤其是具有先进文化传统的汉民族。因此，辽、金、元三朝统治者采用了十分接近的大力推行汉化教育的文教政策。尊孔崇儒是这一政策的核心。

金代很重视对少年儿童的早期教育，所以小学教育在官学中地位显著。天德三年（公元 1151），金代始置国子监小学，招收宗室及外戚皇后亲属、诸功臣及三品以上官僚子弟，规定 15 岁以下进小学，15 岁以上进大学。大定十三年（公元 1173），中央官学系统专设的小学和女真小学属于中央官学的预备学校或附属机构。金代科举专设汉人经童科和女真经童科，选拔的对象是士庶子弟年龄在 13 岁以下者，中选后就读太学考进士，这在客观上刺激了各级小学的发展。许多士家和平民子弟从小就受到良好的教育，为后来的成长打下扎实的基础。金代在地方上也设有小学。但总的说来，辽、金的小学教育不甚发达，而且立学目的主要在于汉化，所以语言学习在其中占了非常大的成分。

---

① 马端临:《文献通考》，431 页，北京，中华书局，1986。
② 转引自吴洪成:《中国小学教育史》，64 页，太原，山西教育出版社，2006。

元代中央官学中也设有小学教育，其国子监教育就包含小学教育。至元七年（公元 1270），以许衡为国子祭酒，选侍臣子弟十一人入学，以长者四人从许衡，童子七人从王恂。[①] 这里的童子教育，应该属于小学教育程度。至元八年（公元 1271），元代立国子学，复选贵胄入学。《元史・许衡传》记载："时所选弟子皆幼稚，衡待之如成人。"可见当时的国子监教育中，包含小学程度的教育。元代小学虽有统一规制，教学内容也大致相同，但名称各异，如"蒙正斋""务本斋""小学斋"和"育德堂"。元世祖登基后，逐步设置了诸路学校官，建立了诸路学及各县学，并附设小学，诏令学田养学，训诲成才。元统治者为了在农村地区进行一般农桑知识启蒙教育和道德教育，开创了一种新的小学教育形式——社学。1286 年，朝廷颁布立社法令，责令全国各地以自然村为基础编社，每社设立学校一所，择通晓经书者为学师，于农隙时分令子弟入学。当时社学数量很多，但多数教育内容很简单，只传授一些很初级的知识，属于官民合办的性质。社学是带有普及性质的初级学校，学习对象不受限制，其广泛性是其他办学形式所不及的。学习内容以儒家经典为主，可以看作各路、州、府、县所设地方儒学的延伸。社学教育作为乡村基础教育的一种重要形式，很大程度上为一般贫民子弟提供了接受教育的机会，也标志着中国小学教育开始全面向民众子弟推广。

（六）明清（鸦片战争前）时期的初等教育

明清（鸦片战争前）（公元 1368—1840）是我国封建社会的末期。这时期商品经济逐步发展，资本主义生产的萌芽，但封建的自然经济仍占统治地位。在思想意识上，一方面存在着维护封建统治的理学，另一方面也出现了早期启蒙思想；在教育上，封建传统教育开始走向实学教育，对近代学校教育有一定影响。

明代在立国之初，就将发展教育事业置于重要地位，确立了"治国以教化为先，教化以学校为本"的文教政策。明代的官学也分中央官学和地方官学，中央直属的有国子监、太学、宗学、武学，地方直属的有府、州、县、卫、儒学和各司儒学等。清代的文教政策基本与明代相同，"兴文教，崇经术，以开太平"，学校仍分中央官学和地方官学。明清官学的教育内容以程朱理学为主，学校教育徒具形式，实为科举的预备场所。

明代的官办小学教育主要限于为显宦贵族子弟服务，成为特权的工具或身份的象征。明代专为宗室子弟设立了宗学。教育内容以御制之书为主，以《四书五经大全》《性理大全》等书为辅。明代地方建立的小学叫社学，可以说是府、州、县学的预备学校。社学始设于明太祖洪武八年（公元 1375），后全国各地陆续设立社学。明代的社学虽然遍布全国，但是经常处于兴废无常的状态，其设置情况受当时地方官员影响很大。明中后期，社学的设置一直趋于衰落。因为明代政府和社学之间只存在监督关系，所以社学是官倡民办性质的。经济方面，政府不提供经费；师资方面，政府不给社师发月俸。每 35 家设置一所社学，学生入学年龄一般在 8～15 岁。明代在教学组织及教学方法上对社学都有较具体的要求。《社学要略》还明确提出社师要先接受一年的专业培训方能任教，这说明明代小学教师的选用已经比较规范了。社学的教学内容多沿袭宋、元以来启蒙教育的内容。

---

① （明）宋濂等：《元史》，2029 页，北京，中华书局，1976。

清代面临的民族及边疆问题更加烦琐，使得小学教育体制更显复杂。清代前期的官办小学有宗学和觉罗学。宗学是专门为宗室（皇帝本支）子弟设立的贵族学校，觉罗学是专门为觉罗（伯叔兄弟之支）子弟设立的贵族学校。每旗各设宗学。凡未封宗室之子，年10岁以上者，俱入宗学。教学内容包括清书、汉书、骑射等。清统治者因为对宗室子弟更强调坚持满族传统，防止汉化，所以并不鼓励宗室子弟学习汉文。宗学学生学习、生活条件十分优越，出路比其他官学学生更多。觉罗学学生在校时的待遇与宗学学生相同。此外，清代前期还设有八旗官学，这是专为教育皇室以外的八旗子弟而设的，行政上隶属于国子监，由国子监督查其教学。八旗官学招收各旗聪明俊秀，10岁以上、18岁以下的子弟入学。学生入学后，须每天上学，主要学习满蒙汉语文和弓箭骑射，其管理和考课都很严格。

清代地方小学沿袭明制，仍设社学，属于官办小学。社师的生活费用由官府提供，并归提学管理。清代社学的教学内容与明代相似，但官学化更浓厚，并且规定社学与府州县学在学制的升降上相通，这对社学的设置和发展有一定的促进作用。清代在社学之外，还有义学。义学其实是社学的流变，二者区分不太明显。清代义学开始就多为官办，后来出现了一些民办义学，由民间捐田、捐银、捐房屋助学，也有“官府支持，民众兴学”的模式。一般义学都免收学费，所以这时的义学已经带有了一些国家义务教育的意味，对民间教育范围的扩大极为有利。

二、中国古代私学中的初等教育

资源：中国古代私学中的初等教育

春秋战国时期，社会政治经济、思想文化都发生了巨大变革，学在官府的局面被打破，学术下移，私学兴起，这在教育史上具有划时代的意义。

春秋时期的私学教育处于草创时期，主要面向成人实施高等教育或专门教育，目的是培养各诸侯国急需的士阶层。同时，出于文化传承及教育自身发展延续的需要，学校不可能偏废对儿童的初等教育。所以，初等教育在私学中也占有一定比例。私学自春秋战国时期产生之后，延绵不绝，与官学相互补充，共同发展。

（一）汉代、魏晋南北朝时期的私学教育

西汉初年，国家急需大批治术人才，但又来不及兴学设教来培养，因此转向民间征召人才。这在客观上刺激了私学的发展，使私学再度盛行。汉代私学种类繁多，有三种基本类型：以书馆为主要形式的蒙学教育，以乡塾为主要形式的一般经书教育和以精舍或精庐为主要形式的经学教育。其中，书馆、乡塾主要承担小学教育任务。书馆是汉代小学教育的主要场所，相当于初级小学教育机构。教师称为书师。学习的主要内容是识字、习字。教师同时传授自然科学知识和日用常识，进行道德和立志教育。书馆又可分为两种：一种是书师在家室或公共场所坐馆施教，附近儿童入馆就学，人数不等，从数人到百人；另一种是贵门富户聘书师来家施教，本家或本族学童在家学习，也叫家馆。汉代小学教育阶段的私学已经有了比较稳定的通用教材，教学内容和要求趋于统一。《仓颉篇》《凡将篇》《急就篇》《元尚篇》是当时主要教学用书，旨在使儿童学习识字。儿童学完这些后，进入初读一般经书阶段，即进入乡塾学习。教师称为塾师，也称孝经师。儿童主要学习《孝经》《论语》。此二书为必读初级经学教材。一是因为汉代独尊儒术，推崇孔子，突

出孝悌为伦常之本的思想；二是因为这两部书内容和形式都很接近人们的生活实际，语言流畅，便于诵读。此外也有学《尚书》或《诗经》的，个别还有学《春秋》的。这个阶段的教育既为巩固识字、习字的成果，也为进入更高学习阶段做准备，同时还为进一步提升品德修养打下基础。在汉代承担小学教育任务的还有一种私学，叫家学。它既是私学教育的一种特殊形式，也是更为普遍的一种小学教育形式。家学由家庭中或家族中长者教育训诫子弟，或由有学问之长者教学，或聘请塾师教学，也有在父辈的指导下与诸兄弟一起诵读《论语》《孝经》的。以书信、家规等形式训诫子弟是家学家教中特有的教育方式，这类家书向自家子弟及后代传授立身传世之道、修身养性之理，言真意切，浅近实在，对学童思想品德的培养起了很大作用。汉代比较有影响的家书有马援的《诫兄子严敦书》和张奂的《诫兄子书》等。

魏晋南北朝时期，由于封建割据和长年不断的战争，官学时兴时废，无形中催生了私学的发展。再加上这一时期儒学独尊的地位被打破，小学教育随着各家争鸣和各民族文化的融合也有了很大的发展。三国和两晋时期的私学都比较发达，多数属于小学教育程度。课程以儒学经典为主，其次是道家和阴阳五行之学，还有天文、历算等。此时私学中小学教育的内容是多元的、丰富多彩的。由于南朝政局不稳，官学时兴时废，各家各派私学在深山中设学授徒，儒经仍居相当地位，此外玄学、黄、老、庄、释、文、史等学说纷纷兴起。北朝私学教育在燕、赵、魏、冀地区较为普遍。与南朝不同，北朝学者多以儒术为中心，以儒家经学为主要教授内容，或者说北朝私学中的小学偏重于经学、经书的教学，重师承。北朝私家小学规模较大，入学学生较多，有明显的地域特色，注重游历教学，虽重师承，但也倾向于自由择师，自由讨论，独立思考。相对于沉浮不定的官学，魏晋南北朝私学的教学秩序较为稳定，教学质量也较有保障。

（二）隋唐时期的私学教育

隋代一些官学的著名学者和教师在任职前后都从事私学教育。有些私学的规模甚至超过了地方官学的规模。作为早期教育形式，私学和家学在唐代也得到了较大发展。隋唐的小学多建立在乡村，或称村学、村校。唐代的村学比隋代的村学更为普遍。乡村小学的设置不仅对普及一般的识字和文化知识起到了积极作用，也为培养专门人才打下了一定的基础。文献中有大量关于唐代乡学的记载。敦煌文书记载唐代和五代时期边远地区也有乡村学校的存在，如乡（镇）学、社学、坊巷学、义学等。唐代乡村学校的教材主要有启蒙识字读物、儒家经典和诗赋三类。启蒙读物除了为唐玄宗皇子编撰的《初学记》外，民间流行的有《千字文》《太公家教》《兔园策府》《蒙求》和《开蒙要训》等书。儒家经典方面主要是《诗》《书》《礼》《易》《春秋》和《五经正义》。此外，乡村学校也经常学习《论语》和《孝经》等。诗赋方面的教学内容主要是一些文学家的作品，尤以白居易的诗歌为主。

从现存资料看，唐代政府并不固定供给乡村学校经费。一所小学常常只有一名教师，主要靠一些束脩和个人资助来维持，生活颇为清苦。因为乡村学校经费不由官府供给，且地处乡野村落，所以其兴衰与政局的变化关系极小。晚唐的乡村学校比初唐更为普及。

隋唐时期小学教育程度的私学较多，除基本的识字教学、写字教学、经学教学、文学教学及训练之外，还研习、教授黄老道玄（佛）学。此外，唐代科技教学较前代发达，身怀绝技的学者大都开门授徒讲学。唐代私学的宗旨注重实际，适应乡土民间社会，讲授内容不限于四书、五经，黄、老、佛、道、玄、科技、文学、史学各占一席之地。受业者不受地域、学派的制约，打破了官学教育关门教学的陋俗。此外，尊师爱生、教书育人的优良美德在私学中也得以体现。

（三）宋辽金元时期的私学教育

宋代私学设置普遍，主要承担初等教育的任务，成为推动小学教育发展的主力。随着封建经济发展和印刷术的发明、推广，教育的范围进一步扩大，要求受教育的人数大增。但官学数量远远无法满足受教育者的要求，于是，私学教育得到较大发展。

宋代私学主要有师授和家传两种形式。师授蒙学又有诸多名目。①私塾。塾师自己办学，或在家中或租屋立学；学生人数不等，年龄7～10岁不齐；一般只有一位教师，实行复式教学；教师靠学生学费维持生活。②义学（义塾）。义举的产物，一般由地方出钱聘请教师或官员，招聘名士在家乡办学，教育本族及乡里子弟。义学主要是为无钱求学的子弟设立的，所以免收学生学费。③村塾、乡学、冬学。这些学校不如官学正规，教学质量也较低，主要教一些粗浅的读写知识，但遍布城镇乡间和山野村落，对儿童的教育发挥了较大的作用，成为宋代教育的重要组成部分。其中冬学只在冬季三个月农闲时开办，故名冬学。农忙时儿童作为辅助劳动力参与生产，农闲时开课。冬季成为乡村教育的隆盛时期，冬学也成为中国广大农村儿童接受教育的主要途径之一。

家传即由家长为子弟启蒙、传授基本知识。除了专门的私立小学外，宋代程度较高的私学也传授启蒙知识。特别是理学兴起后，一些理学名儒除著书立说、讲学外，也非常热心于训蒙事业。有的开馆授徒；有的在讲学中传授文化知识和基本技能，并崇尚道德行为习惯的培养训练。

辽、金、元三代官学数量和招生人数都很有限，满足不了各民族的需要，因此私学成为三朝小学教育实施的主要渠道。金代民间私学发展较好，因为金代科举选士不限于正规学校，受教于父兄、师友、自学成才的人都可以通过科举入仕，国家也是从上到下重视文化知识的传播和人才的培养的，这些都大大刺激了民间私学的发展。金代的私学大致有以下三种类型。①家学传承。一些名门显宦和文学世家重视对子女的文化教育，父母兄长亲自督教子女的学习。②延师执教。有地位或比较富有的人家多延师教子。③塾师教诲。金代从中期开始，普遍出现了专门以教学为职业的私塾教师，入塾学生必须交一定数量的学费。所有民间私学教学课本大抵和中原人一样，采用“三百千”及《蒙求》《论语》等。

元代私学是继承宋和金的私学传统发展下来的，教学形式和教学内容与宋、金无大差别。教学形式大致也是家长督课、里师教诲、名儒传授等；教学内容上注重儒学经典特别是程朱理学体系，也涉及天文、地理、律历、算术等自然科学方面的知识。蒙古族、女真族、契丹族或西域诸族人都热心儒学，这在宋以前比较罕见。

（四）明清（鸦片战争前）时期的私学教育

私塾是明清时期广泛存在的小学，属低级阶段的蒙养教育，在民间广泛设立，由私人经办。具体设立情况有三种。①塾师在自己家里，或借祠堂、庙宇等，设馆招收附近学童就读，称门馆或家塾。②由一族一村的延师择址建馆，课其子弟，称乡塾或族塾。③由富裕人家独自聘请教师在家设馆，专教自家子弟及亲友子弟，称坐馆或教馆。具有启蒙性质的私塾的教育内容，以传统的小学教材《三字经》《百家姓》《千字文》《孝经》为主，兼有书算和八股文等举子业。教师主要是本地的儒学生员，教育质量并不高。除私塾外，也有地方上出钱延聘塾师，在公众地方设塾教一般农户子弟或贫寒子弟的，这被称为义学或义塾。这类学校由地方乡绅主持，地方出钱，或由私人捐钱捐田，建立学田制，聘请教师设塾授课，招收本族子弟或一般庶民子弟，传授粗浅的文化知识，尤其是纲常伦理。

清代的私塾、义塾、家塾都属于小学，种类、规制与明代类似，主要教育对象为15岁以下儿童。私塾教师称为塾师或蒙师，一般由童生、秀才担任。塾师自己设馆或受聘（一年一聘）于村塾、教馆，收入微薄。私塾一人一校，学生有二三十人不等。私塾管理严格，在塾时，塾师严格管理；出塾后，家长配合管理。这说明当时私塾已注重家校合作。私塾大都进行个别教学，程度高的学四书五经，低者学《三字经》《千字文》或“杂字书”。学生入塾后，按识字、习字、读书、作文的顺序学习。塾师经常对学生体罚，如罚立、罚跪、打手心、笞臀等。可以得知，私塾的教学未能顾及儿童身心发展的特点。

三、中国古代蒙学教材

中国古代小学教育内容十分广泛，如儒家经典、文学艺术、谚语格言、童谣民歌、歌谣口诀、科普读物等，都是小学教育的内容，而最为典型、最为系统的还是蒙学课本。这是中国古代小学的通用教材，发轫于西周及秦代，随后逐渐发展。

（一）周秦汉时期的主要蒙学教材

1.《史籀篇》

自周、秦始，小学教育注重识字与习字，教材适应这一要求编辑而成。从周、秦到汉，中国陆续出现了很多识字课本。《史籀篇》是中国历史上记载最早的儿童识字课本。籀文是西周对殷代古文字的继承和发展。《史籀篇》从种种不同的形体中选择比较规范的字形，以此作为官方提倡的标准文字。它不仅是西周晚期官学字书，也是贵族子弟的识字课本。《史籀篇》共15篇，9000多字，四字一句，两句一韵，以便诵读。秦焚书坑儒时，《周易》《史籀篇》得以保留；东汉光武帝建武年间，《史籀篇》佚失六篇；西晋晚期战乱频发，《史籀篇》残卷亡于战火。

2.《仓颉篇》《爰历篇》《博学篇》

秦统一六国前，各国文字不一。统一六国后，为利于统一政令的推行，秦始皇采纳了李斯的建议，进行文字的整理和统一，下令书同文。此后，秦出现了以小篆为字体的小学教材，包括李斯（约公元前284—前208）编写的《仓颉篇》，赵高（？—公元前207）编写的《爰历篇》，胡毋敬（约公元前273—前201）编写的《博学篇》。这三本教材的基本内容是教授写字、识字、书写姓名、熟悉语法和认识名物等，识字教学中交织着基本文化知识的学习。这些书是由秦朝政府官员编撰的，除了被当作教学童识字的教材外，也被当作配合书同文国策实施的统一字体的范书。三本书流传甚广，直到汉代还被用来做儿童的识字课本。

汉时闾里书师为教学童识字，将秦代的三部字书并为一书。该书亦称《仓颉篇》。两部《仓颉篇》有一定的联系，但更有显著差异。秦《仓颉篇》有对文字的说解，略同于许慎的《说文解字》。汉《仓颉篇》的篇名取自句首两字（首句为“仓颉作书，以教后嗣”，首两字为“仓颉”，以此命名），四字成句，二句一韵，内容夹叙夹议，把文义相近的字放在一起，形旁相同的字放在一起，声旁相同的字放在一起，没有对文字的说解。[①] 此外，汉代小学教材中有影响的还有《通俗文》《女史篇》《杂字指》和《飞龙篇》等。

（二）魏晋南北朝的主要蒙学教材

1.《急就篇》

晋代的小学教材主要是《急就篇》，又名《急就章》，由西汉史游编撰，成书时间约在公元前40年，是我国现存比较完整的最早的小学识字兼常识教材。“急就”二字是速成的意思。现存《急就篇》全书共2114字，34章。据前人考证，该书最后的128字系东汉人所加。《急就篇》主要是把当时日常所用单字按姓氏、衣着、农艺、饮食、器用、音乐、生理、兵器、飞禽、走兽、医药、人事等分类汇编成三言、四言、七言韵语，既便于记诵，又切合实际，并尽量避免重复字，同时尽量使每一句都表达一定的意义，以在识字教育过程中使儿童获得一些自然及社会常识。全书共三个部分：一是姓氏名字，400多字，100多个姓；二是器服百物，1100多字，包括400多种器物，100多种动植物，60多种疾病名称和药物名称；三是文学法理，440多字，包括官职名称和法律知识等。《急就篇》反映的汉代世界是广阔和多样的，也反映出了汉代社会对儿童应具备的生产和生活方面知识的基本要求。这部识字与常识课本成为汉魏及以后儿童学习通用的教材，流传久远。

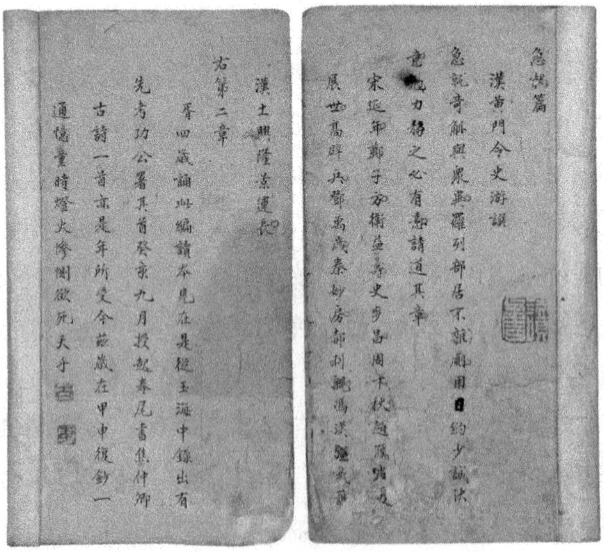

图9 《急就篇》书影

晋人编写的小学教材还有以下几种：王义的《小学篇》、杨方的《少学》、束皙的《发蒙记》、顾恺之的《启蒙记》以及郭璞的《三苍注》。

① 胡平生，韩自强：《〈苍颉篇〉的初步研究》，载《文物》，1983（2）。

2.《千字文》

南朝梁代周兴嗣（公元 469—537）的《千字文》在小学教材的发展方面，起了承前启后的作用。《千字文》成文于梁武帝大同年间（公元 535—546），全书千字，每句四字，成文押韵，共 250 句，基本无重复字，且内容丰富，通畅可读。书中介绍了自然现象、历史知识、君子修身之道，也包含不少封建伦常的说教和慎言等人生哲学，也有一些劝诫和对优美景物的描写。《千字文》保持了《仓颉篇》《急就篇》整齐押韵的传统，便于儿童朗读背诵。书中所选的千字都是古书上常用的，没有生僻的字，多数句子也是普通结构，非常适合作为小学教材，所以历经 1400 多年仍长盛不衰。

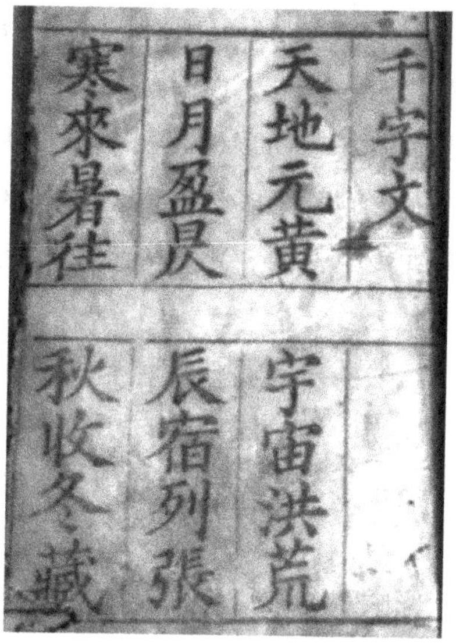
千字文
天地元黄宇宙洪荒
日月盈昃辰宿列張
寒來暑往秋收冬藏

图 10　千字文

（三）隋唐时期主要的蒙学教材

隋唐的小学教材主要是启蒙识字读物、儒家经典和诗赋三类，除沿用前朝的教材外，也有本朝新编写的蒙学教材。

1.《开蒙要训》

同《千字文》一样，《开蒙要训》以教识字和基本常识为目的，尽量避免重复字，采用四言韵语，以便记诵。该书涉及的方面较为广泛，分别介绍自然名物、社会名物、寝处衣饰、身体疾病、器物工具、行动操作、饮食烹调、耕作、树木以及鸟兽等。全书 1400 多字，收录了一些当时的日用杂字，注重实用，更为通俗。该书虽然没有像《千字文》那样风行，但也流行过相当长的时间，并且对后世的种种杂字书也产生过很大影响。例如，收入日用的俗语俗字，注重实用，分类编排等。

2.《太公家教》

《太公家教》是中唐到北宋初年最盛行的小学教材；成书时间大约在安史之乱之后；作者是村落间一位教书的老人；编撰该书的目的是教导儿童进德修业，立身治家。全书取材或抄典籍原文，或增减典籍原文，或取意于典籍，也有取用当时的谚语的。典籍来源主要包括《孝经》《礼记》《论语》《列女传》《颜氏家训》《千字文》及诸子学说等。除少数

《太公家教》第一章

得人一牛，还人一马，往而不来，非成礼也。知恩报恩，风流儒雅，有恩不报，非成人也。事君尽忠，事父尽敬。礼问来学，不问往教。舍父事师，敬同於父。慎其言语，整其容貌。善能行孝，勿贪恶事，莫作诈伪，直实在心，勿生欺诳。孝心是父，晨省暮看，知饥知渴，知暖知寒；忧时共戚，乐时同欢，父母有疾，甘美不餐，食无求饱，居无求案。闻乐不乐，闻喜不看，不修身体，不整衣冠，得治疰愈，止亦不难。弟子事师，敬同於父，习其道也，学其言语。黄金白银，乍可相与，好言善述，曼出口舌。忠臣无境外之交，弟子有束修之好。一日为师，终日为父；一日位君，终日为主。

句子外，多用四言韵语，以训诫的口气讲封建社会为人处事之道，文字通俗，有的一直流传至今，如“人无远虑、必有近忧”“凡人不可貌相、海水不可斗量”等。总体而言，这本书充满了忠君孝亲、隐恶扬善、委曲求全、明哲保身等思想，完全符合封建社会的要求。该书还被译为女真、高丽、满族等多种语言，除中原地区，还不断被辽、金、高丽、满洲各民族的儿童教育采用，甚至远传于韩国、越南等地。其流行之广、使用时间之长，令人惊叹。

3.《蒙求》

《蒙求》是唐朝盛行的一种小学教材，由唐代李瀚撰写。全文596条，计2384字，以历史典故为内容，四字一句，两句一联，成文押韵，易于记诵，带有激励劝勉的意味。读者可以从中获得很多历史知识。书中许多脍炙人口的逸闻典故成为后来《三字经》《日记故事》《龙文鞭影》《幼学琼林》取材的来源。《蒙求》与《急就篇》《千字文》前后辉映，对此后的小学教材具有极大影响，在宋以后广泛流传，并远传到朝鲜、日本。后世陆续出现的各种以历史典故为内容的读物，在体例上或内容上都师法李瀚的《蒙求》。

唐代的小学教材中，还有一些是读文训练和作文训练的读本。自晚唐以后，小学中出现了用咏史七言绝句作为课本的情况。例如，唐末的胡曾的写的100多首咏史诗，都是七言绝句，通俗简短，容易背诵，多数是写从春秋到魏晋南北朝的历史史实和历史人物的，也盛行了几百年，并流传到了日本。隋唐时期小学教材的数量不太多，但形式多样，内容也相对丰富，在小学教材发展过程中具有重要意义，改变了前一阶段单一的形式和内容，为下一个阶段的繁荣奠定了基础。

（四）宋辽金元时期的主要蒙学教材

宋元理学家充分认识到教材对教学实践的作用，并以教材规范教学行为。很多著名学者直接参与童蒙读本的编写，如朱熹、吕祖谦、王应麟、赵鼎、司马光等大学者都曾亲自编写童蒙读本。这就提高了读本的权威性，也保证了读本的质量。这一时期的小学教材较为发达，基本形成了完整的体系，按其教育和教学需要的不同特点大致可以分为六类：识字教育的教材、伦理道德教育的教材、历史教育的教材、诗歌教育的教材、名物制度和自然常识教育的教材、家训范围内训诫类综合类教材。实际上，每一类教材都渗透着封建伦理道德教育。

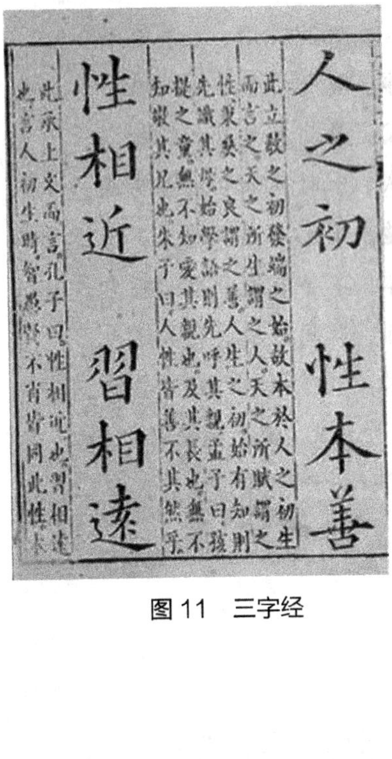

图 11　三字经

1.《三字经》

相传《三字经》是宋朝王应麟（公元1223—1296）作的。全书正文共380句，1068字，结构严谨，文字简练，概括性强，三字成句或三字倍数成句，读起来朗朗上口，通俗易懂，便于诵记。该书虽然字数不多，但是包含的内容丰富广博，是一部集中国传统的教育、历史、天文、地理、伦理和道德以及民间传说为一体的初等百科全书。

《三字经》全文蕴含了大量历史故事、典故以及各科知识，将天地名物、古今人文事迹冶于一炉，说理亲切简明，叙事条例清晰，文风生动活泼，有“袖里《通鉴纲目》”“千古一奇书”

等美誉，成为宋代以后我国坊间采用的最普遍的小学教材，甚至贩夫走卒、引车卖浆之流都知道，真正成了家喻户晓的教材。该书曾被译为多种文字，南宋末年就流传到了日本，清朝初期甚至传到了欧洲，后又传到了北美地区，在小学教材史上十分罕见。

2.《百家姓》

《百家姓》也有一千多年的历史，据考证，成书于北宋初年，是由钱塘书生编写而成的，是我国文学历史上作为儿童启蒙读物较为悠久且广为流传的一部私塾教材。全书由没有意义联系的单字组成，共568个字，其中单姓444个，复姓60个，采用四言韵语的形式，不仅间句押韵，而且通篇语调和谐，读起来顺口，听起来悦耳。学生只需认识、会读就行，不需追究字义和句义。《百家姓》符合儿童的学习心理，对我国儿童识字明理发挥着不可忽视的作用。

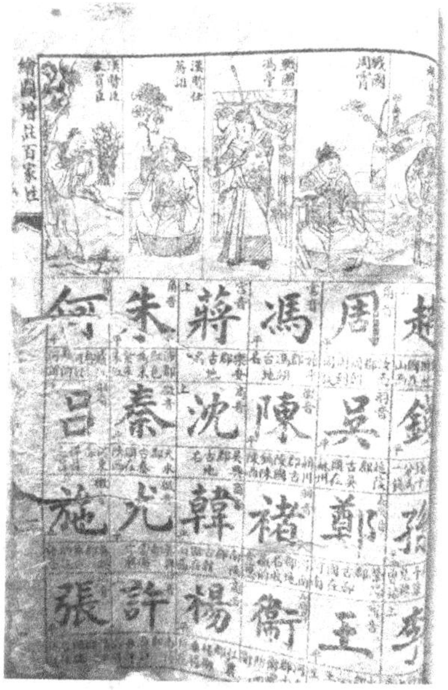

图12　百家姓

3.《名物蒙求》

《名物蒙求》是宋代传授博物常识的著名的教材，由宋末方逢辰（公元1221—1291）著，以蒙求的形式介绍自然和社会的各种名物知识。全书含天文、地理、鸟兽、花木、日用器物、耕种操作，以及当时社会上的亲属、家族等种种称谓，共2720字，四言押韵，通顺易懂。书中注重常见常用的名物，少讲生僻难懂的东西，具有一定的科学观念，当然仍然含有封建伦理纲常的教育。《名物蒙求》作为蒙学教材，是古代《诗经》"多识于鸟兽草木之名"传统的继承与发展，对清代蒙学教材及鸦片战争后韵语科普读物的编写均有影响。

除了这些主要的蒙学教材外，宋元时期还有吕本中的《童蒙训》、吕祖谦的《少仪外传》、朱熹的《童蒙须知》《小学》、郭居敬《全相二十四孝诗选》、胡寅的《注叙古千文》、汪洙的《神童诗》、王应麟的《小学绀珠》以及陆游的《放翁家训》等。

宋元时期还出现了世界上最早的图文对照课本《对相识字》。这种课本能够激发儿童的兴趣，提高儿童的注意力、观察力与记忆力，是宋代对小学教材历史发展的一个贡献。

图13　《二十四孝图说》书影

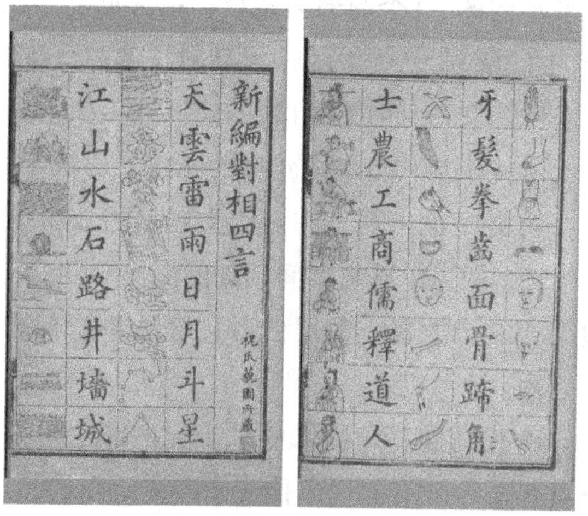

图14　元代《新编对相四言》书影

（五）明清（鸦片战争前）时期的主要蒙学教材

明清（鸦片战争前）时期的小学教材主要还是沿用过去流传下来的“三百千”等。此外，明清的学人根据当时的社会需要，也编选了一些小学教材和启蒙读物。明代主要有《龙文鞭影》《幼学琼林》《女儿经》《小儿语》《童蒙习句》《名贤集》《小四书》《女四书》《闺范》等，清代主要有《古文观止》《古唐诗合解》《唐诗合选》《唐诗三百首》《朱子治家格言》《弟子规》《笠翁对韵》《声律启蒙》《清文启蒙》等。

1.《幼学琼林》

《幼学琼林》原名《幼学须知》，也称《成语考》《故事寻源》，由明代程登吉所编。在清邹圣脉增补注释后，该书改名为《幼学琼林》，在内容上吸收了多种《蒙求》的材料，涉及范围极广。全书分 4 卷，计 33 个门类，包括天文、地理、家族、社会、宫室、器用、制作、技艺、鸟兽、花木等方面的内容，覆盖了社会科学、自然科学、古往今来、人情世故、家族婚姻、生老病死、衣食住行、神话传说等领域的基本知识，可以说是一本常用成语典故及各类常识的小辞典。《幼学琼林》虽也宣扬封建思想，但其中也包含丰富广博的知识内容。句子字数不拘，灵活运用杂言，求两两成对，通顺上口，易懂易背，是一本流行于全国的蒙学课本，也是一本成人社会教育的教材。

2.《龙文鞭影》

《龙文鞭影》原名《蒙养故事》，由明代萧良友（公元 1549—？）编撰，在内容和体例上仿效了《蒙求》，在当时是一部很受欢迎的小学教材，后经几次增订，日趋完善，更名为《龙文鞭影》。全书正文 8200 多字，收录了 2000 多个故事，内容包括各个历史时期著名的人物故事、历史故事、神话、寓言故事等，涉及了政治、军事、文化、外交、文学、艺术、儒林、方术、习俗、风尚、伦理、品行、怪异、迷信等各个方面，既丰富了书的内容，也增强了书的趣味性。

《龙文鞭影》作为一部“诲尔童蒙”的小学教材，同时在识字、知识、道德三个方面对儿童起到教育作用，在小学教材演变史上流行广，影响大。

3.《笠翁对韵》

《笠翁对韵》的编著者是著名作家和戏曲理论家李渔（公元 1611—1680）。全书分上下两卷，以平水韵的 30 个韵部为条目，把常见韵字组成韵语。这些韵语又都是极富文采、符合格律的对子，如“天对地，雨对风，大陆对长空。山花对海树，赤日对苍穹”“庄周梦化蝶，吕望兆飞雄”等。全书音韵和谐，朗朗上口，句型工整，对仗严谨，内容丰富，既是小学教材，也是社会教育教材，广泛流传于清代至民国年间的私塾，历久不衰。

明清时也出现了许多图文对照的故事书。宋末《对相识字》的编制形式在明清时得到进一步推广。例如，嘉靖年间刊刻的图文对照的《日记故事》是元代虞韶根据宋代杨亿的主张编成的，包括 300 个故事，都用白话文解说并配有插图；明陶赞廷编的《蒙养图说》中每个故事都配有一幅图。

清代前期，印刷术的进步和书肆的增多，加上我国重视教材编写的好传统，使得私塾教材丰富多彩，既有前代流传下来继续使用的，也有新编的一些教材和学生读物，有韵语故事、名物掌故、谚语、格言、对子、诗歌等，以简赅的文字，严格的组句（三言、四言、七言），整齐的押韵表述，内容涉及儒学经典、道德规范、历史知识、自然知识、生产知识、文字知识、日常生活知识等。

第二节　中国古代教育思想家论初等教育

一、儒家的教育思想

（一）孔子的教育思想

孔子（公元前551—前479），名丘，字仲尼，春秋末期鲁国（山东曲阜）人，中国古代伟大的思想家、教育家和政治家，儒家学派的创始人，儒学教育理论的奠基人。

孔子生活在春秋末期，此时的中国社会由奴隶制向封建制过渡，社会出现大的动荡和变革。经济上，土地私有已得到确认；政治上，王权衰落，礼崩乐坏，旧贵族没落，新贵族兴起；思想意识上，一些传统观念已经动摇，另外一些适应时代变化的新思想正在萌芽。这些变化对孔子的教育思想的形成产生了深刻的影响。

图15　孔子

1. 重视教育作用

孔子认为教育对社会发展有重要作用，是立国治国的三大要素之一，教育事业的发展要建立在经济发展的基础上，为此，提出“庶、富、教”的主张，在中国历史上最先论述教育与经济发展的关系。孔子主张政治上实行德政，为了达到德政的目的，强调以教育作为施政的基本手段，宣传忠君孝亲、奉公守礼，这是教育直接为政治服务的表现。孔子肯定教育在人的发展过程中起关键性作用，在历史上首次提出“性相近也，习将远也”[①]的合理命题，打破了奴隶制贵族天生比平民高贵、优越的思想。这一理论既是人类历史上的一个重大突破，又是人人都可能并应当受教育的理论依据。因为坚持“习相远”，所以孔子认为教育在人的发展中是非常重要的。尤其是早期教育，因为它是为以后发展奠定基础的，所以更为重要。孔子说：“少成若天性，习惯之为常。”[②]少儿时期通过教育养成的智能，犹如天性一样。他还主张活到老学到老，人应当终生不断受教育。

2. 坚持“有教无类”

基于人人都可以并应当受教育的观点，孔子坚持“有教无类”的办学方针，这与当时贵族的办学方针相对立，打破了贵贱、贫富和种族的界限，把受教育的范围扩大到平民，这是历史性的进步。孔子的私学学生成分复杂，且以平民子弟居多，这很大程度上满足了平民入学受教育的愿

① 《论语·阳货》。
② 《大戴礼记·保傅》。

望，顺应了社会发展的需要，因此成为当时规模最大、培养人才最多、社会影响最广的一所学校。

3. 以培养德才兼备的君子为教育目的

孔子是政治改良主义者，其最高的政治理想是大同社会。他继承西周的“敬德保民”思想，主张德政。实施德政的这些贤才应是经由教育培养的“修己以安百姓”的君子，这条培育人才的路线就是“学而优则仕”。“学而优则仕”口号的提出，在教育史上有重要的意义。它以任人唯贤冲击了任人唯亲的世袭制度，主张学习有余力的应该从政，将所学所修应用在从政的实践之中。

4. 以六艺为教学内容

孔子认为从政的君子应该德才兼备，能文能武，为此他有选择地安排了教学内容，继承并调整充实了西周贵族的六艺教育，研究整理古代文献。六艺对人的思想教育都有重要价值，但总体上重道德人伦轻自然、生产、科技，重文化学术轻军事体育，对后世造成深远影响。

5. 行之有效的教学方法、教学原则

孔子在长期教育实践中积累了一套行之有效的教学原则和教学方法。这些原则和方法许多与教育的客观规律相吻合，是孔子教育思想中最具光彩的精华。他深谙教学之道，提出了学思结合、知行合一的学习理论。此外还有因材施教、启发诱导、循序渐进、好学乐学、实事求是、不耻下问、培养独立思考、注意学生年龄特征等教学原则和方法。这些原则和方法既是在教育实践中产生的真知灼见，又在教育实践中被反复使用，从而使孔子的教育获得了极大成功。

6. 优秀教师的典范

孔子主张作为教师，应“学不厌而教不倦”，这是对教师最基本的素质要求。一名合格的教师还要温故知新、以身作则、尊重爱护学生、教学相长。也正是这样要求自己，孔子成了以德服人的教育家，是中国历史上教师的光辉典范，被尊为“至圣先师”和“万世师表”。

孔子是全世界公认的伟大的思想家和教育家。他的教育思想对以前的传统教育观念有很大突破，也奠定了中国古代教育的理论基础。其丰富的教育思想遗产成为两千多年中国封建教育思想的渊源。其教育思想还在不同的历史时期和不同的历史条件下，通过各种渠道传播到东、西方数十个国家，成为具有世界影响的思想学说。

（二）孟子的教育思想

图16　孟子

孟子（约公元前372—前289），名轲，字子舆，世称孟子，战国中期邹（今山东邹县）人，杰出的思想家、教育家，儒家学派的重要代表人物。其学说和子思的学说一同被称为思孟学派。孟子的地位仅次于孔子，被后世尊称为“亚圣”，与孔子一同被称为“孔孟”。

1. 性善论

孟子的“性善论”是其教育思想的理论基础。孟子认为人生性本善，恻隐之心、羞恶之心、恭敬之心、是非之心人皆有之，与生俱来。教育的作用在于存心养性，将其心性中固有的善端扩而充之。为此，孟子提倡“内发说”，主张自求自得，“求在自我”，向自己的内部下功夫。他也不否认外在因素对教育的影响和作用，认为周围的事物和环境对人的性格、品质、意志的形成具有重大影响，但不是决定性的。

2. 教育目的和理想

孟子明确提出中国古代学校教育的目的——明人伦，并说明教育就是通过实现明人伦来为政治服务的。人伦是人类的本质表现，也表现了人类生活的特点。具体来说，人伦就是五对关系，即“父子有亲，君臣有义，夫妇有别，长幼有序，朋友有信”[①]，又以父子——孝、长幼——悌这两对关系为核心，推导出五种道德规范——五常，即仁、义、礼、智、信。教育就是通过使人明了并实行这一切，建立社会道德秩序的。

孟子提出了“大丈夫”的理想人格，即“富贵不能淫，贫贱不能移，威武不能屈”[②]。要实现“大丈夫”这一理想人格，孟子认为主要靠人的内心修养，即持志养气，动心忍性，存心养性，反求诸己。这一理想人格丰富了中国人的精神世界。

3. 教学方法

孟子注重教学方法的研究，提出诸多有益的教学方法。例如，①言近旨远，由博返约。教人由近及远，教师应有渊博的学识，并能详细地解说。②类比论证，比喻说明。以近在眼前的、浅显的现象或生动的小故事来表达深奥的道理，用简单的比喻来解答问题。③循序渐进。学习是一个自然发展的过程，必须按部就班，循序渐进，反对操之过急。④持之以恒。有坚强的意志和持之以恒的学习精神，树立信心，不能遇难而退，自暴自弃。⑤教亦多数，因材施教。对不同情形的学生采取不同的教法，因人而异。⑥专心致志。学习必须专心致志，集中注意力。

孟子的言行主要收于《孟子》一书中，这本书作为“四书”之一，丰富了我国古代教育思想体系，其思想在蒙学中也有体现。

（三）荀子的教育思想

荀况（约公元前313—前238），字卿，又叫孙卿，世称荀子，战国末期赵国人。他或许为孔子再传弟子子弓的后学，曾在齐国稷下学宫“三为祭酒”，成为学术首领。他的弟子中有韩非、李斯等诸多当世名儒。

1. 性恶论

荀况认为孟子的“性善论”在“争于气力”的时代得不到实际验证，是一种无实用价值的理论，为此提出了“性恶论”。荀子指出要谈人性，必先作“性伪之分”。“性”指人的先天素质、自然状态，完全排除后天任何人为的因素；“伪”指人为，泛指一切通过人为的努力使人发生的变化。“人之性恶”“性不能自美”，人性需要后天的人为改造。教育的作用就在于“化性起伪”，用“仁义礼法”改善粗陋的天性，最终“涂之人可以为禹”，换言说即教育的影响是由外而内施加于人的，是“外铄”的过程。荀子在中国教育史上开创了与教育“内发说”截然相对的教育“外铄说”，促进了教育理论的发展。

2. 教育目的、内容和方法

荀子对教育目的的基本主张为教育的目的是培养儒者中具有治国之才的“贤能之士”，使“始乎为士，终乎为圣人”[③]。关于教育内容，荀子更重视古代典籍的学习，尤其重视对孔子《诗》《书》

① 《孟子·滕文公上》。
② 《孟子·滕文公下》。
③ 《荀子·劝学》。

《礼》《乐》《易》《春秋》的学习和传播。荀子认为，各经自有不同的教育作用。他尤重《礼》，以之为自然与社会（道德与政治）的最高法则。

荀子认为学习的过程分为闻见、知、行三个阶段，并系统阐述了各阶段的关系。每个阶段都具有充分的意义，由此构成一个完整的学习过程，且学习的初级阶段必然向高级阶段发展，而高级阶段又必须依赖于初级阶段的学习。

荀子特别注重教师的地位和作用，首提“天地君亲师”，把教师提到与天地、祖宗并列的地位。他认为无师长教导会加重本性放纵，有师长教诲会使人“长迁于善”。教师不仅是决定学生人格和品质的关键，也关系到国家的兴衰、法制的存废和人心的善恶。个人必须“师云亦云”，不得背叛；国家必须尊师，尊师则“国将兴”，贱师则“国将衰”。因为教师的地位高，所以荀子对教师的要求也严格。荀子认为需要满足四个条件才有资格做教师，即有尊严威望，有丰富的教学经验，有合适的教学方法，有见解而能阐发。荀子的尊师思想对后世中国封建社会“师道尊严”的形成有很大影响。

二、墨法家的教育思想

（一）墨子的教育思想

墨翟（约公元前468—前376），世称墨子，宋国人，一说鲁国人。墨子出生卑贱，是精于制造车、械的手工艺人，并已由手工艺人上升为士的一员，代表了当时社会中“农与工肆之人”的利益。墨子曾经学过儒学，但因反感儒家的繁文缛节、厚葬重礼，所以“背周道而用夏政”，转而批评儒家，自创墨家学派，并将其发展成当时可以与儒家对立的一门显学。墨翟是学术思想史上第一个批判儒家学说的思想家。

1. 素丝说

墨子非常重视教育的作用，提出了“素丝说”，以素丝和染丝为喻，说明教育对人的影响和改变。“染于苍则苍，染于黄则黄，所入者变，其色亦变，五入必（毕）而已则为五色矣。故染不可不慎也。”① 人的善恶不是天生使然，而是后天环境和教育的结果，必须慎其所染，选择所染。由此墨子提出“官无终贵而民无终贱”和对民众实施教育的必要性。“素丝说”对儿童的启蒙教育意义重大。

2. 教育目的、内容和方法

为了实现“兼爱”的社会理想，墨子提出教育应该培养“兼士”或“贤士”，再通过他们去实现贤人政治或仁政德治。所谓“兼士”，有三条标准，即道德的要求、思维论辩的要求和知识技能的要求。为了培养符合这三条标准的“兼士”，墨子及其弟子确定了一套富有特色的教育内容，包括政治和道德教育、科学和技术教育、文史教育、培养思维能力的教育。这对生产、军事、自然科学技术等科目有很高的造诣，涉及数学、光学、声学、力学、心理学等。墨家的教育内容很有特色，其价值主要体现在科学技术教育和训练思维能力的教育上，突破了儒家六艺教育的范

① 《墨子·所染》。

畴，堪称伟大的创造。

墨家的教育方法也与儒家有较大不同。墨子提倡主动、创造、实践。即使学生不来请教，教师也要主动地上门去教；学习不能只重继承，更要重创造；除了道德和社会政治的实践之外，还有生产的、军事的和科技的实践。此外，墨子在中国教育史上首次明确提出了“量力”的教育方法，这表现出墨子对教学规律有很好的把握。

作为儒家教育思想对立面出现的以墨子为代表的墨家教育思想，包含不少合理主张，尤其是其科学技术知识和技能技巧的专门教育，是中国教育史上的首创。

（二）韩非的教育思想

韩非（约公元前280—前233），韩国人。他总结和发展了前期的法家思想，把之前的法家思想分别强调的法、术、势三者有机结合，将法家思想理论化、系统化，是法家思想的集大成者。

韩非发展了荀子的“性恶论”，认为趋利避害是人的本性，道德教育不可能收到什么效果。他主张实行严刑峻法，也可以借助赏罚手段。

在教育上，韩非主张“以法为教”“以吏为师”，除了以法治进行法律教育之外，禁止其他一切教育方式，以限制不利于统治的思想滋生，这是法家在教育领域的核心观点。法家教育的主张适应了国家统一的需要，但它蔑视人的价值和人格尊严，轻视人类文化知识积累，忽视学校教育和道德感化，摧残了教育，也限制了思想、文化的发展。

三、颜之推论儿童教育

颜之推（公元531—约597），字介，琅琊临沂（今山东临沂）人，出身于士族家庭，有家学传统。为保持自己家族的传统与地位，他根据自己的经历和体验，写出了我国封建社会第一部系统完整的家庭教科书——《颜氏家训》，用以训诫其子孙。全书共有20篇文章，系统阐述了颜之推教导子孙为人处世治学的方法。这本书也被当时的士族阶层用来教育子孙，并成为之后各朝家庭教育的重要教材，是研究封建社会家庭教育的重要材料，在家教方面有很多有价值的见解。

1. 早期教育

颜之推非常重视儿童教育，尤其注重儿童的早期教育。他提出家教要从幼儿时期开始，用民间谚语“教妇初来，教子婴孩”做比喻，认为幼年时期是奠定基础的重要阶段，要抓住这个最好的教育时机，及早对幼儿进行教育，而且越早越好，甚至可以从胎教开始。总之，对儿童的教育应自幼儿能感知外界事物时便开始进行。早教优于晚教，但如已失去早期教育，也不可自暴自弃，晚学总强于不学。

因为当时儿童教育主要在家庭进行，所以颜之推对儿童教育提出的原则与方法即是家庭教育的原则与方法。颜之推强调，儿童教育应当遵循严与慈相结合的原则。如果一味溺爱，不加管束，那么教育自然失败。父母应当严肃地对待儿童教育，树立威严，为达教育目的，甚至可以怒责、鞭笞。只有严格的教育，子女才能成器。颜之推还提出，在家庭教育中父母切忌偏宠，应一视同仁。他也非常重视环境对子女教育的影响，故“君子必慎交游焉”。

2. 教育内容和方法

颜之推认为家教的主要内容有语言、道德和立志，要尽早教儿童说话。在学习方法方面，颜之推根据自己积累的经验和当时的现实，提出了勤学、切磋、眼学的主张，主张学习者自己要勤勉，与外界要互相切磋交流，重视亲身观察获取知识，不能“贵目贱耳”。

四、理学、心学论儿童教育

（一）朱熹论儿童教育

朱熹（公元1130—1200），字元晦，后改为仲晦，号晦庵，晚年又号晦翁、云谷老人等，祖籍婺源（今江西婺源），南宋著名的理学家，南宋理学思想的集大成者，也是中国古代教育史上继孔子之后的又一个大教育家。其教育活动和教育思想极大地丰富和充实了我国古代教育宝库，其小学教育思想是其整个教育思想体系中的有机组成部分。

朱熹在总结前人教育经验和自己教育实践的基础上，把学校教育明确划分为大学和小学两个阶段，并规定了大学和小学各自的入学年龄、教育目标、教学内容、教育方法及修业年限。所有这些都产生于朱熹对受教育者年龄特征和心理特点的初步认识。在中国教育史上，朱熹首次系统明确地论证了学校教育阶段的理论，有助于改变以往学校教育内容及建置相对混乱的状况，为近代学校的学制提供了雏形。

8～15岁是小学教育阶段。朱熹十分重视这个阶段的教育，阐述了这一阶段教育的重要性，认为从幼稚时期抓教育，打好基础，就容易收到“习与智长”“化与心成”的效果。这个时期的教育任务是进行道德行为的训练和读书写字的练习，学习顺序是从料理生活、言行举止、洒扫庭除到读书写字和杂细事宜。朱熹强调小学阶段教育是大学阶段教育的基础，小学教育重在教事，大学教育重在教理。“洒扫、应对、进退之节”和“爱亲、敬长、隆师、亲友之道”，是“修身、齐家、治国、平天下”之本。

1. 教学原则和方法

为了实现小学教育的任务，在教育原则及方法上，朱熹强调以下几点。①先入为主，及早施教。儿童如先接受了某种“异端邪说”，再接受儒家伦理道德，就会抵触。所以，对儿童教育必须先入为主，及早施教。②形象生动，激发兴趣。朱熹充分肯定宋代理学家程颐、程颢关于依据儿童的天性与兴趣实施教育的主张，十分重视儿童道德教育的趣味性。为此，朱熹广泛地从经传史籍以及其他论著中采集有关忠君、孝亲、事长、守节、治家等内容的格言、训诫诗、故事等，编成《小学》一书，以此作为儿童教育用书。③以《须知》《学则》的形式来培养儿童道德行为习惯。儿童道德行为习惯的形成有一个从不自觉到逐步自觉的过程。因此，朱熹一方面主张严格地、不间断地对儿童进行道德行为习惯的训练，使之“积久成熟”，自成方圆；另一方面，他重视《须知》《学则》的作用，认为可以使儿童的一言一行、一举一动有章可循，有规可依。为此，他亲自制定了《童蒙须知》和《训蒙斋规》。④教给为学方法。朱熹认为教人最主要的是教会别人善于为学。教人之法要根据为学之法，为学之法是教人之法的依据。结合为学的经验，朱熹对如何读书也有许多精辟的见解，可被归纳为六条：循序渐进，熟读精思，虚心涵泳，切己体察，着紧用力，居敬持志。这对后世的小学教育很有影响。

2. 小学教材

朱熹十分重视教材建设，根据教育目的和内容，特地为儿童编写了一系列既完整体现儒家道统又适合儿童特点的课本和读物。其中有专门教材或必读教材，如《小学》，把古代圣贤名流的“嘉言善行”汇集起来，按儿童的心理和思维发展特点编写，不仅在当时大受欢迎，对后世也产生了极深的影响；也有指导性读物，如《童蒙须知》，在符合儿童的年龄特征和心理特点的基础上，对小学儿童进行比较细致的教育和必要的行为习惯的训练；还有辅助性读物，如《武夷棹歌》《训蒙诗》等，以诗的语言和韵律，惯以“天理”及一般常识，使儿童乐于诵读，同时通过情感的共鸣从中受到潜移默化的影响。

朱熹的小学教育思想本质上是为维护封建统治服务的，但其中包含的丰富的教育经验深化了小学教育的理论。

（二）王守仁论儿童教育

王守仁（公元 1472—1529），字伯安，浙江余姚人，因筑室会稽阳明洞，自号阳明子，世称阳明先生，明代著名教育家、哲学家。自 34 岁起，王守仁开始从事讲学活动，前后历时 23 年，直至去世。他继承和发挥了宋代陆九渊的学说，提出“心即理”“致良知”和“知行合一”等命题，创立了与程朱理学大相径庭的“阳明学派”，与陆九渊的学说合称为“陆王心学”。

1. 教育目的

“心即理”是王守仁世界观的核心，也是他论述教育问题的理论基础。从“心即理”出发，王守仁提出“学以去其昏蔽”①，即要通过教育发扬人的本心所具有的良知。教育的根本问题在于内心的修养，“致良知”，知行合一。道德教育的目的是“明人伦”，即做到“父子有亲，君臣有义，夫妇有别，长幼有序，朋友有信”这五伦。道德修养的方法包括静处体悟、事上磨炼、省察克治和贵于改过。王守仁主张知行合一，明言“知是行之始，行是知之成”。

2. 儿童教育

王守仁十分重视儿童教育，在《训蒙大意示教读刘伯颂等》一文中，比较集中地阐发了他的儿童教育思想。

（1）揭露和批判了不顾儿童身心特点的传统儿童教育

王守仁抨击当时的儿童教育不顾儿童的身心特点，把他们当作小大人，不知道用礼仪来引导、用善德来培养，一味地责备鞭打，这是传统儿童教育的致命弱点。

（2）儿童教育必须顺应儿童的性情

王守仁提出教育儿童须按儿童年龄特征，尊重儿童兴趣，使他们“趋向鼓舞”“中心喜悦”，这样儿童的成长就如时雨春风滋润草木，生意盎然，而不是如冰霜剥落，生意萧索。

---

① 《王文成公全书》卷二。

（3）儿童教育的内容是“歌诗”“习礼”和“读书”

王守仁对儿童教育内容的论述有课程论的意义。他认为对儿童进行教育，首先“诱之歌诗”，以“发其志意”；其次“导之习礼”，以“肃其威仪”；最后“讽之读书”，以“开其知觉”。儿童教育的程序应动静搭配，体脑交替进行。

（4）要“随人分限所及”，量力施教

教学要考虑到儿童时期是一个发展时期，儿童的精力、身体、智力等方面都正在发展这一特点，按儿童发展程度进行教学，不可躐等。王守仁把这种量力施教的思想，概括为“随人分限所及”[①]。他还认为，对儿童教学“授书不在徒多，但贵精熟”，应该留有余地，使儿童“精神力量有余”，乐于接受教育，不会因为学习艰苦而厌学。把教学和学生不同年龄的生理、心理特点联系起来，是王守仁在小学教育思想上的突出之处。

顺应儿童性情，根据儿童的接受能力施教，使他们在德育、智育、体育和美育诸方面都得到发展的主张，反映了王守仁教育思想的自然主义倾向，难能可贵。

五、《学记》的教育思想

《学记》是《礼记》中的一篇，一般认为是思孟学派孟轲的学生乐正克（约公元前300—前200）所写，也吸取了儒家内外其他派别的思想，是我国乃至世界教育史上第一部教育教学专著。全文不过1200多字，但内容颇为丰富，对先秦的教育理论和实践经验做了比较全面的总结，阐述了教育作用和教育目的、教育制度与学校管理、教育和教学的原则与方法等几大方面的内容。在《学记》诞生后的漫长岁月里，像《学记》这样专论教育并达到较高理论水平的教育论著也不多见。可以说，《学记》是一部非常珍贵的教育文献。

《礼记·学记》

【原文】

玉不琢，不成器。人不学，不知道。是故古之王者，建国君民，教学为先。《兑命》曰：“念终始典于学。”其此之谓乎。

【译文】

玉石不经过琢磨，就不能成为有用的器物。人不通过学习，就不懂得道理。因此，古代的君王建立国家、治理民众，都把教育放在首位。《尚书·说命》中说：“要自始至终想着学习。”大概说的就是这个意思吧。

（一）教育目的

《学记》简洁明了地阐明了教育的社会政治作用，开篇即言“建国君民，教学为先”“君子欲化民成俗，其必由学乎”，而教育的社会作用又是通过对个人的影响来实现的，正所谓“玉不琢，不成器；人不学，不知道”。这就将教育与政治高度结合起来，使教育成为政治的手段，同时也说明了教育对个人发展的作用。《学记》对教育作用和教育目的的这种看法成为以后历代学者看待教育的基本出发点。

① 《王文成公全书》卷三。

（二）学制

关于学制，《学记》以托古的方式提出了从中央到地方的按行政建制建学的设想，“古之教者，家有塾，党有庠，术（遂）有序，国有学”。国学每年都招生，每隔一年考核一次，以表示这一阶段学业的完成。大学教育的年限定为两段、五级、九年。第一、三、五、七学年毕，共四级，为一段，谓之“小成”。学生在这一段主要做到学习和理解经书，对所学知识发表自己的意见，和同伴及老师建立良好的关系。第九学年为第二段，共一级，考试合格，谓之“大成”。学生在这一段应学会融会贯通，坚定意志，确立信仰。《学记》十分重视大学开学和入学教育。开学这天，天子率百官亲临学宫，参加开学典礼，祭祀先圣先师，平时也会定期视察学宫。这体现了国家对教育的重视。

（三）教学原则和方法

《学记》中价值最大、占篇幅字数最多的是对教学问题的论述。在教学原则方面，《学记》提出了预防性原则、及时施教原则、循序渐进原则、学习观摩原则、长善救失原则、启发诱导原则、藏息相辅原则和教学相长原则。关于教学方法，《学记》提出了讲解法、问答法、练习法等。

关于教师，《学记》强调全社会都应尊师，“师严然后道尊，道尊然后民知敬学”，君主更应带头尊师，对教师不能以臣下之礼待之。《学记》对教师也提出了要求：教师必须知识渊博，道德高尚，拥有丰富的教学技能技巧，还要通过“教学相长”不断自我提高。所谓“虽有嘉肴，弗食不知其旨也；虽有至道，弗学不知其善也。是故学然后知不足，教然后知困。知不足，然后能自反也；知困，然后能自强也。故曰教学相长也。”

《学记》为中国教育理论的发展树立了典范，它的出现意味着中国古代教育思想专门化的形成，丰富了我国古代教育的思想内涵。

思考题

1. 试述我国古代官学中的初等教育。
2. 我国古代私学初等教育的形式、特点是什么？
3. 我国古代有哪些著名的蒙学教材？谈谈你对它们的看法。
4. 背诵《学记》片段，并体会其中的内涵。
5. 列举出你感兴趣的古代教育思想家，并谈谈你对他们教育思想的认识。

第三编

初等教育的产生

第四章　外国初等教育的产生

知识导图

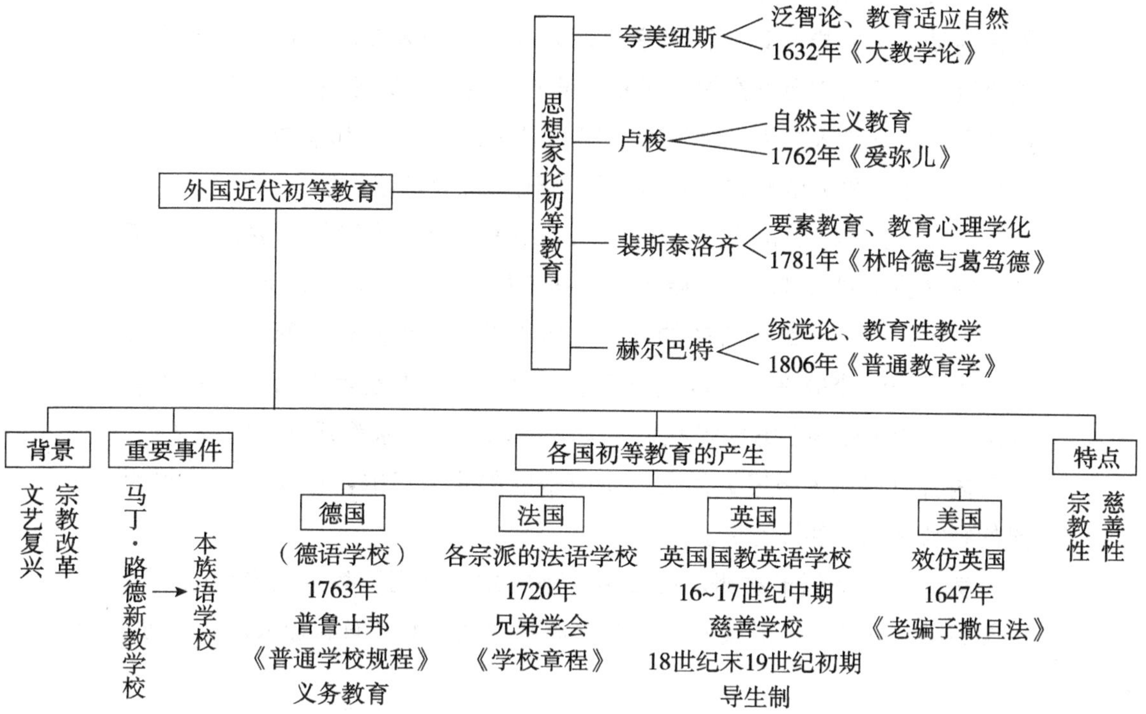

学习目标

1. 了解外国近代初等教育产生的历史背景。
2. 理解、熟悉外国近代著名教育家的初等教育理念。
3. 掌握近代西方几个主要国家初等教育的内容、方法和特点。

外国（主要指欧洲各工业国家）初等教育发端于15、16世纪，是在文艺复兴和宗教改革的推动下产生的。文艺复兴打破了欧洲千年的黑暗，打出“复古”“人文”的口号，给欧洲大陆带来了希望的曙光。文艺复兴时期出现的思想家、艺术家强调人本，宣扬人文，为新兴资产阶级积极进取、努力创造财富提供了精神食粮。特别是维多利诺、伊拉斯谟、拉伯雷、蒙田等人文主义思想家提倡的“人的教育”“和谐的教育”对初等教育产生了极大的影响，也开启了近代西方教育理论的先河。

马丁·路德（Martin Luther，1483—1546）领导的宗教改革直指罗马教皇的压制与剥削，开始创办德语学校，为大众亲近、阅读《圣经》提供方便。马丁·路德新教的德语学校引领了欧洲其他国家，如法、英等国本族语学校的兴起。本族语学校的诞生是西方初等教育产生的重要标志。初始阶段的西方初等教育多为教会以及慈善家等开办的简易学校，教育内容以读诵《圣经》为主，带有很强的宗教目的，整体上呈现出明显的宗教性和慈善性特点。

美国虽然不属于欧洲，但在殖民地时期，其初等教育的产生效仿宗主国英国，在理念、形式等方面与欧洲早期初等教育有着极大的相似性。

名人小名片

心系贫民的洁白“天鹅”——裴斯泰洛齐

裴斯泰洛齐（Pestalozzi，1746—1827），19世纪瑞士著名的民主主义教育家。他热爱教育事业，执着追求教育革新，在教育理论上有许多独创的论述，不仅为世界教育发展做出了重要的贡献，而且为教育工作者树立了一个令人崇敬的形象。

远处那位步履蹒跚、气喘吁吁的男子，蓬头垢面，脸上布满了天花斑和雀斑，衣衫不整。这样一位相貌丑陋的男子却被学生们簇拥着，因为他有一颗纯洁善良的心。学生们爱他爱得深切，并亲切地称他为父亲。

由于政治和经济多方面的因素，裴斯泰洛齐先后来到了新庄、斯坦兹、布格多夫等地。变化的是时间和地点，不变的是他对贫民教育的关注以及教育实践的开展。即使自己成为乞丐也要让孤儿们过上“人”的生活，这只飞翔的“天鹅”不知疲倦地给贫民和孤儿带来食物，带来温暖。

在布格多夫，53岁的裴斯泰洛齐决定成为一名教师。原本赫尔维蒂政府部长想让裴斯泰洛齐担任某一师范学院的领导，但是被他拒绝了。他想要积累一些跟学生们接触的经验。市政府出于谨慎，让他在佃农学校试教。

一天，裴斯泰洛齐像往常一样准备好实物——窗的图片。正当他拿着图片滔滔不绝地给学生们讲解时，一名学生一脸疑惑地问他：“从真正的窗子上不是能够更好地学到窗的属性吗？”一个疑问让裴斯泰洛齐恍然大悟，自言自语地说：“正是如此，你说的很对，如果用实物教学不是更加形象吗……”自此，在教学中，他尽量让学生直接观察实物。例如，在算术教学中，他制作了著名的“算术箱”，箱内有各种形体的实物。教学时，他就让学生观察实物，从中获得初步印象，然后他才进行讲解。这样既能够激发学生学习的兴趣，又便于学生理解和掌握。在此期间，他努力寻找和践行符合学生心理特点的教学方法，并尽量让学生的认识建立在直观教学的基础上，尽量摆脱教科书，让学生用自己的五官来体验周围的环境。裴斯泰洛齐在布格多夫的教学实验获得初步的成功。在之后的统一考试中，学生们的成绩非常优异。由此，他得到了当地政府和人们的信任与认可，人们也放心让他在城里高一些的年级上课。裴斯泰洛齐也更加坚信，教师需要发现学生的才能，并且能够依照他们的心理特点来定教学方法，才能够真正地帮助学生成长。在布格多夫的几年时间里，为了完善教学方法，他努力工作，并完成了《葛笃德怎样教育她的子女》的写作，在书中阐释了符合学生心理规律的教学与学生生命发展之间的重要关系。

正如他的碑文所写的，“在新庄是穷人的救星……在斯坦兹是孤儿之父……在伊弗东是人类的教育家”[①]。在裴斯泰洛齐的所到之处，我们都能够感受到他的无私和大爱。他的这种良好的品质和坚毅的精神支撑着他在教育领域书写新的乐章，让世人不仅受惠于他的教育理念和教学方法，更被他毫不利己、专门利人的美好品德感染。

---

① ［瑞］阿·布律迈尔：《裴斯泰洛齐与当代教育》，顾正祥，译，64页，北京，中央编译出版社，2013。

第一节 文艺复兴、宗教改革与外国近代初等教育

资源：德国初等教育的产生

一、德国初等教育的产生

中世纪以来，德国是封建落后的农业国家，国土分裂，民不聊生。罗马教皇的控制和压迫引起了德国各阶层强烈的不满。“赎罪券”的兜售引发了轰轰烈烈的宗教改革。这场宗教改革在德国发展史上有着里程碑式的深远影响，揭开了德国发展的新篇章，也开启了欧洲发展的新纪元。

马丁·路德新教主张“因信称义”“人人可以接近上帝”，把教育作为争取民众和对抗旧教势力的重要手段，特别是将德语作为学校的语言，兴起了本族语学校。这一举动推动了德国近代初等教育的产生。

> 事实上，和他所宣扬的福音相似，马丁·路德想建立一种自由无挟制的教育体系：像福音本身一样，无论性别阶层都一视同仁。虽然他对想要孩子们接受的教育是什么并不清楚，但是他设想的这样一种教育制度在当时可以说引领了潮流。他为自己辩护，提出如果他有孩子，那除了语言和历史，他也会让孩子学习唱歌和音乐以及数学的不同分支知识。让一个孩子学会圣经和教义问答的知识完全有可能，但如果学习拉丁语、希腊语和希伯来语——像这类的语言，更多会把孩子像邦国的牧师、教师和官员方向培养。数学也是这样，它是和修辞法、辩论术一样是大学学科的根基。他对人民能手捧用本民族语写成的圣经心怀热忱，对教育脱离大众感到惊异。他说他能学到的最好的东西都是来自家庭里、市井里、讲坛上的普通对话。从中可以看出，他将正对儿童的初等教育学校和教导更晦涩语言的学校进行了区分。

J. Bowen，*A History of Western Education*.Vol. Ⅱ，London,1981，p.199.

（一）初等教育学校

14、15世纪，随着商业发展的需要，德国部分城邦出现了一些德语读写学校。那时候，拉丁语文化是德国的主流文化，使用德语的阶层被说成是无教养阶级。宗教改革以后，马丁·路德

将《圣经》译成德文，又写了《教义问答》，以指导人们的学习，这就促进了使用德语教学的初等教育学校逐渐增加。马丁·路德还主张普及义务教育，强调父母有责任送子女上学，国家应该强迫他们送子女上学。

16 世纪中叶起，德国的一些城邦陆续颁布了普及义务教育的法令。例如，1559 年，维登堡规定实行国立学校制度，在每个村庄设立初等学校，政府强制父母送子女入学。魏玛于 1619 年公布了学校法令，规定父母必须送 6～12 岁的儿童入学。虽然效果不尽如人意，但是这些教育法令在世界教育史上是处于领先地位的。

普鲁士是德意志最大的邦国，国王腓特烈·威廉一世（Friedrich Wilhelm I，1688—1740）于 1717 年发布义务教育法令，试图将学校开办权由教会转入国家手中，以期实现国家对教育的实际控制。该法令规定：父母须送其 4～12 岁子女入学，违者将予以严厉惩罚；每个学生每周需交学费五个分尼，但贫苦家庭子女的学费可从地方贫人救济金中支付等。此法令的实施促进了普鲁士初等教育的发展。在他执政期间，德国初等学校达 1800 所，腓特烈·威廉一世因而被称为“普鲁士小学之父”。1741 年腓特烈二世（史称腓特烈大帝）继位后，颁布一系列章程以改进教育。1763 年，他制定《普通学校规程》，要求强迫教育最迟应从儿童 5 岁开始，最后至 13 或 14 岁为止。该规程还规定：适龄儿童必须上学，否则父母将被罚款；对完成义务教育的儿童颁发证书；对于课时、经费也做了具体规定。《普通学校规程》是世界上第一部义务教育法规，由此，德国成为世界上第一个实施义务教育的国家，也是较早从教会手中收回教育权的国家。1786 年，腓特烈·威廉二世即位。1794 年，他颁布法令，规定全部普鲁士大、中、小学均由国家举办，未经国家许可任何人不得私自办学。然而，由于当时国力困乏，经费不足，师资短缺，德国的义务教育并未有效实施，但较之英、法等国，率先迈出了一大步。

18 世纪中期开始，受启蒙运动和卢梭自然主义教育思想影响，泛爱主义者巴泽多（Basedow，1724—1790）于 1771 年创建泛爱主义学校，强调遵循儿童的天性和重视儿童的直接经验。

1809 年，语言学家卡尔·威廉·冯·洪堡（Karl Wilhelm von Humboldt，1767—1835）被任命为普鲁士教育大臣。在一年多的任期中，他依据新人文主义思想进行了一系列的教育改革。在初等教育方面，他认为初等教育作为国民教育，乃是整个教育的基础。

19 世纪初期之后，德国初等教育发展的主要动力是国家的危机和振兴民族的愿望。这种动力在教育上激发的活力是不可估量的。它不仅是自上而下的，而且是全民性的。据统计，到 1846 年，德国普及初等义务教育的学校已有 24044 所，学生 2434 万人，适龄儿童入学率达到 82%。到 19 世纪 60 年代，适龄儿童入学率达到了 95% 以上。[①]

（二）初等教育课程

马丁·路德新教的本族语学校主要教授学生阅读、写字、算术、宗教和音乐，目的是使平民儿童了解基督教义。义务教育法规逐渐推行以后，法律规章也规定了课程内容。例如，1619 年的《魏玛学校章程》明确规定让儿童学习教义、阅读和写作，1717 年普鲁士的义务教育法令规定了初等学校的教育内容为读、写、算和宗教等基本学科。

普鲁士的三位君主为普及初等教育颁布了一系列的规定，但是由于国力困乏，义务教育并

---

① 贺国庆：《近代德国普及教育之路》，载《河北师范大学学报（教育科学版）》，2003（1）。

教师要获得在小学任教资格必须通过体检和教育当局的考试。考试可以在教师所在的研讨会或者师范学校里进行。当局通常会面谈，而准教师会为此多方准备。考试中涉及的世俗和宗教内容被分开，后者由候选人所要报考的教会机构考核。最终榜上有名的候选人可以获得教师资格。当局每六个月发布一次通过名单，通常接受过师范教育的教师资格候选人有机会被学校任用。对乡村教师的任用通常由当地学校协会负责，它们有权从教育当局的通过名单里挑选任意名额的教师来聘用。城镇则是由市政或者当地教育厅全权负责。教育厅会在皇家教育当局的通过名单生效前给提名的教师候选人一个副署会签。

Reisner，Edward Hartman，*Nationalism and Education since 1789*，Kessinger Publishing，pp.135～136.

未彻底实施。一些初等教育学校多为一个班的学校，进行复式教学。教学内容为宗教、阅读、写字、计算和唱歌，还有的学校开设地理、历史和农业初步知识，但是教育质量一般来说都是比较低的。德国教育史家包尔生（Paulsen，1846—1908）曾指出："有些学生只在冬季进学校，花了很久的时间和很大的劳力去学习字母、音节和字的读法，而且只能获得较低的成效；书法只是很可怜地描绘字母——这样付出了很大的劳力，学到的不过是反复背诵教义问答或圣经上及宗教诗歌中某一段的机械的知识。"①

（三）初等教育教师

初始阶段的初等教育设施简陋，教师短缺。为此，虔信派的弗兰克（Franck，1663—1727）于1696年在哈勒孤儿院办起了教师养成所，这是德国第一所私立教师培养机构。1717年，教员研究所成立，使教师培养开始转向教学和教法探究。

为解决学校特别是乡村师资不足的问题，1722年，腓特烈·威廉一世下令规定教师的条件，以保证乡镇学校能有优秀的教师。1737年，他又颁布管理原则，对教师待遇进行规定。翌年，他专门制定了关于教师的条件、责任、待遇、聘用方法的相关原则。1748年，赫克在柏林开设了教堂司事与教员培养所，招收18～30岁的学生，学业1～2年。该培养所于1753年归为国有，专门培训教师，成为德国第一所国立教师培训机构。1778年，天主教教会成立了第一所教师培训学院。1774年，巴泽多开办泛爱学校，将一部分学生作为小学教师进行培养，并免收学费。

洪堡时期，随着初级教育的广泛发展，培训基础教育教师的师范学校也陆续出现，一方面从瑞士邀请了席勒（Schiller，1759—1805）到普鲁士办学；另一方面选派17名教师直接到瑞士向裴斯泰洛齐学习，回国后发展师范教育。1810年，普鲁士颁布了关于教师考试的命令，规定只有考试合格者才能获得教育证书，才有任教资格。②

虽然普鲁士颁布了一系列关于教师资格与要求的规定，但是实际上长期以来，初等学校的教师大多由一些匠人和未经过师范培养的人员担当，包括裁缝、鞋匠、退伍士兵等，教育质量很难保证。

① 曹孚：《外国教育史》，112页，北京，人民教育出版社，1962。

② 杨兰英：《德国教育改革与早期现代化》，3～4页，长沙，湖南师范大学出版社，2003。

二、法国初等教育的产生

中世纪中期开始，法国一直是欧洲大陆强大的封建君主专制国家。天主教会的高级僧侣和封建贵族居于统治地位，尤其是天主教会在法国势力强大，以至于资本主义的发展也因此受到了压制。

从 16 世纪开始，法国出现了许多以实施初等教育为宗旨的教会团体，如 1592 年建立的基督教教义会众社，1598 年成立的致力于女子教育的诺特尔·达姆修女会等。这一时期法国初等教育的发展主要与胡格诺教派和成立于 1682 年的天主教教会团体——基督教学校兄弟会（以下简称兄弟会）联系在一起。

（一）初等教育学校

直到 18 世纪大革命前，法国仍然是以农业为主的封建专制国家。强大的专制政府不像英国那样对初等教育漠不关心，曾经颁布过有关法令。但由于实际上政府不直接办学，初等教育学校大多还是掌握在天主教派手中。

16 世纪宗教改革后，法国的新教教派主要有信奉加尔文教的胡格诺派和另一个较小的詹森派。他们坚持自己的新教信仰，进行大量活动。胡格诺教派非常重视教育。该教派有一个惯例，即每建立一所教堂就要开办一所初级学校。16 世纪末至 17 世纪中叶，胡格诺教派在法国的许多地区开办了自己的初级学校。因为初等教育是强迫教育，所以不送子女上学的家长会被罚款。胡格诺教派使用法语传教。在其开办的初级学校中，法语是教学语言。另一个较小的教派——詹森教派也开办了初级学校，强调学习本民族语言并用本民族语言教学。詹森派受笛卡儿理性思想的影响，除去宗教教学，还进行学术、文学等活动，反对压制和惩罚儿童。

但是，1661 年路易十四（Louis XIV，1638—1715）亲政后，胡格诺派和詹森派的办学活动遭遇极大阻碍：胡格诺派的教育活动受到路易十四敕令的诸般限制，詹森派创设的学校在 17 世纪 60 年代被耶稣会封闭。

1720 年，兄弟会出版的《学校章程》是其领导者拉萨尔（Lassalle，1825—1864）写的最重要的办学指南，制定了教学的普遍原则和班级制的组织管理手段。《学校章程》的公布，标志着用本族语教学的法国开始了免费初等教育。当时，兄弟会开办的学校占据着初等教育的统治地位。截至 1792 年，兄弟会共设立 127 所免费的初级学校，学生达 3 万余人。①

此时新旧教派的斗争十分激烈。各教派通过开办学校传播各自的教义，扩大自己的影响，因此初等教育成为各教派争斗的工具。17 世纪后期，初等学校办学宗旨是用本族语为劳动者的子女提供免费初等教育，目的正如路易十四颁布的法令中所说的，“教育所有儿童，特别是那些其父母企图以改革宗教为业者以教义问答和祈祷所需要的知识，同时对那些需要读写知识的人也教他们读、写”②。这一规定反映出初等教育在传播宗教教义上的目的。

① 王天一，夏之莲，朱美玉：《外国教育史》（上册），169 页，北京，北京师范大学出版社，1993。
② [英] 博伊德，金：《西方教育史》，任宝祥，吴元训，译，279 页，北京，人民教育出版社，1985。

（二）初等教育课程

受天主教会的控制，这个时期法国的初等教育主要是祈祷、识字和背诵教义。各教派还利用初等教育选出各自的教义。例如，胡格诺教派的初等学校主要的教学内容是记诵本教派的教义，学习读、写、算的初步知识及唱歌。这类学校实行男女同校。詹森派的初等学校重视数学、地理、历史知识的教学，注重采用实物教学，强调发展学生的智力和判断能力，要求教师以温和的态度对待学生。这在当时的法国是一种进步的现象。

为了顺应当时教育的发展趋势，兄弟会开办的初等学校也采用了一些新的做法。例如，儿童首先接受本族语的教学，然后再学习拉丁语；实行班级教学，代替原来的个别教学等，但保留了严厉的惩罚。

（三）初等教育教师

1684 年，兄弟会开办了训练初等学校教师的讲习所，以便不断扩大自己的教育活动规模。这种教师讲习所后来甚至还附设了专门供实习用的练习学校，这是欧洲最早出现的师范教育设施。练习学校以教学来进行教师训练，但是方法很落后。学校刻板、保守，耶稣学校盛行的压制、控制是学校管理的主要手段。因此，效果并不可观。“到法国革命时，却只有九百二十个教师和三万六千个学生。”①

三、英国初等教育的产生

英国在传统上认为教育是教会的职责，或者是由家庭来承担的，因此政府对教育一直采取不过问的态度，更谈不上制定法律法规。由此，早期英国的初等教育主要以宗教团体或者个人慈善家兴办的慈善学校为主，随后还有主妇学校等。这种慈善学校既是初等教育的机构，也是社会福利的一种形式。

（一）初等教育学校

封建时期的英国教育属于贵族及僧侣阶层的特权，由罗马教廷属下的英国天主教教会把控。初等教育一词专门用于民众。16 世纪的圈地运动造成社会经济结构发生突变，大量农民流离失所，城市中童工、贫儿集中，社会处于动荡状况。为保证社会的稳定，同时也是出于宗教的目的，16 世纪中期至 17 世纪中期，教会和一些私人团体开办了慈善学校。慈善学校的施善者多是贵族绅士、神职人员以及商人等。贵族阶级投身于慈善教育主要是受人文主义的影响，他们试图以投身教育来树立起公众和政府理想中的绅士形象。商人建立学校大部分出于实际的商业考虑，也就是为自己的企业提供识字的、具有一定文化水平的学徒。对于主教牧师来说，对教育的资助一方面帮助其解决神职人员受教育水平低的问题，另一方面也能为教区内年青一代提供学习的机会。因此，这个时期来自教会的慈善教育覆盖了受教育人群中的大部分人。

从 16 世纪亨利八世开始，英国出现宗教改革的动向。1571 年，议会通过《三十九条教规》，英国完成宗教改革，摆脱了罗马教皇的控制，确立了英国国教的地位。

---

① ［英］博伊德，金：《西方教育史》，任宝祥，吴元训，译，252 页，北京，人民教育出版社，1985。

英国国教确立后，开始建立教区学校，到17世纪中后期，为穷人捐助的教区学校大规模增加。教区学校通常由教区委员会或是捐助方进行管理。1698年和1701年，英国国教会先后成立基督教知识促进会和海外福音宣传会，在国内外广泛进行传教活动。贫民学校、劳动学校等统称为“慈善学校”。同时期的慈善学校还有约翰·洛克（John Locke，1632—1704）建立的劳动学校（working schools）。这种学校招收3～14岁的儿童，在工作日内让他们接受训练和进行工作，周日让他们前往教堂接受宗教和道德教育。

> 1802年通过的学徒健康和道德风气法案是针对当时的工厂非法雇佣童工的情况而制定的。该法案规定雇佣九岁以下儿童为非法行为，工人每天在工厂工作时间最高是12个小时，紧张夜班，至少保障一月一次的教堂礼拜活动和休假制度。每个学徒应该在他们的工作日内接受培训教育，时间至少持续到开始工作的头四年，主要是在日常工作时间中抽出时间用于阅读、书写、算术或者其他一些知识，这取决于学生进步的速度。这些教育费用要由雇主或者师傅承担，并在工坊或工厂设立这样一个学习的空间。如果学徒按照法案进行了足够时长的培训，那么他有权被正式雇佣并转正。

Reisner, Edward Hartman, *Nationalism and Education since 1789*, Kessinger Publishing, p.235.

另外，主妇学校是英国早期初等教育的又一重要形式，是由一些年长的主妇在家务之余召集孩子们到自己家中，对他们进行简单的读、写、算知识和基督教教义的普及。主妇学校一直持续到19世纪，随着新教徒移住到美洲大陆，又传到美国，在美国早期初等教育中也扮演着重要角色。

18世纪中后期，随着新型城市的兴起和大量童工的涌现，慈善家或者工厂主办起了主日学校。主日学校在童工工作之余，教授童工简单的读、写、算知识和宗教、道德教育。主日学校除面向童工外，也面向一些青少年和成人。这些学校办学条件很差，是一种让贫苦人习惯基督教的生活方式，使他们虔诚、服从的教育。

19世纪初，由英国贵族、教士赞助的贫民教育促进会和资产阶级、新贵族等赞助的全英及海外学校协会相互竞争，促进了英国初等教育的发展。初等教育学校和慈善学校、主日学校的办学目的一脉相承，主要也是给广大贫困子弟基本的文化道德教育和职业技能教育，使他们成为守法的公民和合格的劳动力。以上各种以劳动民众为对象的学校使得英国的初等教育成为穷人的教育，与传统上贵族子弟的文法学校不相干、不相交，实施的是双轨制，这是早期英国教育的最大特点。

（二）初等教育课程

由于17、18世纪的英国政府不关心教育，因此初等教育的条件很差，教学内容也极为简单。面向劳苦大众的慈善学校、主妇学校、工读学校以及主日学校的主要任务是教学生识字和读诵《圣经》，教育的内容是最基本的读、写、算，教法以阅读《圣经》为主。慈善学校的教学多采用问答教学法。一些慈善学校内开设的算术、手工劳作等课程是为了让儿童掌握一定的谋生技能，从而为日后生产做准备。其中写和算主要传教给男孩子，女孩子接受家务方面的训练。

（三）初等教育教师

这个时期英国的教师并不专业，手工业者、伤残军人、老人等均可充任，社会地位很低。英国初等教育的教师培训最早开始于 17 世纪末。如前所述，国教会建立基督教知识促进会，从国教会教徒中挑选年轻人进行培训。这是英国初等教育教师培训的最早动向。

此时政府对初等教育的教师没有任何要求和规定，因此教师的教学水平比较低。又因为在传统观念里，教师是穷人的职业，有识学者一般不肯放下地位和身份承担初等教育教学的任务，以至于初等教育教师的经济收入较低，难以招募和留住人才。

18 世纪末 19 世纪初，为解决教育资金短缺和教师匮乏问题，导生制（亦称“贝尔·兰卡斯特制”）诞生了。导生制是指由教师对年龄大、成绩好的学生施教，后由他们担任导生来转教其他学生。虽然导生制的出现扩大了初等教育的范围，其廉价的特点解决了当时束缚大众教育发展的经费和师资问题，但是由于导生还是未成年人，知识能力水平有限，且导生的工作也会影响其自身的学习，这些都成为导生制的弊端。1840 年，教师训练学校创立，取代了导生制，在一定程度上克服了导生制的弱点，成为英国早期师范教育的重要形式。这种状况一直延续到 20 世纪初。

四、美国初等教育的产生

资源：美国初等教育的产生

美国初等教育起步于殖民地时期。受其宗主国英国的影响，美国早期初等教育的形式、内容、方法等都带有深刻的欧洲初等教育的烙印。经过宗教改革运动洗礼的各种新教派移住到美洲以后，“带来了他们在老家所熟悉的特有的宗教形式和学校惯例，并且在新的殖民地忠实地把它们复制出来”[①]。

欧洲殖民者带到美洲的各种文化的共同点是以宗教为出发点。19 世纪早期，美国著名教育家贺拉斯·曼（Horace Mann, 1796—1859）指出，早期移民的心中“充满了两个神圣的观念——对上帝和对后代的义务。为了第一个义务，他们建立了教会；为了第二个义务，他们开办了学校。宗教和知识——这是同一个光荣的、永恒的真理的两个特征”[②]。简言之，宗教是教育的灵魂，教育是宗教的奴仆。

（一）不同殖民地区的初等教育

北部新英格兰殖民区的初等教育以马萨诸塞州的市镇学校为主要类型，同时也有主妇学校、书写学校等。市镇学校由市镇筹款举办，是地方公立学校性质的正规学校。主妇学校和书写学校则是私立的，不如市镇学校受人重视。殖民者还为下层儿童和上层儿童分别设置了初等学校和拉丁文法学校。但是，17 世纪上半叶的学校教育还不是很正规，也未达到普及的程度。这一问题的主要原因是殖民者遵循了英格兰不同教育的传统。

1642 年，马萨诸塞州颁布了第一个教育法令。该法令明文规定：父母或师傅必须教会子女

---

① ［美］克伯雷：《外国教育史料》，任宝祥，任钟印，译，316 页，武汉，华中师范大学出版社，1991。
② ［美］克伯雷：《外国教育史料》，任宝祥，任钟印，译，628 页，武汉，华中师范大学出版社，1991。

或徒弟认字，使其能读懂法律条文，掌握生产技术。这是美国殖民地关于教育的最早法令，也是英语国家中最早的强迫教育法令。[①] 1647 年，该州又通过了著名的《老骗子撒旦法》（Old Deluder Satan Act），规定具有 50 户的城镇要任命一位教师教授所有儿童识字读书，具有 100 户的城镇要建立一所拉丁文法学校，凡是违反法令者，要被处以 5 英镑的罚款。这一规定又在 1671 年提高到 10 英镑。该法令第一次以法律形式规定了地方当局有权向全体居民征税支付教师工资，这对后来美国建立和发展公立学校系统产生了深远影响。自此以后，殖民地地区的初等教育由家长负责制转向城镇负责制，这是美国初等教育史上的一大进步。

中部殖民区的宾夕法尼亚、纽约等地教派林立。来自欧洲各国的殖民者在教育上沿用宗主国的学校模式。例如，德国人往往会将其子女送到教堂或学校去上课，英国人和荷兰人分别设立新式学校，另外，还有面向平民子弟的教区学校、居民点学校等。1682 年，宾夕法尼亚州颁布法律，规定地方设置学校，要求 12 岁以下儿童需要学习宗教知识和生产技术。17 世纪后期，随着社会经济文化的发展，私立慈善教育机构及学徒制教育机构有所增加。

在南部殖民区的潮汐地（tidewater）地区的沿海城市，种植园主和富商阶层家的儿童在上大学之前主要聘请家庭教师或者到拉丁文法学校读书。弗吉尼亚州等大部分地区以农业为主，黑人众多，其经济发展水平远远落后，教育水平也受到限制，初等教育机构主要是艺徒制。然而，当地匠师多系文盲，无法对艺徒进行文化教育，于是教会利用星期日对儿童施教，一些慈善机构也为贫苦儿童举办免费的慈善学校和贫济学校。另外，一些小种植园主以及农民的孩子只能在极其简陋的“荒野学校”接受最基础的教育。

总之，北部殖民地的教育是较为发达的，该地区的市镇学校产生于 17 世纪，而中、南部的教育是在 18 世纪产生的。三个地区虽然在教育方面存在地区差异，但都继承了西欧的教育传统，如宗教在教育理念中占据优先，实行双轨制教育等。

（二）初等教育课程

美国殖民地时期的初等教育受宗主国的影响，将讲宗教故事、阅读圣经列为必修课程。初等教育分为儿童识字班和小学两种。儿童识字班是一种专门为幼童开设的学习班，兼有照看幼童的性质，是一种小学与幼儿园的结合物。它由具有一定文化知识的家庭主妇担任教师，主要学习 26 个字母、罗马数字和简单的课文与祈祷文。

小学主要向儿童传授读、写、算三项基本功。最初的教材是印有字母、数字和《圣经》字句的牛角书和木板书。1690 年，《新英格兰识字读本》出版，成为 18 世纪的主要教材。该教材仍以识字为主并附带进行遵纪守法的教育。小学非常重视神学，课本中充满了宗教的内容。例如，“可爱的孩子们要终日敬畏上帝，顺从父母，不胡言乱语，不胡作非为”[②]。

---

① ［美］卡罗尔·卡尔金斯:《美国文化教育史话》，邓明言，译，34～36 页，北京，人民教育出版社，1984。

② 滕大春:《美国教育史》，54 页，北京，人民教育出版社，2001。

新英格兰的初级读本

大约在1660年，美洲教育史上出现了最重要的课本之一——新英格兰初级读本。它成为新英格兰老妇人学校或阅读学校中少年儿童的阅读书籍。

新英格兰的初级课本以教字母表开始，通过显示“A、苹果（apple）”“B、公牛（bull）”“C、猫（cat）”等图片来讲解字母；在一张有一个男人和一个女人站在一棵树下的图片旁，配上“亚当堕落，我们也有罪”的诗句。接下来就教祷告、圣歌、短句、教义问答手册和科顿（John Cotton）的“为滋养美国儿童的灵魂，从《圣经》中挤出精神乳液”的教义问答手册。书的最后一部分是一组对话，谈话者是耶稣、撒旦和一名青年人。

新英格兰儿童的第一部读物没有表现出幸福、快乐和对生活的热爱。儿童被看作每分钟都必须受到监视的罪人。这就使他们认为自己注定要入地狱。书中内容宗教和教育不分。

书在末尾教导儿童：

没有学会A、B、C的他，
将永远是一个傻瓜；
而学会这些字母的他，
将会拥有一辆四轮大马车被人夸。

[美]S. E. 弗罗斯特:《西方教育的历史和哲学基础》，吴元训，张俊洪，宋富钢，译，305～306页，北京，华夏出版社，1987。

（三）初等教育教师

这个时期对初等教育教师知识的要求并不高，重点以宗教信仰为首要标准。各派教会负责教师的选送和考察，主要考察教师申请者的宗教品质、拉丁语、希腊语以及基督教方面的知识。因为教师为数不多，所以也有教会工作人员兼职教师的情况，一些地方大量使用白奴。教师工作的重点放在培养宗教信仰和宗教人才上。此时没有师资培训机构。直到19世纪，英国国教会带来的导生制成为这个时期师资培训的主要形式。

美国殖民地时期的教育历经坎坷，发源于宗教，脱胎于英国教育传统，在不到200年的时间里，以渐进的步伐因地制宜，在社会经济与市场需求的互动中求得了生存。政府管理上的松散，多种教派间的纷争与并存，地区之间的经济与社会结构上的差异导致了殖民地时期初等教育的多样性。

第二节　外国近代教育思想家论初等教育

资源：外国近代教育家论初等教育

一、自然主义教育思想

（一）夸美纽斯

夸美纽斯（Comenius，1592—1670），17世纪捷克著名的教育家，年轻时期在基督教学校兄弟会的资助下完成学业，后在兄弟会担任牧师，欧洲三十年战争期间流亡他国，在动荡的生活中始终没有放弃教育研究。夸美纽斯出版的著作有《母育学校》（1632）、《大教学论》（1632）和《世界图解》（1658）等。

图17　夸美纽斯

1. “泛智论”

“泛智论”和“教育适应自然”是贯穿夸美纽斯教育思想的根本性原则。“泛智”就是把一切事物教给一切人。夸美纽斯认为现存的学校并非“完善”的学校。他认为，如果有学校存在，它们不是为全社会服务的，而仅仅是为富人服务的，因为学校的学费较高，穷人不可能入学。为此，他向往有一所“完善”的学校，在那里所有的人都可以受教育，学习一切重要的知识。

2. “教育适应自然”

夸美纽斯认为自然界中万物的存在皆有秩序，这种秩序保证了宇宙的和谐发展，因此，教育也应该遵循这些自然的、普遍的秩序。他说：“改良学校的基础应当是万物的严谨秩序……”①“教育适应自然”是指教育要遵循自然发展的规律。夸美纽斯从感觉论和经验的角度出发，经过对自然与中世纪教育的细致观察，发现自然是有其自身运动规律的，如春夏秋冬四季交替，如花开花败，如蜜蜂采蜜筑巢……这些规律是客观的，不以人的意志为转移的。

“教育适应自然”还包括教育要遵循人的身心发展规律。在夸美纽斯看来，人是自然界的一部分。为此，教师依据人的自然本性和儿童年龄特征进行教育是非常重要的。他说：“我们的格言应当是凡事都要追随自然的领导，要去观察能力发展的次第，要使我们的方法依据这种顺序的原则。”② 因此，他主张建构一贯的学制系统，即婴儿期（0～6岁）、儿童期（6～12岁）、少年期（12～18岁）以及青年期（18～24岁）。这四个阶段相当于一年四季，与之相对应的学校是母育学校、国语学校、拉丁语学校和大学。

① ［捷克］夸美纽斯：《大教学论》，傅任敢，译，75页，北京，人民教育出版社，1984。
② ［捷克］夸美纽斯：《大教学论》，傅任敢，译，222页，北京，人民教育出版社，1984。

图 18 卢梭

（二）卢梭

卢梭（Rousseau，1712—1778），法国启蒙运动者、教育家，出生于瑞士。由于生活所迫，他少年时期开始漫长的流浪生活，后通过自学获得广博的知识，参与《百科全书》的编写。卢梭的代表性教育著作是《爱弥儿》（1762）。

1. 自然主义教育

自然主义教育是卢梭教育思想的主体，其核心是归于自然（back to nature），要求教育遵循自然天性，也就是要求儿童在自身的教育和成长中取得主动地位。他认为教师只需创造教学环境，防范不良影响；大自然对人发展的安排是最好的，顺应自然的教育必然也是自由的教育，因为人最重要的自然权利就是自由。因此，他要求要尊重儿童的自由，让儿童享有充分自由活动的可能和条件，并在教学过程中采取自然的、自由的教学方法，以适应儿童的身心发育水平和个别差异。

按照自然的法则，卢梭强调尊重儿童的天性，并对摧残儿童天性的做法进行了抨击。他指出教育中的惩罚、恐吓和奴役违反了自然秩序，并没有真正正确地认识儿童。因为人们对儿童的观念是错误的，所以他们的教育走入了歧途，造就了一些“年纪轻轻的博士和老态龙钟的儿童”[①]。

2. 培养“自然人”

卢梭认为，自然教育的目的是培养“自然人”，即完全自由成长、身心协调发达、能自食其力、不受传统束缚、能够适应社会生活的一代新人。这种“自然人”从小就被训练尽可能地自食其力，既没有永远求助于人的习惯，也没有向人夸耀的习惯，能够对事物进行观察、判断、独立的思考和分析，从小就以自然为师获得许多经验，而不以人为师，身体和头脑同时都得到锻炼，不仅身体健壮，而且头脑聪明，富有见识。这种“自然人”是

> 卢梭的德育思想对康德也有较大影响。卢梭著作中关于当时一系列社会、政治、哲学、宗教、教育、道德问题的论述，都强烈地吸引着康德的注意，甚至在很多方面产生了决定性的影响。康德哲学中的自由原则就是建立在卢梭的“自由是人的本质”这一理论基础上的。
>
> 康德特别推崇《爱弥儿》。有记载说康德的作息时间是很有规律的，但有一次却被打破了。那是1762年夏末，当康德得到卢梭的《爱弥儿》这部著作时，他手不释卷地专心阅读，以致打破了他平时有规律地进行户外散步的惯例。康德推崇卢梭是“第二个牛顿”。牛顿完成了外界自然的科学，而卢梭则完成了人的内在的科学，发现了人的内在本性和规律。在日本，《爱弥儿》是岩波文库中最受欢迎的一本书；在丹麦，哲学家霍甫定称《爱弥儿》是“儿童的宪章”，可见其影响之大。
>
> 于钦波，刘民：《外国德育思想史》，368～369页，成都，四川教育出版社，2000。

① [法]卢梭：《爱弥儿》，李平沤，译，88页，北京，商务印书馆，1978。

生活在社会中的自然人，是能够尽到社会职责的社会成员。“自然人”具有以下特征：第一，不受传统（等级、阶段、职业）的束缚，按本性发展；第二，不依附于他人，能够自食其力，具有独立性；第三，具有社会适应性，能够承担社会责任；第四，体脑发达，身心健康，具有独立思考能力。《爱弥儿》中的爱弥儿的成长正是这种理念的体现。

二、教育心理学化思想

（一）裴斯泰洛齐

图19　裴斯泰洛齐

裴斯泰洛齐（Pestalozzi，1746—1827），瑞士著名的教育实践家和教育思想家。他接受卢梭自然主义的教育思想，把教育的重点放在慈善教育和普通教育上，力图通过教育改善人们的生活。为此，他被誉为“慈爱的儿童之父”。裴斯泰洛齐的主要教育著作有《林哈德和葛笃德》（1781）、《葛笃德怎样教育她的子女》（1801）等。

1. 教育心理学化

裴斯泰洛齐是西方教育史上第一个提出教育心理学化观点的教育家。何为教育心理学化？裴斯泰洛齐认为将教育和教学工作置于儿童的心理活动规律的基础上，建立符合儿童心理规律的教学机制是关键所在。人的认识过程包括三个阶段，即从模糊的感觉印象到精确的感觉印象，从精确的感觉印象到清晰的表象，从清晰的表象到确定无误的概念。裴斯泰洛齐非常强调感觉印象的价值，提出感觉印象是一切知识和经验的基础。

2. 直观性教学

裴斯泰洛齐十分重视感觉印象，将直观性作为教学中最为基本的原则，认为应该把直观性教学作为感官训练的手段。教学也应该成为将各种杂乱无章的感觉印象上升为概念的重要手段，帮助学生消除感觉印象的混乱。

3. 要素教育论

裴斯泰洛奇认为：“初等教育从它的本质讲，要求普遍地简化它的方法，这种简化，是我一生所有工作的出发点。”他又说：“我的目的在于简化教学方法，使得即使是最普通的人，也有可能自己教他的孩子。……教学方法被简化得使每一个母亲……不需要其它帮助就能够教育自己的孩子。”① 为此，他努力寻找简化教学的基本要素，将其作为教育和教学的起点。裴斯泰洛奇研究的简化教学的成果，就是要素教育论：教育过程要从最简单的、为儿童所理解的、易于被儿童接受的要素开始，再逐步过渡到更加复杂的要素，以促进儿童各种能力的全面和谐发展。裴斯泰洛齐认为，一切知识都存在着一些最简单的要素，儿童如果掌握了这些最简单的要素，就能够认识他们的周围世界。他说：“最复杂的感觉印象是建立在简单要素的基础上

① 王天一：《外国教育史》上册，310页，北京，北京师范大学出版社，1993。

的。你对简单的要素完全弄清楚了，最复杂的感觉印象也就简单了。”[①] 所以，儿童的教育与教学工作必须从最简单的要素开始。

裴斯泰洛齐对各方面教育的基本要素做了分析：①体育，最简单的要素是各关节的运动能力；②劳动教育，最简单的要素是身体的操练；③德育，最简单的要素是母爱；④智育，最简单的要素是数目、形状和语言。

和谐发展的要素教育论是裴斯泰洛齐对初等教育新方法的研究和实验所取得的主要成果，他的这一成果为后世提供了宝贵的教育理论和经验。

图 20 赫尔巴特

（二）赫尔巴特

赫尔巴特（Herbart，1776—1841），德国教育家。他在大学求学期间对哲学兴趣浓厚，后在裴斯泰洛齐的学校参观，受到其教育心理学化观点的影响。他是西方教育史上第一位把心理学作为一门独立学科加以研究的教育思想家。赫尔巴特的主要教育著作有《普通教育学》（1806）、《作为科学的心理学》（1824）等。

1. 统觉论

赫尔巴特心理学的基本观点涵盖观念、统觉、注意与兴趣等概念。其中，观念是赫尔巴特心理学中的常见词汇，一般是指事物呈现于感官，在意识中留下的印象。[②] 赫尔巴特认为，观念与观念有所不同，不同观念的强度也存在差异。赫尔巴特将观念视为心理活动最基本的要素，这一点继承了裴斯泰洛齐的观点。

赫尔巴特还认为，统觉是认识的心理活动过程，是教育中认识活动的心理过程。其统觉理论的基本含义是，当新的刺激发生作用时，表象就通过感官的大门进入意识阈。如果它具有足够的强度能唤起意识阈中已经存在的相似观念的活动，并与之联合，那么由此获得的力量就将驱逐此前在意识中占统治地位的观念，成为意识的中心。新的感觉表象与以后观念的结合形成统觉团，即认识活动的结果。如果与新的表象相似的观念已经在意识阈中，这里的联合就进一步巩固了它的地位。四段教学法（明了—联想—系统—方法）就是赫尔巴特在这种心理学基础上提出的。

2. 教育性教学

赫尔巴特也是教育史上第一个明确提出教育性教学的人。他认为，道德必须建立在知识的基础之上，教学的最终目的是形成性格。为此，他要求教师的教学必须是教育性教学。

换言说，教育和教学紧密关联，是手段和目的的关系，教学是教育最基本的手段。因为，教学如果没有进行道德教育，那么只是一种没有目的的手段；而道德教育如果没有教学，就成为一种失去了手段的目的了。

---

① 转引自吴式颖：《外国教育史教程》，298 页，北京，人民教育出版社，1999。

② 滕大春：《外国教育通史》，225 页，济南，山东教育出版社，2005。

思考题

1. 外国近代初等教育产生的背景是什么？
2. 简述各国近代初等教育的内容、方法和特点。
3. 谈谈夸美纽斯的教育思想，并讨论一下他的主要著作。
4. 试论自然主义教育代表卢梭的思想宗旨是什么。
5. 教育心理学化思想的代表人物有哪些？分别阐述其主要理念。
6. 以小组的形式研究德国近代初等教育。

第五章　中国初等教育的产生

知识导图

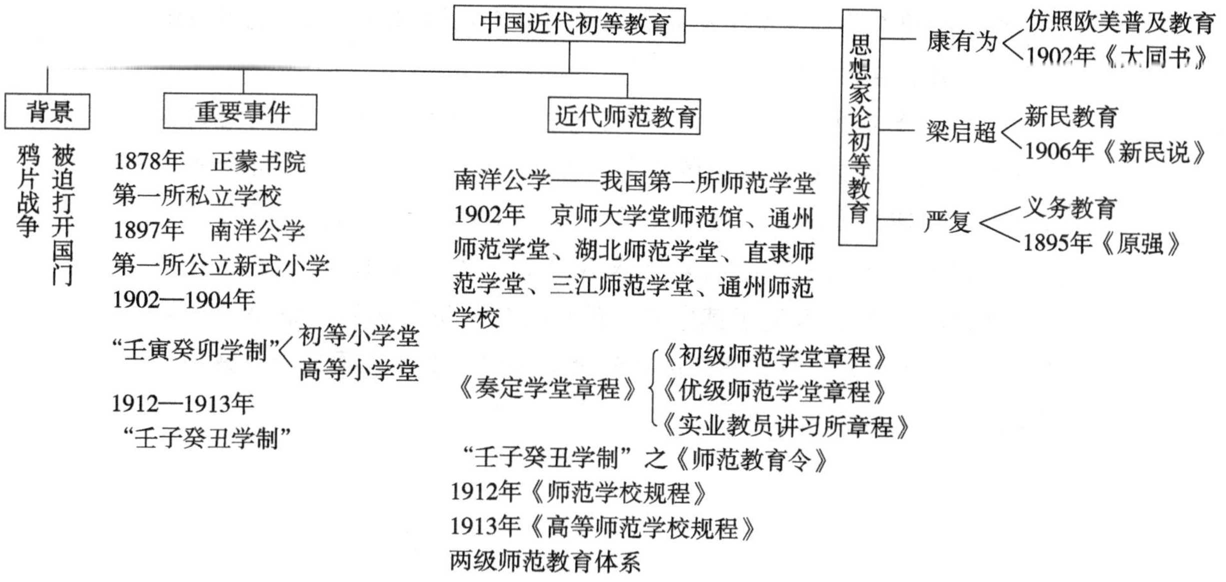

学习目标

1. 了解我国近代初等教育及师范教育产生的历史背景及制度化过程。
2. 理解我国近代著名教育家的初等教育理念及主张。
3. 掌握“壬寅学制”和“癸卯学制”的主要内容，熟悉近代新式初等小学堂及教材。

中国初等教育的产生以鸦片战争以后的新式学堂为代表。在兴业立国、抗击列强的过程中，我国废科举、兴学堂，将过去道德教育核心的读经教育转向实业教育、技术教育，以求“师夷长技以制夷”。洋务运动、维新变法和资产阶级民主革命先后相续，促使我国完成了从传统教育走向近代教育的重要转型。

“壬寅癸卯学制”(1902—1904)是我国近代教育产生的重要依据。该学制详细规定了初等教育的年限、课程、教材等事项，使得新式小学堂有了快速的发展，一般平民子弟也获得了一定的受教育机会。辛亥革命以后，新兴资产阶级对清末教育进行再次改革。“壬子癸丑学制”(1912—1913)取消了读经课，禁止对学生进行体罚，缩小了教育权利上的两性差别，具有鲜明的新教育的特征，促使我国近代教育加快了与世界接轨的步伐。

名人小名片

满腔热血为家国的饮冰子——梁启超

梁启超（1873—1929），广东新会人，字卓如，一字任甫，号任公，又号饮冰室主人，中国近代启蒙思想家、政治活动家、教育家、史学家、文学家。梁启超在青年时期和康有为一起倡导变法维新，二人一起被称为“康梁”。他是戊戌变法（百日维新）的领袖之一、中国近代维新派代表人物。他广泛涉猎学术研究，在哲学、文学、史学、经学、法学、伦理学、宗教学等领域均有建树，以史学研究成绩最显著，是近代历史上一位百科全书式人物。

梁启超自幼被称为神童，12岁中秀才，16岁成举人，儿时最喜听祖父讲述悲壮的爱国故事，这在他的内心埋下了一颗小小的爱国的种子。17岁与老师康有为相遇后，他便踏上了救国救民的道路，满怀激情，从未停歇过求索的脚步。他的足迹遍布日本、美国和欧洲一些国家，他既立足于传统的中国文化，又吸收着西方现代化的思想。待他再次回归祖国这片热土，他开始专心于学术研究。寻觅于饮冰室数十年，也未能凉了其为国事操劳的热血。

1889年9月21日，戊戌变法失败后，梁启超忍泪逃往日本。在东渡日本的军舰上，他面对浩瀚无垠的大海，心中充满了对国家的愤懑和对家人、朋友的不舍，并写下《去国行》来表达他无奈与悲愤的心情。梁启超抵达日本东京后，很快便适应了这里的生活，看到了日本在政治、思想、教育等不同领域与中国的差异——用他自己的话讲是“若行阴山道上，应接不暇，脑质为之改易，思想言论与前者若出两人”[①]。他将西学看成是新知识，广泛地学习，积极参与办学，继续他的教育实践。自1899年春以来，梁启超先后创办了同文学校和东京大同高等学校，不仅为日本的华侨和留学日本的青年提供了学习和深造的机会，而且进一步宣传了他的维新思想。在东京大同高等学校的教师任用上，梁启超除了聘请中国的教师之外，还聘请了几位日本的教师；在教学内容上，更是融入了西方文化，带领同学们学习世界史、政治学、伦理学等内容。和湖南时务学堂相比，东京大学高等学校较重视传播西洋文化，卢梭、孟德斯鸠、赫胥黎等成了青年学子研究的热门。这和梁启超赴日后眼界的开阔有非常密切的关系。[②]

除了办学，梁启超还深入研究了日本的教育制度。在对比中国和日本的教育之别基础上，他结合自己对教育的理解写了《教育政策私议》和《论教育当定宗旨》两文。梁启超从日本的教育体制中看到了西方教育理念和方式的科学性，并设想了中国应有的学校教育。在他看来，“求学譬如登楼，不经初级，而欲飞升绝顶，未有不中途挫跌者”，“故各国之兴小学，无不以国家之力干涉之”[③]。梁启超在流亡日本的这几年时间里，审时度势地分析了日本教育，并为中国学校教育规划了蓝图，提出了革新教学内容和方法。随后，梁启超先后游历了美国、新加坡、澳大利亚等地，对这些国家的教育都有所考察。

一颗赤子心，一段家国情，身在异乡的梁启超以其博大的胸怀、最新的意识去了解和认识西方文化与教育。正是梁启超求新和善变的特质，让他以开放包容的心态理解西方先进的教育，并能够对中国当时的教育针砭时弊，以融贯中西的方式发展适合中国的国民教育，培养国民现代人格。在风雨飘摇、山河破碎的动荡时代，梁启超坚守着忧国忧民的爱国之情。

① 梁启超:《饮冰室合集·专集》，186页，北京，中华书局，1989。
② 李喜所，元青:《梁启超新传》，128页，北京，商务印书馆，2015。
③ 《梁启超全集》，754～758页，北京，北京出版社，1999。

第一节　被迫开国、兴办新式教育

一、近代学校教育的产生

鸦片战争揭开了中国教育近代化的序幕。在西方坚船利炮的攻击下，清政府意识到改造教育和培养人才是自强立国的关键，遂下决心学习西方，以达到“师夷长技以制夷”的目的。但是，清代的官学教育空疏腐败，流于形式，再加上战火不断和被迫签署不平等条约，经济濒临破产，国家无从加大对教育的投入。

为了挽救民族危亡，有识之士开始了近代中国出路的探索。洋务派兴产业、办学堂，学习西方先进科学技术；维新派提出改科举、建立新式学校的设想。清末新式学堂正是在这些基础上发展而来的。

（一）新式学堂的产生

洋务派创立的新式学堂主要是外语学堂、军事学堂和技术学堂。这些学堂在培养目标、教学内容和教学组织形式等方面和传统教育有着显著的差别，所以称为新式学堂，如著名的京师同文馆（1862）、上海广方言馆（1863）、福建船政学堂（1866）、福州电报学堂（1876）、天津水师学堂（1880）、天津中西学堂（1895）、湖北武备学堂（1896）等。这些新式学堂重视培养新型人才，强调基础知识和技能的学习。例如，京师同文馆第一年的课程是认字、写字、浅解辞句、讲解浅书，第二年的课程是讲解浅书、练习句法、翻译句子;《天津中西学堂章程》拟定第一年的课程是英文初学浅言、英文功课书、英字拼法、朗诵书课、数学，第二年的课程是英文文法、英文字拼法、数学并量法启蒙。

中国近代第一所新式小学是1878年张焕纶（1846—1904）在上海创办的正蒙书院。正蒙书院一改传统蒙学旧章，注重实学和实用，“以明义理、识时务为宗旨”，效仿西方学校制度，教学以白话译文言，讲解兼记诵。因为正蒙书院是我国第一所私立学校，所以后人称张焕纶为“提倡中国新教育最早的人”①。

1897年，盛宣怀（1844—1916）创办南洋公学，这是我国近代第一所公立新式小学。由于盛宣怀非常重视师范教育和小学教育，因此南洋公学特设外院，也就是小学部。外院的课程有国文、数学、英文、舆地、史学和体操六科，教师由南洋公学师范院的学生承担，教材使用自编的《蒙学课本》。

维新派也提倡开办新式学堂，如上海三等公学（1896）、上海育材书塾（1896）、经正女学（1898）、京师大学堂（1898）等。但是与洋务派不同的是，维新派非常重视初等教育。康有为、梁启超等维新代表人物提倡不仅学器物，更要学制度，大力改良教育，培养新式人才。梁启超指出:“春秋万法托于始，几何万象起于点，人生百年，立于幼学。”② 这些新式小学堂与传统小

① 朱有瓛:《中国近代学制史料》第1辑下册，572页，上海，华东师范大学出版社，1986。
② 陈学恂:《中国近代教育文选》，148页，北京，人民教育出版社，1983。

学有明显的不同：第一，在办学宗旨上，以德育、智育、体育为三大纲，三者结合，和谐发展；第二，在教学组织上，逐步实行分班、分科授课，不少学校已经开始分门别类地开设课程；第三，在教学内容上中西兼备，既有国文，又有算学、史地等；第四，在教学方法上，采用新的教学方法，主张启发式教学，遵循由浅入深，用通俗易懂的口头语言等；第五，在教育对象上，女童的教育开始引起关注。女子小学的诞生，在还处于封建社会的当时可谓惊世骇俗之举。

> 南洋公学外院于 1897 年开始编印的《蒙学课本》，一向被称为近代中国人自编的第一部小学教材。至 1901 年，该校又有《新订蒙学课本》问世。以下为《新订蒙学课本》中《释铁》节选：
>
> 铁生矿中，初掘出时，杂有別质。以火镕之，则铁质流出，即为生铁。倾于器模中，铸成器物，质脆不受锤击，但能任重而已。
>
> 若取生铁，再以火炼之，其质即坚，锤击不断，是为熟铁。凡犁锸钉键等物，皆熟铁所为也。
>
> 若取熟铁，再用烈火镕炼，骤浸水中，使之速冷，即成钢铁。其质既能任重，又受锤击，锋利可割玻璃，故刀剑等器，皆以此为之。

转引自夏晓虹：《蒙学课本》中的旧学新知，载《清华大学学报（哲学社会科学版）》，2009，24（4）。

表 1　上海三等公学钟天纬新教授法的课程表：蒙馆课程表

	识字	读书	讲书	写字	算法	体操	唱歌
第一年	每日识方字至多以二十字为限，随讲字义，共识三千字为度	选学堂日记二十四孝二十四悌感应篇阴骘文图说为读本	即讲以上三百课，令学生逐课还讲	写润红格，仍用识过方字为模范	学加减乘除笔算、心算	每晚放学，园中散步，以畅天机，以舒筋骨	宜取各种浅近之歌教以讴唱，以渝其性灵，舒其志气
第二年	仍温旧方字三千个逐字将音义一齐说出仍添新字	选家语及子史中文理浅近者编成三百课读之	即讲以上三百课并温上年讲过三百课	写映格仍用识过方字为模范	学开方	同上	同上
第三年	仍温旧方字三千个，字音与字义一齐说出	选国策国语、史记、汉书等文理稍深篇幅稍长者三百课读之	即讲以上三百课兼温前二年所讲之六百课	写脱格仍用识过方字为模范	学立方	同上	同上
以上三年，只讲小学字义，立蒙养之功，如八岁入塾，期满后，不过十龄耳。再拔入经馆，授以经学史学兼英文算学							

转引自钱曼倩：《钟天纬与上海三等公学》，载《华东师范大学学报（教育科学版）》，1985（3）。

表2 上海三等公学钟天纬新教授法的课程表：经馆课程表

	英文	华文	讲书	作文	算法	体操	唱歌
第四年	识英文方字，讲拼法字义	读四字书，逐课讲解，仍令还讲	即讲四字书兼及史学	初学操觚，先做句字渐写尺牍	学平面量地法	每晚放学，园中散步，以畅天机，以舒筋骨	宜取各种浅近之歌教以讴唱，以渝其性灵，舒其志气
第五年	仍识英文方字，讲文法初阶	读五经，逐课讲解，仍令还讲	即讲经义兼及汉学	渐作小篇论说，由数十字扩充至一、二百字	代数	同上	同上
第六年	讲解英文文法，读各种英文读本	读三传及国语、国策、史、汉	即讲古文作法及性理诸书	学作史论策论	形学	同上	同上
以上三年，英文已窥门径，华文亦已通顺，期满后不过十三龄耳。或送入南北洋大学堂肄业，或径送出洋肄习专门之学							

转引自钱曼倩：《钟天纬与上海三等公学》，载《华东师范大学学报（教育科学版）》，1985（3）。

（二）教会学校的发展

鸦片战争后，清政府被迫签订一系列不平等条约，使得西方列强攫取了在中国传教和办学校的特权。早期教会学校规模小，且基本处于初等教育阶段。教会学校是按照西方学制建构的，从幼稚教育到大学教育，形成了一个完整的学制系统，这直接为近代中国建立学制提供了参考和样板。

教会小学的办学宗旨是传播基督教义，发展教徒。随着教会事业的发展，教会小学主张给儿童提供一种“健全的教育”，重在养成他们“耶稣美德之基础”，为儿童提供入学之门，并指出各种美德应从小学开始培养。① 教会小学的课程设置有：第一是宗教课程，这是最主要的课程，意在宣传天主教的教义和教规；第二是中国经书，如《三字经》《百家姓》等，这是为了传教更为便利可行，使传教与中国传统蒙学相调和；第三是英语课程，是为了让学生了解一些西方社会的生活和习俗；第四是自然科学知识课程，如镇江女塾开设了算法、数学、地理、动物、植物等课程。

值得提出的是，创办女学是教会教育重要的特色之一。教会女学主要集中于初等教育，在传教的同时开设英语、家政等课程，如纺织、缝纫、园艺。还有的学校开设音乐、舞蹈等课程，这在当时是鲜见的。

二、近代学制的建立

1901年拟行“新政”后，各地官绅纷纷响应清廷的兴学诏书，设立了不少新式学堂。这些学堂或自立章程，或转抄酌改他校章程，程度、课程、年限参差不齐。在这种情况下，通过制定全国统一的学制系统来确立标准，加强规范，消除分歧，已成为清政府和办学者的共同愿望。

① 吴洪成：《中国教会教育史》，52页，重庆，西南师范大学出版社，1998。

1901 年 5 月创刊的中国近代最早的教育专业刊物《教育世界》，系统地翻译介绍了日本重要的教育法规、条例和学制，研究探讨教育改革问题，这也为学制的制定提供了参照蓝本和人才准备。

（一）“壬寅学制”①

1902 年，管学大臣张百熙主持拟定了一系列学制系统文件。这些文件包括《钦定京师大学堂章程》《考选入学章程》《钦定高等学堂章程》《钦定中学堂章程》《钦定小学堂章程》和《钦定蒙学堂章程》，8 月 15 日奏呈颁布，统称《钦定学堂章程》，又称“壬寅学制”。这是中国近代第一个以中央政府名义制定的全国性学制系统，具体规定了各级各类学堂的性质、培养目标、入学条件、修业年限、课程设置和相互衔接关系。

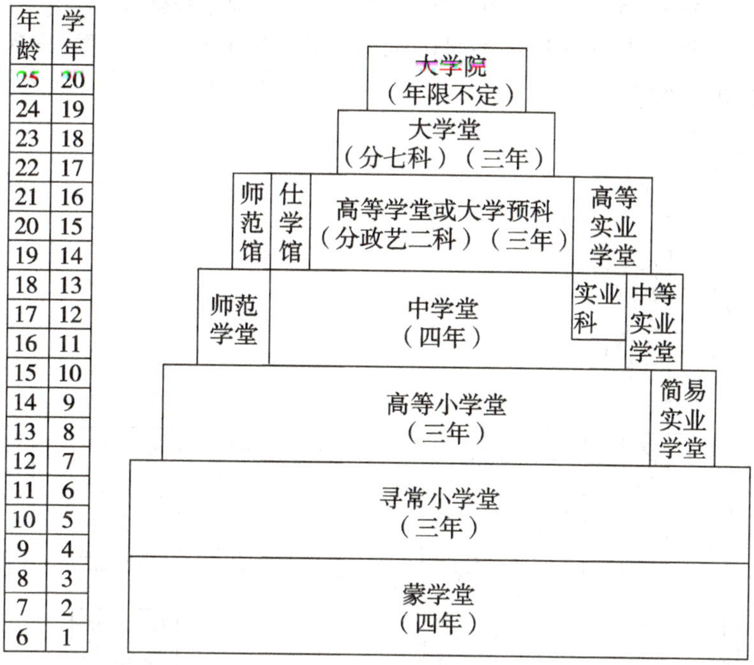

图 21　壬寅学制系统图

“壬寅学制”主系列划分为三段七级。第一阶段为初等教育，包括蒙学堂 4 年、寻常小学堂 3 年、高等小学堂 3 年，规定儿童从 6 岁起入蒙学堂，其宗旨是“在培养儿童使有浅近之知识，并调护其身体”。儿童蒙学堂毕业后方可升入小学堂学习。小学堂的宗旨是“在授以道德知识及一切有益身体之事”。蒙学堂和寻常小学堂共 7 年，为义务教育性质，“无论何色人等皆应受此七年教育”。

（二）“癸卯学制”

因为“壬寅学制”未及实施，1904 年，张百熙会同张之洞、荣庆等重新拟定新的学制，即《奏定学堂章程》，史称“癸卯学制”，这是近代中国第一个得以实施的学制。

“癸卯学制”主系列划分为三段七级。第一阶段为初等教育，包括蒙养院和小学。“初等小学堂修业五年，儿童七岁入之；创办之初，九岁十岁亦准入之。高等小学堂修业四年，初等小

① 孙培青：《中国教育史》，346 页，上海，华东师范大学出版社，2009。

学毕业者入之；创办之初，十五岁以上考试合格者亦可入学。”[①] 初等小学堂属于强迫教育阶段。儿童7岁进入学龄期后，理应一律入学，“使邑无不学之户，家无不学之童”，“以启其人生应有之知识，立其明伦理爱国家之根基，并调护儿童身体，令其发育为宗旨”。初等小学堂课程设有修身、读经讲经、中国文字、算术、历史、地理、格致、体操，在教育方法上注重“涵养德性”“保全身体之健旺”和“习惯善良之言行”，强调“尽循循善诱之法，不易操切以伤其身体”。当时，学堂引进了赫尔巴特教学法、班级授课制，这在一定程度上解决了教学场所、教学设备、教学人员及材料不足的问题，满足了清末小学教育发展的需要。

《初小笔算教科书》第四册第二十六课，利用“度法表”解题：“三日织绢二丈八尺五寸六分、一日织若干”。解法为：

$(2\times1000+8\times100+5\times10+6)\div3=952$

答：一日织九尺五寸二分。

转引自常红梅，代钦：《清末小学算术教科书个案分析——以〈初等小学用最新笔算教科书〉为例》，载《内蒙古师范大学学报（教育科学版）》，2016，29（4）。

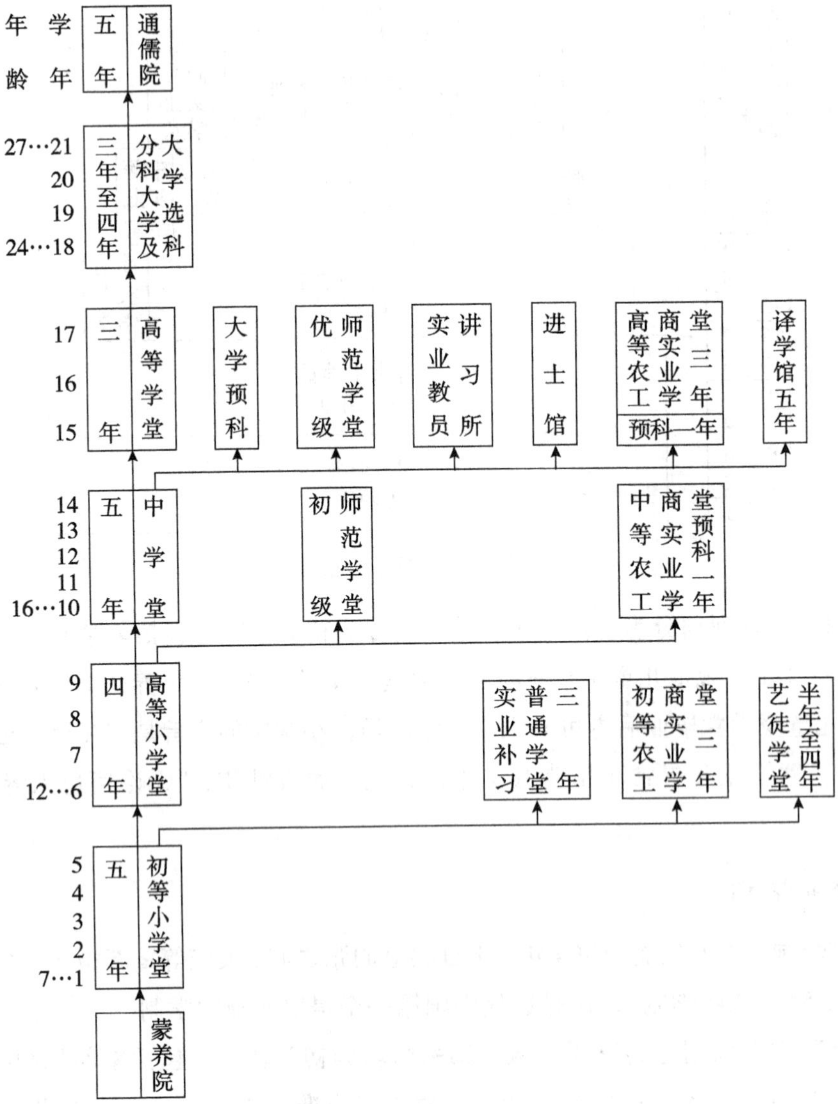

图22 癸卯学制系统图

① 转引自陈学恂：《中国近代教育史教学参考资料》上册，563页，北京，人民教育出版社，1986。

“壬寅学制”和“癸卯学制”先后被制定出台，统称为“壬寅癸卯学制”，是我国近代新教育的纲领性文献，具有新时代新教育的鲜明特点。

首先，强调任何人均应该接受7年的教育方可择业，意味着政府开始注重提高国民素质，是中国教育由传统向近代转轨的重要标志，具有一定的进步性；其次，其学务纲要规定“初等小学堂为养正始基，各国均任为国家之义务教育”，这表明清政府具备了义务教育的理念；再次，教学中增加了科学的内容，设置了不少“西学”课程，这对于促进近代科学技术的传播，适应中国民族工业的发展有积极作用；最后，保留读经科为必修课，并注重以此考核学生品行，奖励各级毕业生相应的科举出身奖励。但是，女子教育并未得到关注，这可以说是封建思想残余的一种表现。①

三、近代初等教育的制度化

《奏定学堂章程》的颁行，把中国教育推上了近代化、制度化的轨道。在这一制度当中，初等教育占据了重要地位。《奏定学堂章程》中关于初等教育内容的规定集中在《奏定初等小学堂章程》和《奏定高等小学堂章程》中。

（一）初等小学堂

《奏定初等小学堂章程》对初等小学的培养目标、修业年限、课程、组织、校舍、图书、仪器、入学条件与学生管理等方面都做出了详尽的规定。从此，初等小学堂的兴办有了可以遵循的标准。

初等小学堂招收7岁以上儿童，宗旨是“启其人生应有之知识，立其明伦理爱国家之根基，并调护儿童身体，令其发育”，分完全和简易两科，均5年毕业。完全科课程包括修身、读经讲经、中国文字、算术、历史、地理、格致、体操，另外，视情况添加图画、手工等科目。简易科课程有修身与读经、中国文字、历史、地理、格致、算术、体操，这主要是为贫家儿童设立的。初等小学堂教学“须尽其循循善诱之法，不易操切以伤身体，尤须晓以知耻之义”，教学方法以讲解为主，杜绝死记硬背的注入式教学。初等小学堂设于府、州、县各城镇，兴办初期要求大县城至少设3所，小县城设2所，大镇设1所。根据主办单位和经费来源不同，初等小学堂又可分为官立、公立和私立三种类型。这类学堂普遍实行班级授课制，毕业生不需要考试，可以直接升入高等小学堂。

章程还对小学堂的环境、地理位置、添置教学设备、教学仪器做出了说明，对书籍、黑板、桌椅、图表、标本等教学设施或者教具也提出了具体要求。

---

① 吴洪成：《中国小学教育史》，152页，太原，山西教育出版社，2006。

表3 《奏定学堂章程》初等小学堂必修科课程表

年级/每周时数/科目	第一年级		第二年级		第三年级		第四年级		第五年级		共计
修身	摘讲朱子《小学》刘忠介《人谱》等有益风化诗歌	二	同前	二	同前	二	同前	二	同前	二	一〇
读经讲经	读《孝经》《论语》每日四十字	一二	读《论语》《学庸》每日六十字	一二	读《孟子》每日一百字	一二	《孟子》及《礼记节本》每日百字	一二	《礼记节本》每日百字	一二	六〇
中国文字	习字附讲动静虚实各字之区别	四	积字成句之法	四	积句成章之法	四		四		四	二〇
算术	二十以下之算术加减	六	百以下之算术加减乘除	六	常用之加减乘除	六	加珠算	六	教小数	六	三〇
历史	乡土之大端故事及本地古先名人事实	一	同	一	历朝年代国号及圣主贤君之大事	一	本朝开国大略及列圣仁政	一		一	五
地理	讲乡土之道路建筑古迹山水	一	同	一	本县本府本省之地理山水	一	中国地理幅员大势	一	中国地理与外国毗连之关系	一	五
格致	讲乡土之动植矿	一	同	一	重要动植矿之形象	一		一	人生生理及卫生之大略	一	五
体操	有益之运动及游戏	三	除上外兼普通体课	三	同前	三		三		三	一五
合计	三〇		三〇		三〇		三〇		三〇		一五〇

转引自陈青之：《中国教育史》，516页，北京，中国文史出版社，2016。

（二）高等小学堂

《奏定高等小学堂章程》规定高等小学堂招收初小毕业生，学习年限为4年，其宗旨是“培养国民之善性，扩充国民之知识，强壮国民之身体”，“以童年皆知做人之正理，皆有谋生之计虑为成效”。课程有修身、读经讲经、中国文学、算术、中国历史、地理、格致、图画、体操。教学方法上不能轻易使用体罚。通商口岸的高小在三、四学年加授英文。高小毕业生通过考试可升入中学堂。

表 4 《奏定学堂章程》高等小学堂必修科课程表

科目 \ 每周时数 \ 年级	第一年级		第二年级		第三年级		第四年级		共计
修身	读《四书》兼读有益风化之诗歌	二	同前	二	同	二	同	二	八
读经讲经	读《诗经》每日约一百二十字	一二	《诗经》《书经》每日约一百二十字	一二	《书经》《易经》每日约一百二十字	一二	《易经》及《仪礼节本》每日百二十字	一二	四八
中国文学	读古文习楷书习官话	八	同前	八	作短篇记事文习行书	八	兼作说理文	八	三二
算术	加减乘除及诸等数	三	比例百分数	三		三	百分算求积日用簿记	三	一二
中国历史		二		二		二		二	八
地理	中国地理	二	外国地理	二		二		二	八
格致	动植矿及自然之现象	二	寻常物理化学之形象	二		二	兼授生理卫生	二	八
图画	简易之形体	二	同	二		二	简易之几何画	二	八
体操	普通体操有益之运动兵式体操	三	同	三		三		三	一二
合计	三六		三六		三六		三六		一四四

转引自陈青之：《中国教育史》，517 页，北京，中国文史出版社，2016。

（三）女子小学堂

兴办女学是清末新政的重要内容之一。1905 年清政府设立学部时，将女学纳入其职掌。1907 年《女子小学堂章程》颁布，明确“中国女德，历代崇重，今教育女儿，首当注重于此”，“凡为女、为妇、为母之道，征诸经典史册，先儒著述，历历可据”。女子小学堂分为初等女子小学堂和高等女子小学堂两级。教学内容除了伦理道德的修身科外，初等女子小学堂设有国文、算学、女红和体操，高等女子小学堂在初等女子小学堂的基础上加入历史、地理、格致、图画等近代科学的知识。

女子小学堂的创办具有非凡的意义，打破了男尊女卑的封建观念，使得女子教育得以正规化。虽然学制和课程等与普通的小学堂有差别，特别是修学年限也少一年，但是女子小学堂仍然是我国近代教育的一大亮点。

（四）新式教育和教材

随着新式学堂的兴起，近代教科书编订事业也逐步兴起。这些新式小学为了满足教学的实际需要，从多种渠道选用教科书。首先是学堂自编教材。例如，南洋公学编制的《蒙学课本》（1897）

借鉴西方教科书的经验，在传统识字的基础上，注重词与词之间的联系，以便儿童理解和记忆。全书由故事、名物识字、浅说琐记和通用便函构成，贴近生活，以求实用，克服了传统教材的弊端，是一本具有现代意义的教材。上海三等公学编的《字义教科书》（1898）共9章，按字的语法意义分类，用白话文解释词义。这种方法适合儿童的身心特点，使儿童乐于学习，所以该书又取名《读书乐》。这是我国首部用语体文（白话文）编写的教材。

另外，文化出版机构也着手编写小学教材。1897年成立的商务印书馆致力于外语课文的翻译；1902年出版的《文学初级》共分6册，供学生三年学习使用；1902至1904年，编成《最新教科书》，其中初等小学教材有《国文》《修身》《笔算》《珠算》，高等小学教材有《国文》《历史》《地理》《珠算》《修身》《理科》《农业》《商业》《算术》。《最新教科书》是我国第一部完整的、符合学制要求的小学教材。1904年商务印书馆出版女子小学《国文》和《修身》教材；1909年，发行小学《算术教科书》《经训》《东洋历史》《万国地理新编》《中国地理》《博物学大意》《初等物理》《珠算》《修身》《历史》《女子国文》等教材。1902年，上海文明书局出版的《蒙学科学全书》，包括文法、经训、修身、中国历史、外国历史、中国地理、外国地理、心算、笔算、珠算、植物、动物、格致、生理、卫生、天文、地文、地质、体操、游戏、唱歌等。书中附有插图，适合蒙童学习。同年，上海蒙学书报局出版《各国艺学策》4本；1903年江楚编译书局出版《蒙学课本》《算学歌诀》《算法》；1905年，上海会文学社出版《最新初等小学教科书》数本。

图23 “最新”教科书系列

图24 “蒙学”教科书系列

除去教材，清末出现一些新的儿童读物，如《算学报》（1897、温州），《蒙学报》（1897、上海），《蒙童报》（1897、上海），《启蒙画报》（1902、北京）等。这些教科书的编订在一定程度上有助于新式小学的发展。

清末新政的教育举措推动了我国近代教育的发展。据统计：1907年，小学堂总数为34650所，学生总数为918586人；1908年、1909年的同样两项指标分别为41379所、1192721人和51678所、1532746人。① 但是，数量的增加并不代表所有的小学都达到了新学制的要求。新式小学堂在兴办时遇到了经费不足、发展不平衡等问题。但毕竟大趋势不可逆转，初等教育在近代教育制度的推动下，迈出了教育改革的步伐。

四、民国初期初等教育的发展

（一）“壬子癸丑学制”

“壬寅癸卯学制”的颁布结束了延续中国两千多年的儒学教育体制，开启了我国近代教育

① 周予同：《中国现代教育史》，138页，上海，上海良友图书印刷公司，1934。

的新里程。但其作为清朝"新政"时期的产物，依然是为清朝专制服务的。例如，"癸卯学制"规定中小学读经讲经课的学时在所有课程中居首位，并注重以此考核学生品行，各级毕业生仍给予相应的科举出身奖励。另外，中小学年限过长，脱离一般民众的经济状况，不利于教育的普及。

辛亥革命以后，中华民国成立，政体变更，清末制定的学制显然已经不适应新时代的发展。1912 年 1 月，南京临时政府教育部成立，蔡元培（1868—1940）任总长。同月 19 日，教育部颁发《普通教育暂行办法》和《普通教育暂行课程标准》。《普通教育暂行办法》规定"从前各项学堂，均改称学校""监督、堂长一律改称校长""各府州县小学校，应于元年三月初四日一律开学""初等小学校，可以男女同校""小学读经科一律废止"。《普通教育暂行课程标准》规定了中小学的课程，包括各课程的学时和学年分布等。这些基础性工作为随后制定的"壬子癸丑学制"绘置了蓝图。1912 年 2 月，蔡元培发表《对于新教育之意见》，阐明"五育并举"的教育方针，体现了资产阶级民主主义的教育理念。

1912 年 9 月，教育部公布了民国学制系统的结构框架，即"壬子学制"。1913 年 8 月，教育部先后颁布了《小学校令》《中学校令》《大学校令》和《师范教育令》，对各级各类学校的目的、任务、课程设置、学校设备、入学条件、教职员任用、经费及管理都做了具体规定。这些法令法规使"壬子学制"得以充实和具体化，从而形成一个全面完整的学制系统，称为"壬子癸丑学制"，即 1912—1913 年学制。

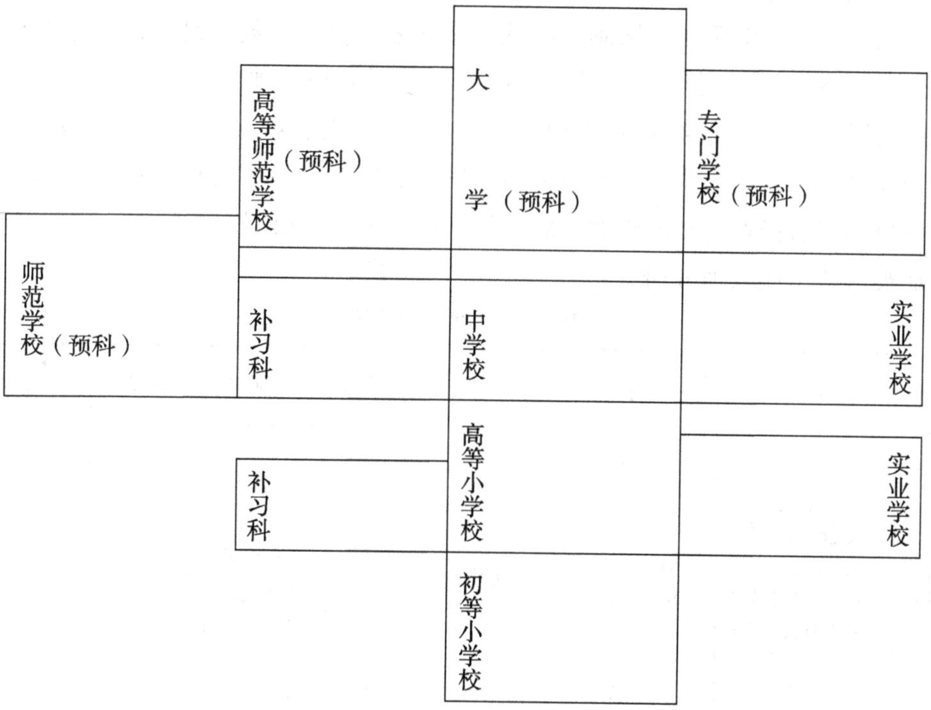

图 25　民国政府资料《教育》（江苏教育博物馆复印资料）

"壬子癸丑学制"主系列划分为三段四级。初等教育段分为初等小学校和高等小学校两级，共 7 年。初等小学校 4 年，为义务教育，男女同校，法定入学年龄为 6 周岁；高等小学校 3 年，男女分校。

但是，当时被称为“洋学堂”的小学多属城镇学生，广大的农村学生多数仍就读于私塾。经过清末民初持续不断的改造，私塾得到某些改进，有的改办成了小学。据统计，截至1912年，全国小学有86000余所，1915年增长到129000余所。[①] 私塾改小学，促进了小学数量的增加，但很长时间内私塾仍占小学教育的很大比例。

与“癸卯学制”相比，首先，“壬子癸丑学制”取消了读经课与毕业生奖励出身的制度，禁止对学生进行体罚，缩小了教育权利上的两性差别，具有鲜明的新教育的特征；其次，“壬子癸丑学制”缩短了年限，初等小学校、高等小学校各比“癸卯学制”减少了1年，有利于普通教育的普及和平民化发展；最后，“壬子癸丑学制”虽未特别强调女子教育，但也没有排斥女子教育的条文，规定不分男女都应接受义务教育，初等教育阶段可以男女同校，这突破了封建礼教对女性的限制，体现了男女平等观念。

（二）民初初等教育的课程、教材和教法

1912年11月，民国政府颁布《小学校则及课程表》，明确“小学校应遵小学校令第一条之宗旨教育儿童，凡与国民道德相关事项，无论何种科目，均应注意指示。智识技能宜择生活上所必需者教授之，务令反复熟习应用自如。儿童身体，宜期其发达健全，凡所教授必适合儿童身心发达之程度。对于男女诸生，应注意其特性及将来生活，施以适当之教育。各科目教授之目的、方法，务使正确，并宜互相联络，以资补助”。（第一条）

《小学校则及课程表》对初等小学的课程是这样规定的：“初等小学校各学年教授程度及每周教授时数，依第一表。缺手工、国画、唱歌、缝纫之一科目或数科目者，其每周教授时数可分加于他科目，并可减少总计时数一小时或二小时。前项分加于他科目时数，在国文、算术每科每周以一小时为限。”（第十七条）初等小学开设修身、国文、算术、手工、图解、唱歌和体操7门课程，女子加缝纫课；高等小学校开设修身、国文、算术、本国历史、地理、理科、手工、图画、唱歌、体操10门课程，女子加缝纫课，男子加农业课（根据地方情形，或缺或改为商业），有条件的可加英语课（或其他外语）。

表5 初等小学课程表

科目／年	修身	国文	算术	手工	国书	唱歌	体操	缝纫	总计
每周教授时数	二	一〇	五	一		四			二二
第一学年	道德之要旨	（发音）简单文字之读法书法及日用文章之读法书法作法语法	廿数以内之数法书法及加减乘除	简易细工		平易之单音唱歌	游戏		
每周教授时数	二	一二	六	一	一	四			二六
第二学年	道德之要旨	简单文字之读法书法及日用文章之读法书法作法语法	百数以内之数法书法及加减乘除	简易细工	简单形体	平易之单音唱歌	游戏普通体操		

① 陈学恂:《中国近代教育史教学参考资料》下册，355页，北京，人民教育出版社，1987。

续表

科目/年	修身	国文	算术	手工	国书	唱歌	体操	缝纫	总计
每周教授时数	二	一四	六	一	一	一	三	一	男二八 女二九
第三学年	道德之要旨	简单文字及日用文章之读法书法作法语法	通常之加减乘除	简易细工	简单形体	平易之单音唱歌	游戏普通体操	运针法通常衣服之缝法	
每周教授时数	二	一四	五	一	男二 女一	一	三	二	男二八 女二九
第四学年	道德之要旨	简单文字及日用文章之读法书法作法语法	通常之加减乘除小数之读法书法及简易之加减乘除等（珠算加减）	简易细工	简单形体	平易之单音唱歌	游戏普通体操	通常衣服之缝法补缀法	

民国政府资料《教育》（江苏教育博物馆复印资料）。

民国初期小学教材主要由商务印书馆和中华书局出版。1912 年，商务印书馆出版全套《共和国教科书》，初小有《新国文》《新修身》《新算术》《新珠算》等 11 种，高小有《新国文》《新修身》《新算术》《新理科》《新历史》《新地理》等 15 种。这些教材强调三民主义理念，体现了民初社会的特点及其对小学教材的新要求。1915 年，商务印书馆又出版小学各类教材 50 余种，包括《商业历史》《商业地理》《商业要项》《共和国教科书自然地理》《小高历史》《地理》《理科教科书》《女子园艺教科书》《家事教科书》《国民高小春季用国文教科书》等。这些教材种类齐全，内容丰富，是民初小学的主要教材。

1912 年，中华书局成立，同年出版了《新中华新制初小国文教科书》（共 12 册）；1913 年，出版《新制初小教科书》《新制高小教科书》《新编初小教科书》《新编高小教科书》《中华高小教科书》等教材；1914 年，出版《地理教科书》《新制高小农业教科书》等教材，创刊《中华童子界》《中华儿童画报》等儿童读物，辅助了民初小学事业的发展。

民国初期，随着杜威实用主义思潮的引进，设计教学法等新教法一时兴起。设计教学法将社会、生活中的实际问题应用在课堂上，打破学科界限，分成若干单元开展教学。但是，由于教师、设备等条件的限制，设计教学法只在几个城市流行，未能在我国真正得到实施。另外，个别教学法、五段教学法、自学辅导法等在一些地方也得到了尝试。

这个时期小学各科教学原则可归纳如下：第一，强调教学的教育性，各科目都应随时提示国民道德教育的相关事项；第二，适应儿童生活，注意选择生活上必需的知识技能进行教授；第三，适应儿童身心发展的程度和特点，注意男女儿童的差别；第四，注意各科教学在目标、方法等方面的相互联系和配合。

民初小学在办学思想上有了很大转变，强调新的社会风尚和价值观，提倡科学和实用，在很大程度上打破了传统教育的束缚，体现了民初政治、文化、经济的新特点。

第二节 中国近代师范教育的产生

资源：中国近代师范教育的产生

一、师范教育的产生

我国师范教育与近代教育同步，产生于“师夷长技以制夷”的大潮当中。梁启超曾在《论师范》（1896）中指出“欲革旧习，兴学智，必以立师范学堂为第一要义”，这是我国提倡师范教育的第一声。

洋务运动的核心人物盛宣怀是我国师范教育的首位推动者。洋务运动后期，洋务派在一定程度上意识到只注重应急之技能不足以对抗西方列强，应该普及大众教育，推行师范学堂。1897年开办的南洋公学既是我国公立新式小学的第一处，也是我国师范学堂的开端。

南洋公学从建立师范院开始就制定了较为明确的师范培养目标和宗旨。学校“视西国师范学校肄习师范教育管理学校之法”，以“分格五层”将师范班分为五个等次，每一层都有具体培养目标。学生第一层合格后发给第一层合格凭证，“递进递给”。南洋公学师范院第一年招收师范生40人，到1903年结束时，共培养师范生70余人。南洋公学师范院作为我国第一所师范院校，具有十分重要的意义。它的诞生表明我国认识到师范教育的重要性并有了具体的实践。虽然南洋公学在具体办学过程中存在着不足，但是为我国后来的师范教育提供了参考价值和基础，是我国师范教育产生的标志。

1902年，京师大学堂师范馆建立。梁启超代为起草的《筹议京师大学堂章程》提道：“西国最重师范学校，盖必教习得人，然后学生易于成就。”[①] 但后因“戊戌变法”搁浅，1902年《钦定学堂章程》颁布后，京师大学堂师范馆才真正开办。同一时期，先后开办的师范学堂还有通州师范学堂（1902年，后易名南通民立师范学校）、湖北师范学堂（1902年）、直隶师范学堂（1902年）、三江师范学堂（1903年）以及通州师范学校（1905年，1999—2013年为首都师范大学初等教育学院通州校区）等。

二、师范教育的制度化

我国制度化师范教育始于《钦定学堂章程》的颁布。虽然该章程没有实施，但是其中对师范教育的规定为我国师范教育的制度化发展奠定了基础。《钦定学堂章程》在主系列之外设有与中学堂平行的师范学堂和与高等学堂平行的师范馆。各高等学堂和中等学堂也需附设师范馆，但是没有形成独立的系统。

《奏定学堂章程》中有关师范教育的章程共有三个，即《初级师范学堂章程》《优级师范学堂章程》和《实业教员讲习所章程》。

---

① 转引自马啸风:《中国师范教育史》，6页，北京，首都师范大学出版社，2003。

初级师范学堂以“派充高等小学堂、初等小学堂两项教员人焉；以习普通学科外，兼讲明教授管理之法”为宗旨，学制分为五年制完全科（招收 18～25 岁学生）和一年制简易科（招收 25～30 岁学生），课程包括修身（德育）、读经讲经、中国文学、教育学、历史、地理、算学、博物、物理化学、习字、图画和体操。

优级师范学堂以造就“初级师范学堂及中学堂之教员、管理员”为宗旨，招收初级师范学堂和官立中学堂毕业者；学制 3 年；课程分为公共科、分类科和加习科三种。公共科包括人伦道德、群经源流、中国文学、东语、英语、辨学、算学和体操八个学科。分类科包括四类：第一类以中国文学、外语为主，第二类以历史、地理为主，第三类以算学、物理、化学为主，第四类以植物、动物、矿物、生理为主。①

实业教员讲习所意在培养各种实业补习学堂和艺徒学堂的教员，分为农业教员讲习所、商业教员讲习所和工业教员讲习所三种，学制为 2～3 年，招收 17 岁以上毕业于初级师范学堂、中学堂或者同等以上实业学堂的学生。

《奏定学堂章程》效仿日本学制，将师范教育与普通教育并列，形成了独立的师范教育体系，促进了我国师范教育的制度化；同时，将师范学堂分为初级和优级两个等级，具有针对性和可实施性，对于普及教育发挥了作用。另外，在经费方面采取对师范教育倾斜的政策，规定师范生免费，促进了师范教育的快速发展，特别是规定师范生有一定的义务服务年限，一定程度上保证了教师队伍的稳定。但应该看到的是，两级师范学堂中都设有“读经讲经”科目，说明《奏定学堂章程》还没有摆脱封建思想的影响，具有历史局限性。

《奏定学堂章程》实施后，我国师范教育制度得到确立。至 1911 年，师范教育稳步发展。这期间，《女子师范学堂章程》（1907）的颁布开启了女子师范教育的先河，为我国师范教育史上的重要一笔。至 1909 年，全国各级各类师范学堂共有 415 所，师范生共有 28572 人。②

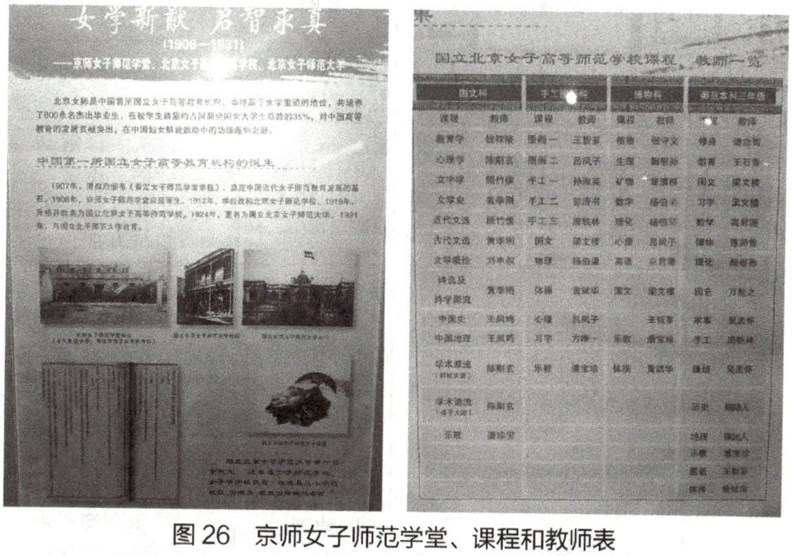

图 26　京师女子师范学堂、课程和教师表

① 参考陈青之：《中国教育史》，523 页，北京，中国文史出版社，2016。

② 转引自马啸风：《中国师范教育史》，15 页，北京，首都师范大学出版社，2003。

三、两级师范教育体系的建立

“壬子癸丑学制”中的《师范教育令》是我国推翻封建帝制、建立中华民国之后采取的发展教育的政策。《师范教育令》公布之后，教育部于同年 12 月颁布了《师范学校规程》，翌年 3 月又公布了《师范学校课程标准》，确立了中等师范教育制度。

中等师范学校以造就小学校教员为目的，并明确将女子中等师范教育和幼儿师范教育纳入中等教育体系，同时可以设小学教员讲习科和保姆讲习科，另附设附属小学和蒙养园。中等师范学校设有本科和预科。本科又分为第一部和第二部：第一部学制 4 年，第二部学制 1 年。高小毕业生或者 14 岁以上同等学历者可入预科，预科毕业或者 15 岁以上同等学历者可入本科第一部，中学毕业或者 17 岁以上同等学历者可入本科第二部。

表 6　教育部公布师范学校课程标准

学年 学科目	豫科		本科第一部							
	每周时数		每周时数	第一学年	每周时数	第二学年	每周时数	第三学年	每周时数	第四学年
修身	2	持躬处世 待人之道	1	对国家之责务 对社会之责务	1	对家族及自己之责务 对人类及万有之责务 演习礼仪法	1	伦理学大要 教授方法 演习礼仪法	1	伦理学大要 本国道德之特色
教育	2				4	普通心理学 论理学大要	4	教育理论 哲学发凡 教授法 保育法	11	教育史 教育制度 ⎫ 学校管理 ⎬ 2 学校卫生 ⎭ 教授实习　9
国文	10	讲读 作文	5	讲读　作文 文字源流	4	讲读　作文 文法要略	3	讲读　作文 中国文学史 教授方法	2	讲读　作文 中国文学史
习字	2	楷书　行书	2	楷书　行书	1	行书草书黑板写法教授方法				
英语	4	发音　拼字 读法　译解 默写　会话 习字	5	读法　译解 默写　造句 会话　文法	5	读法　译解 会话　作文 文法	4	读法　译解 会话　作文 文法 教授方法	3	读法　译解 会话　作文 文法 文学要略
历史			2	本国史 上古中古 近古	2	本国史 近世现代 外国史 东亚各国史 西洋古代史	2	各国史 西洋近世史 西洋现世史 教授方法		
地理			2	地理概念 本国地理	2	本国地理 外国地理 亚洲欧洲 非洲	2	外国地理 美洲海洋洲 自然地理概念 人文地理概念 教授方法		

续表

学年 学科目	豫科		本科第一部							
	每周时数		每周时数	第一学年	每周时数	第二学年	每周时数	第三学年	每周时数	第四学年
数学	6	算术	4	算术　簿记 代数	3	代数 平面几何	2	代数 平面几何 教授方法	2	立体几何 平三角大要
博物			3	植物 普通植物之形态分类解剖生理生态分布应用等之大要 动物 普通动物之形态分类解剖生理习性分布应用等之大要	2	动物 同年学生 生理及卫生 人生之构造 个人卫生 公众卫生	2	矿物 普通矿物及岩石之概要 地质学之大要 教授方法		
物理 化学					3	物理 力学　物性 热学	3	物理 音学　光学 磁学　电学 无机化学	2	无机化学 有机化学大要
法制 经济									2	法制大要 经济大要
图画	2	写生画　临画 意匠画	3	写生画　临画 意匠画　几何画 黑板画练习	3	同前学年	4	写生画　临画 意匠画　几何画 黑板画练习 教授方法 美术史	4	写生画 意匠画 黑板画练习 美术史
手工				竹细工 木工		粘土　石膏 细工　木工		小学校各种细工 教授方法		粘土　石膏 细工　金工
农业或 商业							3	栽培　泛论及各论 土壤 肥料　农具 教授方法 —— 商业要项 商业算术 商业簿记 教授方法	3	蚕桑　畜牧 森林 农产制造 农业经济 —— 商业簿记 商业地理 商品
乐歌	2	基本练习 歌曲	2	同前学年 乐典	1	同前学年 乐器	1	同前学年 教授方法	1	乐典　歌典 乐器
体操	4	普通体操 游戏池戏 兵式训练	4	同前学年	4	同前学年	4	普通体操 游戏 兵式训练 教授方法	4	普通体操 游戏 兵式训练
合计	32		33		35		35		35	

安树芬，彭诗浪：《中华教育通史》第9卷，1902～1903页，北京，京华出版社，2010。

在课程设置方面，本科第一部开设修身、教育、国文、习字、英语、历史、地理、数学、博物、物理化学、法制经济、图画、手工、农业或商业、乐歌、体操，本科第二部开设修身、教育、国文、数学、博物、物理化学、图画、手工、农业、乐歌、体操，预科开设修身、国文、习字、外国语、数学、图画、乐歌、体操等，女子师范学校还加修缝纫课程。

1913年2月，教育部公布《高等师范学校规程》，同年3月公布《高等师范学校课程标准》和《女子高等师范学校规程》。高等师范学校设有预科、本科和研究科三部分。本科专业分为国文、英语、历史地理、数学物理、物理化学和博物6个学部。其中，本科通习科目（通识课）设置了伦理学、心理学、教育学、英语和体操；另外可设专修科，以迅速培养师范学校或者中学急需的教员。

"壬子癸丑学制"有关师范教育的规定，奠定了我国师范教育发展的基础，对我国普及教育、增强国力具有深远的历史意义。首先，它以资产阶级民主思想为宗旨，剔除了原有初级、优级师范学堂课程中"读经讲经"的课程，抑制了袁世凯复辟时期的"忠君尊孔"思潮，冲破了封建思想的桎梏；其次，变原有初级、优级两个等级为中等、高等这一新型学制；再次，在课程设置上，加入了心理学，更加突出了师范教育的特点；最后，规定师范学校为省立，高等师范学校为国立，体现了政府大办师范的决心和力度。

1913年，教育部通令各省设立小学教员讲习所，以培养急需的教学教师。1915年开始，在每年一次的全国教育大会联合会中，师范教育成为重要议题。1917年，教育部通令各省师范学校校长要视察本学区的教育，以图不断改进。这些举措不同程度地促进了师范教育的发展。

第三节 中国近代教育思想家论初等教育

一、康有为论初等教育

图27 康有为

康有为（1858—1927），原名祖诒，字广夏，号长素，广东南海人，人称南海先生，是中国近代向西方寻求救国真理的代表人物之一，也是近代著名思想家、教育家，代表著作有《孔子改制考》（1898）、《新学伪经考》（1891）、《日本变政考》（1897）、《大同书》（1902）等。

（一）小学教育的重要性

康有为十分重视教育的作用。他认为西方资本主义国家之所以富强，并不是武器精良，而是教育发达。他提出教育的主要作用在于培养人才，进而通过人才促进变法，改良事业，推动社会变迁，达到国家富强的目的。他建议仿照欧美教育制度，设立各级各类学校，实施普及教育。

康有为对兴学过程中碰到的经费短缺、校舍缺乏、师资不足等问题提出了一些具体措施。为解决校舍不足的问题，他主张"省府州县乡邑，公私现有之书院社学学塾，皆改为兼习中西之学校，省会之大书院为高等学，府州县之书院为中等学，义学、社学为小学"，也就是利用这些书院的校舍。他还鼓励乡绅捐款办学，调动绅民创办私学的积极性，以缓解教育经费不足。

（二）《大同书》的教育思想

《大同书》是康有为 1902 年避居印度时撰成的，是其最具代表性的教育著作。《大同书》论述了教育目的、环境、教师等事宜，认为小学的教育目的应“以养体为主，而开智次之”。因为儿童年幼，对事物分辨能力较差，容易受外界的影响，“习于正则正，习于邪则邪”，而且幼年时期的教育往往可以影响终身，故“蒙养之始，以德育为先”。

《大同书》还提倡小学的环境应当有益于儿童身心的发展，所谓“入兰室则香，居鲍肆则臭”，因此主张小学的环境要符合美的要求，以达到有益于儿童身心发展、提高教学质量的效果。

对于教师，《大同书》也提出了严格的要求，主张小学教师应该由女子担任。这是因为“女子静细慈和，爱抚婴儿，而有耐性，有恒心，有弄心”，所以小学教育这样的任务需要女子担任。

康有为的小学教育思想虽然有理想化的色彩，但是其中包含了不少积极的因素。他提出强迫教育及建立小学教育的建议，主张按照儿童身心发展的特点激发儿童的学习兴趣，优化教学环境等，这些都是符合教育规律的。

二、梁启超论初等教育

梁启超（1873—1929），字卓如，号任公，广东新会人，中国近代著名的思想家和教育家，资产阶级维新派的主要代表人物之一，主要著述有《变法通议》（1896）、《论教育当定宗旨》（1902）、《新民说》（1906）等。

图 28　梁启超

（一）小学教育的意义

梁启超对于小学教育的认识是建立在他的“新民”学说基础上的。他在《新民说》一书中提出：“教育之意义，在养成一种特色之国民，使结团体，以自立竞存于列国之间，不徒为一人之才与智也。”① 也就是说，世界之竞争已不再是国家之竞争，而是国民之竞争。为此，他提出实行义务教育，以实现培养“新民”的教育宗旨。

梁启超所言的义务教育即“其一，则及年之子弟皆有不得不入学之义务也；其二：则团体之市民皆有不得不担任学费之义务也”。② 为了实施义务教育，他提出：第一，千人以上市镇村落必设小学校一所；第二，学校经费皆由本校本区自筹；第三，国家须制定小学章程，详定其管理法及所授课目；第四，教科书无论为官纂、为民间私纂，但能依国家所定课目者，皆可行用；第五，子弟及岁不遣就学，则罚其父母等。

---

① 张枬，王忍之：《辛亥革命前十年间时论选集》第一卷上册，124～125 页，北京，生活·读书·新知三联书店，1960。

② 舒新城：《中国近代教育史资料》下册，941 页，北京，人民教育出版社，1981。

（二）革新教育内容和教学方法

梁启超认为，传统的小学教育“未尝识字，而即授之以经”，其结果必然使儿童“以学为苦而必疾其师”。为此，他建议学习西方，教学内容的选定应遵循学生的年龄和心理特点，让学生掌握对社会有用的知识。他精心安排了小学的课程内容，把儿童应读的书分为七类，即识字书、文法书、歌诀书、问答书、说部书、门径书和名物书；同时建议改良教学方法，按照先易后难、由简到繁的顺序教学，减少儿童学习的难度；另外，采用歌谣、俗语，使儿童容易读懂，特别是提倡利用直观教学等方法激发学生的学习兴趣；反对体罚。

梁启超以“新民”学说为理论依据，仿照西方教育制度，提出了较为系统的小学教育思想，为我国近代初等教育的改革做出了积极的贡献。

三、严复论初等教育

图29　严复

严复（1854—1921），福建侯官人，原名宗光，字又陵，后改名复，字几道，福州船政学堂的第一批留欧学生，维新变法和宣传资本主义思想文化的代表人物之一，代表性教育著作有《原强》（1895）、《论世变之亟》（1895）等。

严复关于初等教育的论述首先表现在其实施义务教育的主张上，即所谓“民不读书，罪其父母”。他提出要效仿西制，第一级设置蒙学堂，接下来是小学堂，并认为应该略变教育方法，减少死记硬背，多进行有效的讲解。各类机构所译的图书应该从最容易最实用的知识入手，方便各蒙学堂和小学堂讲授。

严复还是中国近代从德智体三要素出发构建教育目标，提高民众素质的第一人。严复认为，国民素质高下的标志是“一曰血气体力之强，二曰聪明智虑之强，三曰德行仁义之强”。为此，严复提倡通过教育“鼓民力、开民智、新民德”。“鼓民力”就是提倡体育，使民众保有强健的身体；“开民智”就是要开发民众的智慧，提高民众的文化水平；“新民德”就是改变传统德育的内容，用西方自由民主平等取代封建伦理道德，培养人民忠爱国家的观念意识。严复的教育思想对我国近代教育乃至现代教育的构建起到了重要的理论奠基作用。

思考题

1. 中国近代初等教育产生的背景是什么？
2. 对比分析“壬寅学制”和“癸卯学制”创立的历史背景和主要内容。
3. 讲一讲我国近代第一所新式小学创办的经历。
4. 简述我国师范教育的产生和制度化。
5. 我国近代教育先驱主要有哪几位？他们各自的主张是什么？

第四编

初等教育的发展

第六章　外国初等教育的发展

知识导图

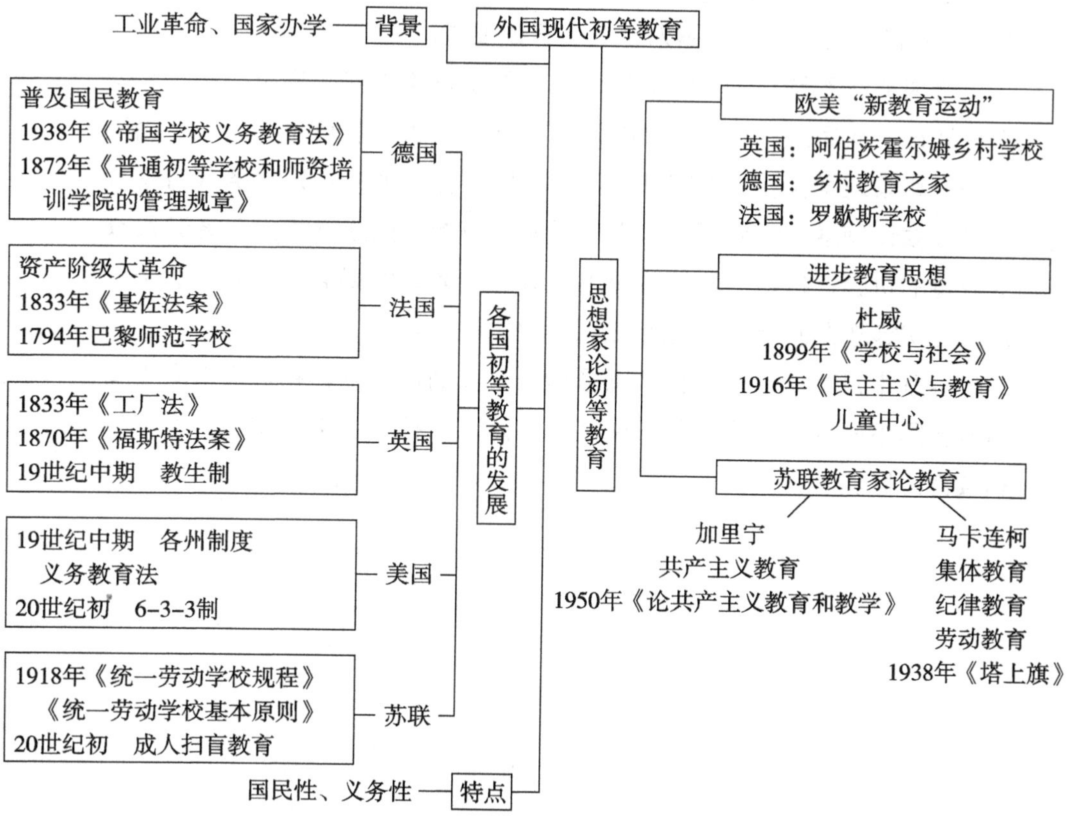

学习目标

1. 了解外国现代初等教育产生的历史背景。
2. 理解外国现代著名教育家的初等教育主张及“新教育运动”的历史意义。
3. 掌握现代西方几个主要国家初等教育的内容、特点及共同点。

外国初等教育发展的主要动因是工业革命的爆发，经济发展和生产技术的革新对劳动者的素质提出了新的要求，西方各工业国家先后出现了国家开办和管理学校的动向，义务教育也提上了日程。此时的初等教育在念唱圣经，简单的读、写、算的基础上开始关注生产、生活知识的学习，反映了经济社会发展对初等教育的要求。

德国虽然不是工业革命的发源地，但是普鲁士邦国最早公布了义务教育规程，而后法、英、美等国效仿德国相继颁布教育法案，规定由国家开办和管理学校。由国家开办学校并以法律的形式规定义务教育是现代学校教育制度的重要标志。现代学校教育制度的建立扩大了普通民众受教育的机会，打破了欧洲传统上贵族独占教育的局面。因此，这个时期西方初等教育的特点主要呈现为国民性和义务性。

苏联十月革命以后，在马克思列宁主义的指导下，初等教育有着与西方各国不同的思想理念和发展经历，体现了社会主义国家的办学方针和教育目标。

名人小名片

巧用镰刀的灭蚊者——杜威

杜威是美国著名的哲学家、教育家。纵观杜威的一生，他对社会生活的变迁是敏感的，他对传统教育的批判是深远的，他对教育革新的态度是热情的，他的理论基础是广泛的，他的教育思想体系是庞大的，他对美国和世界教育的影响是深远的。前芝加哥大学校长、永恒主义教育思想的主要代表人物赫钦斯在《民主社会中的教育冲突》一书中说："约翰·杜威是最有影响的美国教育家和最有影响的哲学家。40 年来，他改造了美国教育制度。"①

小时候的杜威比较内向，沉默寡言，是一个不太聪明的孩子。不过杜威很喜欢看书，几乎对任何书籍都感兴趣，但对采取死记硬背方法的传统学校教育感到厌烦。可以说，在杜威受到的中小学教育中，最重要的部分是在课堂外获得的。

一年夏天，学校刚扩建完毕，很多地方需要清理。杜威所在班级的蚊子特别多。尤其在傍晚，学生被叮咬得根本无心上课。一天放学时，教师吩咐学生自带工具，准备进行"灭蚊"行动。第二天，同学们带来了各种工具，大部分是捕蚊网、灭蚊拍，还有灭蚊药水等。

当杜威拿着一把镰刀走进教室时，同学们都露出了吃惊的表情，教师也不解地问："你带镰刀干什么？"

杜威回答："灭蚊子呀！"同学们忍不住大笑起来，用镰刀灭蚊子？

真是天大的笑话！杜威轻轻地摇了摇头，不置可否。

接下来，同学们在教室里忙了起来，直到累得筋疲力尽，蚊子还是不断地冒出来，怎样都消灭不完。

而杜威呢，他独自走出教室，来到后面的一片杂草丛旁，挥舞镰刀割起草来。同学们发现，随着杂草的清除，加上大家的努力，蚊子似乎消失了。

面对同学们佩服又惊异的目光，杜威红着脸笑着说："昨天我仔细观察，发现教室后面的杂草丛才是蚊子的来源和藏身之处，只有把杂草清理掉，蚊子才会彻底消灭。所以，消灭蚊子并不仅仅只是灭蚊这么简单，最主要的是找出它的根源并解决掉。"

用镰刀灭蚊子听起来似乎匪夷所思，但却是这件事情的关键。在后来的教学实践中，杜威也将教育与哲学紧密结合，教育学生通过实践，追本溯源，看清事物的本质，找到问题的根源，才能彻底而有效地去解决问题。

读完杜威儿时的故事，我们就不难理解杜威后来提出的"从做中学"了。"从做中学"也就是"从活动中学""从经验中学"，这将学校里知识的获得与生活过程中的活动联系了起来。从真正有教育意义和有兴趣的活动中进行学习，有助于儿童的生长和发展。

① [美]简·杜威：《杜威传》，单中惠，编译，合肥，安徽教育出版社，2009。

第一节 工业革命、经济发展与外国现代初等教育

一、德国初等教育的发展

19 世纪中后期，统一以后的德国加快了经济发展的速度，从一个封建落后的分裂国家发展成第二次工业革命的领头军。在这个过程中，教育的作用无疑是巨大的，尤其是初等教育的作用。“俾斯麦曾经把普法战争的胜利归功于小学教师。……德国最大的本钱是智力。”[①] 但是“为国服务”的民族主义精神也成为其教育实践和改革的指导思想，特别是在两次世界大战中，军国主义教育思潮严重影响了德国社会和教育的发展走向，成了法西斯专制统治的工具。

（一）作为国民教育的初等教育

19 世纪是德国民族统一的关键时期。国家、民族的教育理念是指导这一时期建立和发展教育制度的中心思想。这一时期有两位教育家贡献比较大，他们分别是裴斯泰洛齐和洪堡。裴斯泰洛齐的“人性教育”和洪堡的普鲁士教育改革大力推行义务教育，在一定程度上提高了德国国民的素质。

1871 年普鲁士击败法国，普鲁士国王威廉一世宣布德意志帝国成立。为适应国家政治、经济、军事等方面的发展，1872 年国家通过了对学校的监督法，取消了 1854 年以来阻碍教育的各项规章制度，形成了较为完善的教育体系。这一时期，德国初等教育机构逐渐定型。初等学校分为初、高两级，每级四年，共八年。前四年为基础学校，后四年为高等国民学校。儿童 6 岁入学，14 岁结业。初等教育是义务教育。但初等学校是普通劳动人民子弟的场所，富贵子弟不愿进入初等学校学习，而是通过中学预备班进入中学学习的。

1920 年 4 月 28 日，德国颁布《有关基础学校和废止学前学校的法案》，主要内容是具体落实《魏玛宪法》中有关废止私立学前学校的规定，并在此基础上做出了设立四年制基础学校的相关法律规定，这些规定有利于普及八年制义务教育。劳动人民子弟在四年制的基础学校学习期满经过考试后，成绩优异者可以进入四年制的高等国民学校继续学习，完成义务教育的任务。这些都是具有进步意义的。

1933 年 1 月，希特勒（Hitler，1889—1945）上台后，进行了“划一革新”的改革，取消了《魏玛宪法》时代自由化的教育政策，使德国教育成为希特勒法西斯专政的工具。为了用纳粹思想去影响和教育德国年青一代，希特勒多次发表讲话论述德国青年教育问题，要求各级学校必须体现纳粹精神。1938 年，德国公布了《帝国学校义务教育法》，废止了以前关于学校义务教育的各项法令，规定国民学校义务教育为 8 年。此时，德国的教育整体呈现出极端的民族主义和政治化倾向，随后成为纳粹法西斯专政的工具。

① 齐世荣:《15 世纪以来世界九强的历史演变》，188 页，广州，广东人民出版社，2005。

（二）初等教育课程

19 世纪初，德国初等教育的教育内容除了 4R（Read，Write，Reckon，Religion）外，增加了数学、博物学、自然、几何、地理等学科。19 世纪 30 至 40 年代，普鲁士的初等教育得到了有效的普及。当时，小学教育的课程设置非常广泛，但是被严格控制在国家政策之下。1848 年革命后，普鲁士政府加强了对国民教育事业的控制与打压。1854 年，普鲁士政府颁布了一道关于师范学校和国民学校的法令，提出小学教育的任务是训练“温顺的性情，祈祷的习惯和前进的精神”，规定小学全部由教会管理，教学内容以宗教为主，在国民学校（小学）必须加强宗教教学，要求学生背诵大量赞美歌和教义，其他一切科目都被缩减到最小限度。法令宣称教师的首要任务是向学生“灌输对皇室的爱戴”。

1872 年 10 月，统一后的德国公布了《普通初等学校和师资培训学院的管理规章》（简称《一般教育规定》），明确了初等教育要丰富各学科的学习，特别是自然和历史学科的学习；在教学方法上，强调要促进学生的理解能力和思考能力的提高。这个时期的初等学校课程包括宗教、德语、算术、历史、地理、动植物学、体操（男生）、手工（女生）等，强调对自然科学的学习。[①] 从这次规定可以看到，初等教育重点在于增加德语及自然知识的比重，注重实用知识技能的养成。实用课程的开设为德国的实科教育打下了基础。

20 世纪初，受新教育运动的影响，初等教育更加强调儿童的需要。但是到了希特勒时期，包括初等教育在内的学校课程都为纳粹意识形态服务，各级学校乃至师范学校均开设“德意志学科”课程。在培养极端的种族主义和帝国主义思潮的左右下，教育成了法西斯专政的工具。

（三）初等教育教师

德国 19 世纪初期的教师教育机构主要是师资培训学院。为了满足民族崛起和国家统一的迫切需要，培养国家的有生力量成为师资培训学院的主要任务。19 世纪中期，受关于师范学校和国民学校的法令的影响，师资培训学院的目标转向“培养教师，而非培养妄作学者的人”。政府明确指出：“除非规定的既属必要而又属足用的各学科外，凡未经特准的学科，一律不得擅自讲授。”[②] 为此，除规定的必要的学科外，教师禁止讲授各种知识内容。“教义问答教育”成为师范课程的基础。

普通初等教育和师资培训学院的管理规章

新规章的主旨是：第一，在教学目标方面，提高所有各学科的学习效能，尤其重视对历史和自然科学的提高；第二，在教学方法方面，除绝对非背诵不可的教材外，限制滥用死记硬背的方法，同时注意尽量促进学生的理解力和思考力的发展。这就是有关师资培训学院的规定。

［德］弗·鲍尔生：《德国教育史》，滕大春，滕大生，译，170 页，北京，人民教育出版社，1986。

《一般教育规定》公布后，师资培训学院恢复了教育理论、心理学、逻辑学等学科，加

① 杨兰英：《德国教育改革与早期现代化》，17～18 页，长沙，湖南师范大学出版社，2003。
② ［德］弗·鲍尔生：《德国教育史》，滕大春，滕大生，译，167 页，北京，人民教育出版社，1986。

强了自然科学的教学，增加了实验室和外语选修等课程。

1901 年，德国颁布《初等教育教师培训和考试的新章程》，明确规定初等教育要提升教师的学术水平，把心理学和逻辑学作为学习教育原理的基础，同时增加德文文学和数学科目。20 世纪 20 年代，德国出现了一批属于高等教育的师范专科学校，专门培养初等师范教师，招收高中毕业生，学制 2 年。课程分为学术教育、专业教育和实践教学三部分。

20 世纪 30 年代，德国提出了彻底改革小学教师培训的方案。1933 年，师范专科学校改为师范大学。1939 年，师范院校招收通过选拔考试的中学毕业生，培养小学教师学习，年限为 4 年。但是到了 20 世纪 40 年代，希特勒政府又将师范院校降格，师范教育也成为宣传法西斯思想的工具。

二、法国初等教育的发展

资源：法国初等教育的发展

从 18 世纪末法国大革命开始到 19 世纪中叶，由于国家政权频繁更迭，国民教育制度不断受到冲击，频繁变化，法国初等教育的发展在各个历史时期也呈现出不同的状况。法国大革命期间出台的一个又一个教育改革计划虽然都因为政治等方面的原因未能实施，但是体现出了当时人们对初等教育地位和价值的认识。

（一）教育法案中的初等教育

1789 年，制宪会议通过了宪法的序言“人与公民权利宣言”（简称《人权宣言》），提出了“权利面前人人平等”的思想。1791 年，制宪会议又通过了法国历史上第一部宪法，提出“建立一个对所有的公民都相同的公共教育制度”，同时提出实行免费教育。塔列兰（Talleyrand，1754—1838）代表公共教育委员会向制宪会议提交了教育改革方案，指出应该改造法国的教育，建立国家教育制度，以便教育公民认识和保卫宪法及《人权宣言》，从而使国民教育成为维持社会制度的手段。塔列兰教育方案构建了一个由小学、中学、专门学校和学院组成的四级学制。其中小学开设法语、算术、宗教、道德和宪法原理、公民道德等课程，目的在于“以宪法规定的国民义务及行为准则教育儿童”。小学教育虽然还保留有宗教课程，但是已体现出了革命性。然而塔列兰教育方案并未得到实施。

同一时期，孔多塞（Condorcet，1743—1794）于 1792 年向法国立法会议提交了一份教育改革方案——《国民教育组织计划纲要》。孔多塞基于启蒙思想构建了统一的、相互衔接的国民教育制度，以及逐级管理的国家教育管理制度。该纲要规定：处于第一阶段的初等教育招收 6～10 岁的儿童；拥有 400 名居民的村庄都应设立一所初级小学，拥有一位教师；修业年限为 4 年；教育任务是向儿童传授为其将来发展奠定基础的文化知识，培养儿童将来履行公民职责所需的生活习惯和道德准则；学习内容包括读写知识与技能、文法初步知识、算术四则、精确测量土地与建筑物的简单方法、农业和手工艺的初步技能以及道德基础知识与行为准则。另外，学校不开设宗教课，宗教教育由各教派牧师在教堂完成。孔多塞提出国民教育体系中的每一级教育都免费，但只有初级小学是一种普及教育，面向所有人。由于当时初等教育和中等教育是互不衔接、面向不同社会阶层的两种教育，因此孔多塞的教育设想一直到20世纪的“统一学校运动”后才得到逐步实施。

雷佩尔提（Lepelletier，1758—1793）制定的教育改革方案更加关注人民大众的教育，关注初等教育的普及，重视解决普及初等教育的物质保障问题。在这个只涉及初等教育的教育方案中，雷佩尔提议：建立寄宿制的国民学校；所有儿童都在这种学校里获得免费教育，得到相同的食物、衣服、教育和照顾；学习内容包括读、写、算、测量等基本知识，以及爱国歌曲、有关自由人民和法国大革命历史中最重要事件的故事；儿童还要学习有关自己国家宪法、基本伦理道德及农村、家庭经济等方面的知识。雷佩尔提重视劳动，提倡通过劳动将儿童培养成热爱劳动的自食其力的人。但这一教育方案最终也被否决。

虽然大革命时期，法国颁布了许多教育改革方案，但是实际进展很小，直到18世纪末才出现了一些变化，如每个乡至少设立一所初级学校，教儿童读、写、算的基础知识和共和国的道德基础知识等，但初等教育的免费制和义务制都被取消了。总之，初等教育在这一阶段没有得到实质上的发展，初等教育的国民性直到19世纪后才得以实现。

拿破仑（Napoléon，1769—1821）对法国教育做出的最大贡献就在于建立了法国中央集权制的教育管理体制。这一传统保持至今，成为法国教育管理的重要特色。19世纪初，拿破仑采取一系列军事、政治和经济措施巩固法国资产阶级革命的胜利果实，建立了中央集权的政府。在教育上，拿破仑实行高度中央集权的领导体制，通过教育改革构建起国家教育体制，强化了国家对教育的控制权。1802年，《关于公共教育的基本法》公布，其中专设“初等学校”（第二章），对市镇开设初等学校、选择教师、免除学费和学校管理等事项进行了规定。1816年，政府颁布法令，要求每个市镇设立负责支持和指导初等教育发展的委员会，同时规定宗教团体和慈善社团可以为初等学校提供教师。于是重返法国的基督教学校兄弟会更加积极地投入到开办初等学校的活动中。到1830年，该教派开办的初等学校已达1420所，遍布法国的城市和农村。另外13个修道院会提供了950名教师、281所学校①，这些学校主要在农村。

随着教会对初等教育控制的加强，法国的世俗教育遭到排挤，一些新的导生制学校也遭到教会的迫害和攻击。1828年，法国政府又颁布法令，要求教会把管理初等教育的权利移交给由政府任命的世俗人员，同时规定教师必须宣誓自己不隶属于任何未经许可就存在的宗教团体。

（二）初等教育的普及

法国初等教育的国民性直到法国七月王朝才开始真正得到较大发展。七月王朝政府为初等教育做的努力比以前各界政府在过去40多年里做的努力都多。那时初等教育的进步主要表现在普及初等义务教育上，一系列有关初等教育普及的法案都得到颁布并得以实施。1831年，库森（Cousin，1792—1867）提交了《关于普鲁士公共教育状况的报告》，强调法国必须出台一个关于初等教育的法律，规定在每个区建立一所初等学校，在每个县建立一所初等师范学校，并且有必要建立高等初级小学。在此基础上，1833年《基佐法案》出台，法国初等教育制度建

---

① 滕大春:《外国近代教育史》，167页，北京，人民教育出版社，2002。

立。《基佐法案》规定：政府与教会联手发展初等教育；扩大初等学校办学自主权；在法国每个区内设一所初级小学，超过6000人的城市必须设立一所高级小学等。该法案还强调要促进初等师范学校的发展。但基佐（Guizot，1787—1874）在借鉴德国、美国的经验时，将教育法案中关于强迫义务初等教育的条文删除了，所以法国的初等教育直到19世纪末才确立了义务性原则。

第二共和国时期，由于路易·波拿巴采取倾向教会的政策，初等教育中宗教性得以复燃。1850年，《法国法案》通过，规定初等学校要接受教会的管理，终止国家对教育的控制，承认私立学校与公立学校具有同等地位。由此，私人和教会参与初等教育事业，初等学校的数量大大增加。第二帝国时期，政府增加初等教育经费，改善了初等学校的办学条件。初等学校的教育内容得以充实，接受初等教育的人数也得到了一定程度的增加。第三共和国初期，《费里法案》（1881、1882）出台，确立了国民教育义务、免费、世俗化的三大原则，规定6～13岁为法定义务教育阶段，不送儿童入学学习的家长要被罚款，免除公立幼儿园和初等学校的学杂费，免除师范学校的学费、膳食与住宿费用，废除教会监督学校及牧师担任教师的特权，取消公立学校的宗教课，改设道德与公民教育课等。自此，初等教育确立了国民性，达到了世俗化的目标。可以说，《费里法案》的颁布与实施为这一时期初等教育的发展提供了法律保障，并指明了进一步努力的方向，标志着法国初等教育的发展达到了一个新的高度。

19世纪末20世纪初，法国基本完成了工业革命，开始向垄断资本主义过渡，成为继英国之后的又一个欧洲强国。此时的教育除了沿袭中央集权的教育领导体制以外，还进行了诸多改革。到1920年，法国已有公立初等学校3579所，学生数占小学生总数的80%；私立学校2960所，学生数占小学生总数的20%。①

特别值得提出的是巴黎公社时期的初等教育。巴黎公社的初等教育主要表现为免费和义务程度的提高。在公社里，所有儿童不分社会地位、家庭出身和民族差异，都拥有不可剥夺的受教育的权利。公社向儿童免费发放书籍、地图、纸张等学习用品，还强调教育应由国家来开办。马克思对巴黎公社的教育给予了很高的评价：“一切学校对人民免费开放，不受教会和国家的干涉。这样，不但学校教育人人都能享受，而且科学地摆脱了阶级成见和政府权力的桎梏。”② 虽然巴黎公社存在时间很短，但是它在国民教育上所做的革命性努力已经产生了效果。法国初等教育的宗教性在巴黎公社的革命中被彻底荡涤，巴黎公社的初等教育为《费里法案》奠定了基础，使得法国初等教育具有了世俗化的可能性。

（三）初等教育课程

大革命期间，孔多塞曾建议编写适合儿童接受能力的、内容适中的教科书，以及适合教师使用的教学参考书。拿破仑当政时期，中等教育和高等教育得到重视，但初等教育仍然处于教会的控制和管理之下，教育内容仍是读、写、算和宗教教育，“教义问答”课普遍开设。1806年教会新编了《帝国教义问答》，以此作为课本，要求学生必须背诵、熟记。

---

① 赵祥麟:《外国现代教育史》，10页，上海，华东师范大学出版社，1987。

② 转引自田正平，肖朗:《中国近代义务教育研究》，64页，杭州，浙江教育出版社，2000。

19 世纪末 20 世纪初的初等学校课程包括法语、算术、历史、地理、自然及农业常识、唱歌、图画、体育以及手工等，此外还有代替宗教课的道德与公民课。初等学校之上，设有三年制的高等小学，实际是类似于市立中学第一阶段的普通教育学校。开设的课程有法语、应用算术、初等代数、几何、物理、工农业常识、经济知识、法国历史、经济地理、外国语、簿记、会计和手工等。从二年级起，高等小学又分为农业、工业和商业三组。1941 年后，高等小学并入市立中学。

（四）初等教育教师

1794 年，巴黎师范学校建立，是法国第一所国立师范学校，宗旨是建立教学能力评价标准。该校规定，学生从全国各地选拔，每两万居民中选拔一名年满 21 岁的学生，在巴黎学习四个月以后就可以返回原地进行教师培养的实践训练。

1808 年拿破仑上台后，规定每个学区要在市立中学或国立中学设立附属于它的一个或几个师范班，用以培养初等学校的教师。师范班传授最好的方法来提高教授读、写、算的技巧，[①] 此后法令不断得到补充。1811 年，法国第一所公立初等师范学校在斯特拉斯堡成立，随后法国相继建立了一批师范学校。到 1832 年，全国共有 36 所师范学校。1831 年法国教育部长基佐主持制定了“大力发展初等教育和师范教育的法案”，并于 1833 年公布实施。该法案规定：所有小学教师必须接受师范教育，各省设立或与邻省合办一所男子师范学校，招收年满 16 岁的学生；师范学校学业为两年；师范生升级审定严格，结业必须经考试才能取得能力证书。该法案强调省立师范学校由国家管理，国家在地方设立小学教育鉴定委员会，直接掌握教师资格的标准，废止了 1830 年以前宗教团体和教会推荐教师、颁发教师证书的权力。1881 年，能力证书成为小学教师必须具备的资格。当时的证书大体分为初小、高小和初中的水平。与此同时，法国还新设了教学能力证书，来补充能力证书的不足。1886 年，教学能力证书适用于所有初等教育（小学和学前）教师，教师必须通过考试才能得到。

第一次世界大战后，因为教学能力证书的要求高于原来的能力证书，所以教学能力证书逐渐取代了能力证书，至今还是法国初等教育教师必须具备的资格证明。法国师范教育的学制也不断地进行改革。巴黎师范学校时期，学制仅为四个月；1832 年，法国政府通过法令将师范学校学制统一为两年；1850 年延长至三年。1879 至 1883 年，费里再次出任法国教育部长，认为“没有师范学校就没有公立教育”，分别于 1879 年、1886 年和 1889 年颁布一系列法令。法令规定：每省设男女师范学校各一所，以保证市镇男女小学教师的录用；男女师范学生的招生标准、学业年限、教学组织等方面的要求一样，只在具体的课程和课时总数方面有些差别；师范学校为公立机构，全部免收学费，教师必须持能力证书才可以获得任教资格，工资由国家支付。至此，法国初等教育教师培养制度基本确定，以后只在 1905 年、1920 年在课程方面做过一些调整，以加强师范学校的教育培训和学科培训。

因为历史上法国教育制度是典型的双轨制，所以法国师范教育也形成了双轨制。一轨是社

---

① 夏之莲：《外国教育发展史料选粹》上卷，348 页，北京，北京师范大学出版社，1999。

会上层阶级子女凡有机会接受大学教育，愿担任中学教师者，可通过培训或参加相应考试获得执教资格；另一轨是社会下层百姓子女接受师范学校的教育。因为法国师范教育实行严格的证书制度，所以教师接受不同层次的学历教育，获取不同的资格证书，其社会地位、经济待遇有很大区别。

三、英国初等教育的发展

18 世纪中叶，英国工业革命的风潮带动了欧洲各国的工业化进程。但是如前所述，传统上英国政府不过问教育问题，以至于英国早期教育在立法、课程、教法等方面都落后于德、法等国家。直到 19 世纪中后期，英国才将初等教育纳入国家的事业轨道。

（一）初等教育学校

在德国和法国先后把教育变为国有的过程中，英国政府依然没有关注教育的举动。虽然工人阶级渴望政府关心教育，保护他们在教育方面的权利，但是上层社会的反对力量严重影响了英国的教育改革。上层社会的反对力量是指贵族和教会。贵族阶层担心贫民接受教育会不满现状，动摇他们的统治地位；教会担心一直由他们把控的英国教育会因为政府干预而削弱教会的影响力。

随着新兴工业城市的兴起和大量贫苦工人的集中，一些慈善家开始思考工人们的生活和教育的问题。1811 年，国教会教士成立全国贫民教育促进会。1814 年，非国教会教士成立大不列颠和海外学校协会，自愿捐款建立学校。在这种情况下，政府也为了缓解各种社会矛盾，开始插手教育。1833 年，政府通过《工厂法》，规定禁止使用 9 岁以下童工，并保证 9～13 岁儿童每天 2 小时的学习时间。为此，政府拨款 2 万英镑，这是英国政府首次为教育拨款。1839 年枢密院特别设立教育委员会，以此来考虑民众教育的问题。

19 世纪以后，英国人口呈不断增长趋势，民众接受基础教育的需求也愈发强烈，再加上 19 世纪中期，英国工业霸主的地位受到挑战，普及初等教育成为当务之急。为此，1870 年，英国颁布《初等教育法》（亦称《福斯特法案》），规定：对 5～12 岁儿童实施义务教育；国家拨款补助初等教育；各学区兴办初等教育学校；设立地方教育委员会，以监督征收地方教育税等事项。《初等教育法》是英国第一个关于初等教育的法案，标志着国民初等教育制度的建立。

但由于大部分学区学校委员会在推行义务教育时比较犹豫，于是议会于 1876 年通过《桑登法》，规定父母对子女接受初等教育的法律责任，即监督子女接受读写算的“3R”教育；还未成立学校委员会的学区要成立“学校入学事务部”，该机构有权制定和实施义务教育的法令。在此基础上，1880 年，议会通过《芒德拉法》，进一步规定各学区学校委员会有义务颁布有关学生入学的地方法规，并将义务教育年龄定为 5～10 岁。但由于普通民众不能承担学费，因此义务教育很难推行。为此，政府于 1891 年出台《免费初等教育法》，规定对 5～10 岁的儿童提供免费教育。1893 年，免费教育对象提升到 11 岁，1899 年又提升到 12 岁。政府连续提升义务教育的上限，极大地推动了初等教育的发展。到 1896 年，工人阶层中儿童入学率由 1871 年的 68% 上升到

82%。[1] 1918 年教育法（亦称《费舍法案》）颁布，进一步调整了初等教育的学制，将义务教育的年限调整为 5～14 岁。至此，英国实现了全民初等教育。但由于传统上的原因，英国的教育行政呈分散的、地方性的特点，各地学校的课程、教法等不尽相同，一定程度上影响了学校教育的整体效果。

（二）初等教育课程

英国传统上对学校课程的管理采取放任主义的原则。19 世纪中期以后，政府开始关注学校课程和学生成绩。1861 年，政府设立皇家委员会，令其调查公学的办学情况。该委员会于 1864 年发表调查报告，认为学校课程偏重古典学科，轻视现代学科，因此建议增加数学、外语、自然科学等新学科内容。

直至 19 世纪末，学生必学的依旧是 3R（Reading，Writing，Arithmetic）（读、写、算），女孩还学习缝纫，年纪略长的男孩则学习绘画。另外，学校也可以适时开设歌唱、地理、科学、历史和国民经济等科目，手工和体育的指导也在此时出现。

1918 年教育法支持初等教育学校贯彻“新教育”和“儿童中心”的主张，增加活动课和艺术课。自然和基础科学的学习较之以前更为系统化，初等学校的管理和课程设置更为科学化。特别是科学教育的提倡在初等教育学校中最为突出，使更多的学校开设了科学、地理、物理等课程。

（三）初等教育教师

教师数量不足和水平低下一直是英国初等教育的大问题。1840 年，由私人开办的教师训练学校——巴特西师范学校成立。该学校招收 15 岁以上的学生，主要培训贫苦儿童学校的教师，1842 年开始接收英国政府津贴，1844 年转归国会管理。

19 世纪中期，教生制（亦称见习生制）取代导生制，成为初等教育教师培训的主要形式。教生制即挑选 13 岁的学生，这些学生跟着校长当学徒 5 年，每年接受一次考察，18 岁时参加考试，合格者入三年制师范学院，毕业后为教师。教生制是政府开办的教师培训机构，一定程度上克服了导生制的一些问题，但仍然存在着教生年龄过小，教学水平没有保证等问题。

为了弥补以往宗教团体师资培训的各种不足，特别是《初等教育法》颁布之后，社会急需大量初等教育教师，大学开始设置走读制师资训练系，这是英国开始大学培养师资的先河。

1902 年教育法（亦称《巴尔福法案》）公布。政府授权各地方政府开设公立师范学校，把原来的教师训练学校升格为教育学院。另外，此时新设的大学也有开设教育系的学校，这在一定程度上分担了师范教育的负担。由此，英国师范教育转入国家管理的轨道，逐渐与德、法等其他各国并驾齐驱。

四、美国初等教育的发展

19 世纪以后，美国社会发生了巨大变迁。南北战争至第一次世界大战结束，美国工业发展

---

① 钟文芳：《西方近代初等教育史》，256 页，上海，上海科技教育出版社，2006。

突飞猛进，到19世纪中叶完成工业革命，这给初等教育的发展带来了前景。另外，兴起于19世纪末期的进步主义教育运动促使公共学校迅速发展。美国现代公共学校体系就是在这个时期建立起来的。

（一）内战后初等教育发展

这一时期的美国，在政治上，奴隶制动摇，黑人奴隶获得解放。贫穷不是一种罪过，财富也不是一种美德，这一民主化成果促使民主观念加强，初等教育受教群体随之扩大。在经济上，内战促进了美国的经济革命，加速了经济的发展，也引发了提升工人受教育程度的需求。在思想上，自由放任的潮流开始占据主导地位，美国人的精神生活开始打破与欧洲的联系，创造出更适合美国国民、更加自由的理念和思维方法。

19世纪30年代是公立小学发展的高潮。公共教育意识的普及促进了公共教育运动，教育子女由过去家长负责的私事变为培养公民的大事。1832年，纽约市首创免费制度，以解决民众上不起学的问题。19世纪中叶前后，各地逐步实施了免费制度。

1834年，宾夕法尼亚州率先制定《学校法》，在全美首创公立小学。到19世纪中期，美国各州普遍确立了公立学校制度。公立学校制度的建立为普通大众提供了一种平等的教育，也为美国普及义务教育奠定了基础。公立学校的积极提倡者贺拉斯·曼被称为“美国公共教育之父”。

随后马萨诸塞州于1852年颁布强迫教育法，规定8～12岁儿童每周至少就学12周。纽约州于1853年先后颁布了义务教育法。从1890年至1918年期间，联邦48个州都相继通过了义务教育法案。至此美国完成了初等义务教育的普及。

初等学校的学制从1900年前后开始由普遍的8年改为6年，即初等学校和中等学校的链接从6-4制变成6-3-3制，部分地区也有8-4制、6-6制和6-2-4制。在教育行政方面，由于美国主体是合众国，因此各地在颁布教育法律、课程规定等方面时间不统一，是典型的地方分权制管理。

（二）初等教育课程

在公共学校运动的推动下，初等学校课程也随之发生变化，除了沿袭内战前读、写、算知识外，还增加了常识、地理、历史、音乐和体育等课程。19世纪90年代，随着工业化的发展，初等学校又增加了公民、图画、语文、阅读、算术和自然等课程，初等教育的课程越来越体系化。

19世纪末20世纪初，受欧洲进步主义思潮的影响，初等教育的课程越发注重关心儿童，特别是在杜威实用主义教育哲学的提倡下，儿童中心主义得到极大的传播。不少学校新增卫生、手工和缝纫等课程，注重与学生个体生活和社会实践相关联。教学方法也出现了设计教学法、单元教学等。

（三）初等教育教师

19世纪初期，受英国的影响，也因为经费短缺问题，教生制学校在各地盛行，这在很大程度上满足了广大民众对教育的需求。但是教生制不能保证师资质量，师资培训的问题仍然存在。

1818 年，费城成立模范学校，成为美国师范教育的先声。19 世纪 20 年代以后，随着公立学校的增加和各地义务教育法律的颁布，初等教育师资培养提上了日程。1839 年，马萨诸塞州立师范学校成立，这是美国第一所公立师范学校。1853 年，伊利诺伊州设置美国第一所私立师范学校。19 世纪末，美国师范教育得到了更大发展。这一时期的初等教育师资可以分为三类：第一类是师范学校，以专门培养小学教师为主旨，两年毕业；第二类是大学以及教育学院，“以培养教育界各项领袖并中小学教师为主旨”[①]；第三类是其他学校附设的师范科，如农业学校师范科，以培养乡村小学教师为主。

这个时期培养初等教育教师的师范学校的课程分为教育基本理论和教育专业课，同时还有心理学和教育史。受裴斯泰洛齐、赫尔巴特教育心理学理论的影响，教育心理学成为师范学校的主要课程。

19 世纪中叶，美国出现了初等教育教师入职标准认证的动向，如 1864 年俄亥俄州终身证书（Life Certificates）对初等教育教师做出了需要参加培训课程、需要具有教学经验等要求。教师入职标准的认定，使得 19 世纪前半期师资低劣情况开始转变。教师的培训从“注重教师的宗教派别，转而注重教师的知识水平及实际工作能力，且有了本地区内较为统一的标准”[②]。

这一时期，大量女性也加入了教师队伍。这是因为南北战争期间，大量男子参军，使小学教师逐渐从男性向女性演变。另外，公共学校雇佣女教师的费用要比雇佣男教师少许多也是原因之一。到 20 世纪初，师范学校已经成为培养小学教师的主要机构，是美国学校制度中根基稳固的一部分。第二次世界大战结束前期，美国出现了师范学校大学化的呼声。

五、苏联初等教育

十月革命胜利之后，苏联立即着手改造本国的教育制度，取消沙皇时期落后、不平等的双轨制，建立民主、平等的统一劳动学校，实施免费义务教育，开展成人扫盲教育……教育事业成为苏维埃社会主义建设的重要组成部分。

（一）改造旧教育，建立新学制

列宁非常重视教育事业的发展，把学校称为“由资产阶级的统治工具变为摧毁这种统治和完全消灭社会阶级划分的工具”[③]。为此，1917 年 11 月 9 日，即革命成功的第三天，列宁就批准成立了国家教育委员会。

国家教育委员会担负着制定新的国民教育制度的重任。1918 年 8 月，该委员会召开第一次苏维埃教育工作大会，同年 10 月，出台《统一劳动学校规程》《统一劳动学校基本原则》（又称《统一劳动学校宣言》）。《统一劳动学校规程》和《统一劳动学校基本原则》规定了 6～17 岁儿童全部进入劳动学校学习、义务教育、男女合校、禁止宗教活动等事项。其中，初等教育分为三

① 汪懋祖:《美国教育彻览》，1 页，上海，中华书局，1922。
② 滕大春:《外国教育通史》第三卷，372 页，济南，山东教育出版社，1990。
③ 人民教育出版社教育室:《马克思恩格斯列宁论教育》，30 页，北京，人民教育出版社，1993。

个阶段，即6岁入幼儿园，然后进入两级学校学习，第一级学制5年，第二级学制4年，即五四分段九年一贯制，实施免费义务教育。统一劳动学校的办学思路是“实施综合技术教育”，由此，“统一”“衔接”和“综合技术”成为这个时期教育政策的主旋律。

20世纪20年代，随着国民经济的发展，统一劳动学校的学制发生了变化。1920年年底，苏共第一次国民教育会议召开，决定将五四分段九年一贯制改为四三分段七年一贯制，七年之后设中等技工学校，以尽快培养经济建设的人才。

20世纪30年代，随着经济建设转向农业集体化、工业化和机械化，政府更加重视教育的普及。1930年4月，苏共召开第二次国民教育会议，同年8月，颁布《关于普及初等义务教育的决定》，决定进一步推行义务教育。到1934年，苏联基本完成小学四年义务教育，并开始推行七年制义务教育。1934年5月，政府通过了《关于苏联中小学结构的决定》，对学制进行了调整。新学校系统为小学4年、不完全中学7年、完全中学10年、大学4～6年以及中等专业学校和中等技术学校，这一学制一直延续到1958年。

统一劳动学校的建立具有非常重要的意义。它打破了沙皇俄国时期封建专制的、不平等的教育，明确了新政府主张的鲜明的人民性这一基本原则。虽然存在着过分强调劳动等缺点，但它体现了平等、民主这一社会主义的教育原则和办学方向。

另外，这一时期初等教育的另一项重要内容是成人的扫盲运动。沙皇俄国时期，封建军事专制下的广大民众80%是文盲，生活在水深火热中。十月革命成功以后，列宁亲自签发《关于扫除俄罗斯苏维埃联邦社会主义共和国国内居民中的文盲》(1919年)，规定8～50岁居民，凡是不识字的都要参加扫盲运动。1920年7月，苏维埃扫除文盲非常委员会成立。随后，各地成立了扫盲站、扫盲学校等，迅速形成了扫盲高潮。据统计，1920年，全国共建扫盲站1207个，参加扫盲学习的有278637人；1921年，全国共建扫盲站37163个，参加扫盲学习的有859759人。[①] 据1930年统计，苏联民众脱盲率达到62.6%[②]；到20世纪40年代末，城市地区已经普及了七年制义务教育，9～49岁居民的脱盲率达到87.4%。[③] 这种成人初等教育的理念和形式，对于中华人民共和国成立初期的扫盲教育给予了很大的启发。

（二）初等教育课程

1920年以前，全苏维埃没有统一的强制性的学校教学计划。1923年，教育人民委员部发布学校教学大纲，取消各学科的界限，将学校课程分为自然、劳动和人类社会三个单元。该大纲称为“综合教学大纲”。“综合教学大纲”受“左”倾思想和儿童中心理念的影响，夸大了劳动在学校教育中的作用，使得课程设置与经济建设脱节，不能适应社会发展的需要。虽然1927年苏联重新修订教学大纲，规定了俄语和数学知识的范围，但是仍然坚持综合教学的原则，严重影响了学校教学质量。

---

① 于沛：《苏联扫盲运动（1919—1939）》，载《华东师范大学学报（教育科学版）》，1984（1）。

② 杨大伟：《凯洛夫〈教育学〉：斯大林意识形态的教育代表作》，载《全球教育展望》，2007（8）。

③ 高金岭：《俄罗斯基础教育》，26页，广州，广东教育出版社，2004。

1931 年，苏共颁布《关于小学和中学的决定》(又称“九五决定”)，指出学校教育的根本缺陷在于学生没能掌握读、写能力和科学基础知识，不能给中等技术学校输送合格毕业生。为此，该决定阐明今后学校的基本任务是向学生传授系统的基础知识，并要求学校要严格按照教学计划和教学大纲，按学科系统地开展教学。按照这个决定，苏联出台了分科教学大纲，并于 1931 年开始使用。1932 年，苏共颁布《关于中小学教学大纲和教学制度的决定》，强调要按照各学科系统讲述教材，培养学生运用教科书和参考书的能力。1933 年 2 月，苏共颁布《关于中小学教科书的决定》，指出要保证各门学科都要有标准的教科书，进一步明确和强调了上述两个决定的宗旨。

这一系列的决定使得统一劳动学校摆脱了过多强调劳动的弊病，将学校工作的重点转向系统的各科教学，加强了学生基础知识的学习，为社会主义建设培养人才打下了基础。

(三)初等教育教师

十月革命后，列宁高度重视师范教育，曾说:“应当把我国人民教师提高到从未有过的，在资本主义社会里没有也不可能有的崇高的地位。”①

1917 年 11 月，国家教育委员会和教育人民委员部内设置师范教育主管机构——师资训练管理局。1918 年 8 月，苏维埃第一次师范教育会议召开，决定将沙俄时期的师范专科学校、师范学校和试训班改组为高等师范学校，并建立两所师范学院。1919 年 8 月，第二次师范教育会议召开，决定建立统一的新型师范教育机构——国民教育学院。1924 年 2 月，第三次师范教育会议召开，制定了建设师范院校的方针和中等师范学校新条例。这一系列的举动促进了师范教育的改革，特别是培养初等教育教师的中等师范学校取得了较大的发展，从 20 世纪初期的 300 余所，到 20 世纪 30 年代中期增加到 700 多所，学生数量也增加了两倍；另外，短期师训班等也加入培养师资的队伍，以满足国民经济发展对人才的需要。这个时期师范教育的课程主要有哲学、政治经济学、苏维埃党和共产国际发展史、教育学、儿童学、教学法、教育实习、学校卫生、外语、体育以及选修等科目。

20 世纪 30 年代至 50 年代，苏联初等教育教师的培养并非在高等师范院校，而是在师范学院的其他院系进行，形成了中等师范学校—高等师范学校—函授部这种多层次、多级别的体系。

第二节　外国现代教育思想家论初等教育

一、欧美新教育运动对初等教育的影响

“新教育运动”(New Educational Movement)亦称“新学校运动”，是指 19 世纪末 20 世纪初在欧洲兴起的教育改革运动。“新教育运动”开始于 19 世纪 80 年代末的英国，后来扩展到欧洲其他国家，如德国、法国、瑞士、比利时、荷兰和奥地利等国。初期的代表人物有英国教

① 《列宁全集》第 33 卷，419 页，北京，人民教育出版社，1957。

育家雷迪（Reddie,1858—1932）、德国教育家利茨（Lietz，1868—1919）和法国教育家德莫林（Demolins，1852—1907）等人。进入20世纪，“新教育运动”的著名代表人物有爱伦·凯（Ellen Kay，1849—1926）、德可乐利（Decroly，1871—1932）等人。

（一）“新教育运动”与初等教育

1889年，英国教育家雷迪在英格兰的德比郡创办阿伯茨霍尔姆乡村寄宿学校，标志着“新教育运动”的开端，被欧洲视为新学校的典范。新学校主张教育的目的应该在于协调，学校的主要任务是促进儿童个体的自由发展、身体和心灵的健全发展。新学校的课程以传授现代社会需要的知识为主，为儿童开设广泛的、为现代社会所需要的科学和知识的课程，同时注重手工和劳动的教育。在教育方法上，新学校主张要为儿童创造一个自由活动的环境，重视儿童的兴趣和个人经验，让儿童在活动中主动学习。

德国的利茨在参观了雷迪的学校之后，于1898年在德国哈尔茨山区的伊尔森堡创办了德国第一所乡村教育之家，招收12～16岁的学生。之后，他又创办了另外两所乡村教育之家。在利茨的影响下，德国先后出现了以他的学校为模式的新学校，形成“乡村之家运动”。利茨作为这个运动的奠基人享有盛誉。

1899年法国的社会学家和教育家德莫林创办了法国的第一所新学校——罗歇斯学校。该校重视“小家庭”式的师生之间的亲密关系，在开设各种正规课程的同时，还从事体力劳动和小组游戏，尤其重视体育运动，因此这所学校又有“运动学校”之称。

爱伦·凯是瑞典作家、妇女运动家和教育家。她呼吁保护母亲和儿童，主张依据卢梭的自然教育原则改革旧教育，以造就身心健全、自由独立和富于创造精神的新人。为此，她竭力倡导自由教育，主张建立以儿童为中心的理想学校。

（二）实验教育学与初等教育

实验教育学是以教育实验为标志的教育思想流派，19世纪末20世纪初产生于德国，主要代表人物有德国的梅伊曼（Meumann,1862—1915）和拉伊(Lay,1862—1926)、法国的比内（Binet，1857—1911）、美国的霍尔（Hall，1844—1924）和桑代克（Thorndike，1874—1949）等人。

实验教育学是作为传统教育的对立物出现的。它试图解决旧教育中存在的问题和弊端，重视研究儿童发展与教育的关系，重视实验，并强调从实验的结果中寻找教育的途径和方法。梅伊曼和拉伊等实验教育学的代表通过观察、调查、计算、测量和统计等方法进行研究，努力将教育学建立在自然科学的基础上，使教育学成为真正的科学。

实验教育学为新教育提供了重要的理论依据，促进了教育理论的科学化，使教育学从哲学的桎梏中解放出来，并给实际教育工作者有益的启迪，对当时和后世的初等教育都产生了深远的影响。它与20世纪初出现的儿童研究运动和学校调查运动相关联，成为教育科学的开端。实验教育学存在的主要问题是片面强调儿童的生物性，因而过分考虑教育的自然科学化，忽视了社会因素，并且把实验方法推崇到极端，视之为教育研究的唯一方法，忽视了社会科学与自然科学之间的差异，以致简单地照搬自然科学的方法。①

---

① 吴式颖:《外国教育史教程》，466页，北京，人民教育出版社，1999。

上述各种新教育运动思想之间存在着相互影响和相互促进的关系。其共同特点是重视儿童自身在教育过程中的主体地位，认为儿童先天具有善性和自我发展能力，因而不再把儿童视为被迫学习的对象；重视儿童研究和教育调查，并运用定性研究与定量研究结合、思辨与经验结合，以及比较和测量等新方法；重视儿童的创造性活动、社会合作活动和劳动在儿童身心发展中的作用。这些思想在很大程度上构成了西方现代初等教育理论的最初形态，并对20世纪欧美国家的初等教育发展产生广泛且深刻的影响。

二、杜威进步主义教育思想与初等教育

图30　杜威

杜威（Dewey，1859—1952），美国哲学家、教育家，20世纪最有影响的教育家之一。他在大学执教期间，将哲学、教育学结合起来进行研究，开创了实用教育学；强调教育与社会相结合，教育的目的在于促进儿童发展，同时带动社会的进步。杜威的主要教育著作有《学校与社会》（1899）、《民主主义与教育》（1916）等。

（一）教育的本质和目的

杜威认为“教育即生活”“教育即生长”“教育即经验的持续不断的改造”。

“教育即生活”是说教育是生活的过程，学校是社会生活的一种形式。学校生活应成为儿童生活和社会生活的契合点，从而使教育既合乎儿童需要又合乎社会需要，更有益于儿童发展和社会改造。

“教育即生长”要求摒除压抑、阻碍儿童正常发展之物，使一切教育和教学适合儿童的心理发展水平，满足兴趣、需要的要求。杜威希望民主的光辉泽及学校中求学的儿童，照耀到每一张稚嫩的脸上，给儿童提供一个有利于生长的环境，让其充分、自由地生长。

“教育即经验的持续不断的改造”意为改造经验的过程是一个主动的过程。有机体不是单纯接受环境塑造的，还会对环境进行主动改造。换言之就是指儿童在参加某种有意义的活动时应该“知道他在做什么”和“预料将会发生的结果”。这种获得的经验是“一种有教育意义和足以提高能力的经验”①。

杜威反对外在的、固定的、终极的教育目的。他希求的是过程内的目的，这个目的就是“生长本身”。杜威有几句经典的论述：“教育的过程，在它自身以外没有目的；它就是它自己的目的。”“我们探索教育目的时，并不要到教育过程以外去寻找一个目的，使教育服从这个目的。”“因为生长是生活的特征，所以教育即是生长。”②

---

① 《杜威教育论著选》，赵祥麟，王承绪，译，159～160页，上海，华东师范大学出版社，1981。

② ［美］杜威：《民主主义与教育》，王承绪，译，54，57，106页，北京，人民教育出版社，1990。

（二）初等教育的教学

杜威认为，儿童的经验是教育过程的起点，包含在各门学科中的“事实和真理是教学过程的终点”。也就是说儿童自身的经验早已包含着可以组织到系统化的课程教材中去的事实和真理等因素。编排得当的初等教育教材在介绍人类事实和真理时，必定也会联系到儿童的经验，并且和儿童的学习动机、兴趣相吻合，使教材变成儿童经验的一部分，同时通过对儿童现有经验的不断改造，达到使儿童掌握系统性真理的目的。

关于教学方法，杜威指出:“人们最初的知识，最根深蒂固的知识，是关于‘怎样做’的知识。”为此他提出了名为“从做中学”的教学方法论原则。这种教学方式倡导通过各种作业和活动，即从做事情中获得各种知识和技能，使学生从做事中学习，包括儿童的道德观念也要从各种社会活动中习得。“从做中学”的教学方法论可以使初等教育与儿童生活密切联系，突出了儿童在学校教育中的本体地位。

三、苏联教育家论初等教育

十月革命之后，苏联的教育思想非常活跃。教育家们站在马克思列宁主义的立场，在论述教育时始终坚持共产主义、集体主义的主张，建立了不同于西方工业国家的苏维埃教育学。苏维埃教育学在建设苏维埃的过程中发挥了巨大的作用，对其他国家建设社会主义有深刻影响。

（一）加里宁的共产主义教育思想

加里宁（Kalinin，1875—1946），苏联政治家、革命家、早期的国家领导人，从十月革命后到去世一直担任苏俄和苏联名义上的国家元首。加里宁的主要著作有《论共产主义教育》（1950）、《论共产主义教育和教学》（1957）等。

1. 共产主义教育问题

《论共产主义教育和教学》主要集中了加里宁在1924年到1945年间的讲演和论文，分为“一般的文化建设问题”“共产主义教育问题”“学校教学质量的提高”“苏维埃学校的教师”“扫除文盲”和“干部的培养”六个部分。加里宁认为，社会主义的新人应该具备最优秀的品质，最优秀的品质包括爱祖国、爱人民、爱他人、爱劳动、诚实、勇敢、团结等。如果青年人具备了这些品质，那么苏维埃建设就有了保证和希望。加里宁特别强调共产主义青年团要首先具备这种集体主义、无私贡献的无产阶级道德品质。

加里宁说，共产主义教育和“把工人和农民当作自己的、甘受剥削重担、唯命是听的奴仆”“为了使被压迫者忍受自己生活境遇的资产阶级的教育”截然不同，“共产主义教育密切地联系到发展群众的政治自觉和一般文化并提高他们的智力水准”①。为此，加里宁强调学校教育要对学生进行爱国主义教育，培养学生热爱劳动的品质。这些都是共产主义教育的核心内容。

---

① ［苏］米·伊·加里宁:《论共产主义教育和教学》，陈昌浩，沈颖，译，49～50页，北京，人民教育出版社，1981。

2. 苏维埃学校的教师

联系共产主义教育思想，加里宁认为，教师要为社会主义培养新人，要通过每一学科对学生进行爱国主义教育。为此，教师应该掌握马克思列宁主义理论，并将其运用在生活和工作中。同时，教师还应该具备良好的文化素养和优良品质，做有能力、有威信的教师。

另外，围绕着教师职业的本意，加里宁认为，“教师”这个词具有两种含义：按狭义解释，是某门学科的讲授者；按广义解释，是指有威望的、明智的、对人们有巨大贡献的人。[①] 加里宁强调作为人的意义的教师，这是教师职业的特殊性所在。为此，教师不仅要熟悉某门学科，更要理解教学的艺术性，特别是在对低年级学生的教学过程中，教师的人品、艺术性更为重要。这些思想对初等教育的教师、教学都具有指导性意义。

（二）马卡连柯的集体教育思想

马卡连柯（Макаренко，1888—1939），苏联教育家、作家，1905年从小学师资训练班毕业后开始教育生涯。其所创办的工学团（高尔基工学团）为流浪者和少年违法者提供了学习和劳动的基地。他是苏联教育学的创建者之一，在其著作中描述了儿童集体教育和教育结合生产劳动的理论和方法。马卡连柯的主要著作有《教育诗篇》（1935）、《塔上旗》（1938）等。

图 31　马卡连柯

1. 集体教育

马卡连柯的教育思想集中体现于集体教育，是他在长期从事流浪儿童和少年违法者的教育实践中总结出来的重要思想。他曾说：“在我的经验中和我的其他同事们的经验中的那些实际工作方式，我认为这些方式最成功地体现在教育工作中。教育工作的最主要方式，我认为就是集体。”[②] 因为，流浪儿童和失足青少年们没有家，没有团体，在工学团里过着共同的生活，除去在工学团里从事工作和劳动，没有其他的集体。

集体教育的目的在于培养有礼貌、善良、有文化、能劳动的学生。为此马卡连柯提出了集体教育的原则：尊重与要求相结合原则，前景教育原则，平行教育影响原则，集体继承原则。这些原则体现了尊重个体、情感投入、互帮互助等教育理念，为培养具有义务感和荣誉感的集体主义者指明了方向。

2. 纪律教育和劳动教育

纪律教育和劳动教育是实现集体教育的重要环节，也是进行工读教育的主要途径。马卡连柯认为“纪律不是教育的手段，而是教育的结果”“纪律是一种道德的和政治的现象”。[③] 按照马卡连柯的解释，在社会主义社会里，不守纪律的人就是没有道德、反社会的人。为此，工学团非常重视纪律教育，将其作为培养共产主义道德的主要途径和目的。劳动教育也是如此，因为只有个人目的和集体目的相融合、相协调才是真正的苏维埃集体。

① ［苏］米·伊·加里宁：《论共产主义的教育和教学》，陈昌浩，沈颖，译，168 页，北京，人民教育出版社，1981。

② 吴式颖：《马卡连柯教育文集》，18 页，北京，人民教育出版社，1985。

③ 吴式颖：《马卡连柯教育文集》，32 页，北京，人民教育出版社，1985。

"各位队长，我们不坐下了，一分钟就完。请你们今天就教教你们的小家伙应该怎样擦鼻子。这样满院子擤鼻涕，算什么话呀！另外还有关于上厕所的事也给他们讲一讲——其实若尔卡在大会上已经讲过了。再有：阿廖希卡已经装好了垃圾箱，可是他们还把垃圾随地乱扔。"

"你别性急，先要把这些乱七八糟的东西整顿整顿，现在哪里顾得到什么垃圾箱！"韦特柯夫斯基笑笑说。

"别胡说了，柯斯嘉！整顿归整顿，秩序还是要的……亏你这个旅行家说得出口！还有别忘了让大家都知道我们的规则，要不然事后他们会说：'我们不知道呀！我们打哪里会知道呢？……'"

"什么规则？"

"关于吐痰的规则……来，大家来重说一遍。"

拉波季像乐队指挥似的用手指挥着，嬉笑的队长们就齐声朗读起来：

"吐一口痰——洗三天的地板。"

在库里亚日人里面，有几个马虎随便的小家伙怀着新入会的共济会会员[①]的虔敬战栗的心情聆听了队长会议的话，不禁喊了一声"啊呀"，连忙又用手掌捂住嘴巴。拉波季宣布散会之后，小家伙们就把这个新标语传送到各个联队的临时驻扎地去。

① 共济会是18世纪产生的一种宗教政治团体，结成国际性的秘密会社。

[苏]马卡连柯：《教育诗》第三部，许磊然，译，715页，北京，人民文学出版社，1978。

马卡连柯的集体教育思想与加里宁的共产主义教育思想有着相通的理念，体现了社会主义国家教育学的核心理念和价值观，在苏维埃建设和苏维埃教育学的形成过程中起到了非常大的作用。

思考题

1. 简述外国现代初等教育产生的背景和共同点。
2. 简述苏联初等教育的特点和意义。
3. 欧美"新教育运动"与初等教育的关系如何？
4. 简述杜威进步主义教育主张。
5. 小组阅读马卡连柯的《塔上旗》，并汇报阅读感想。

第七章　中国初等教育的发展

知识导图

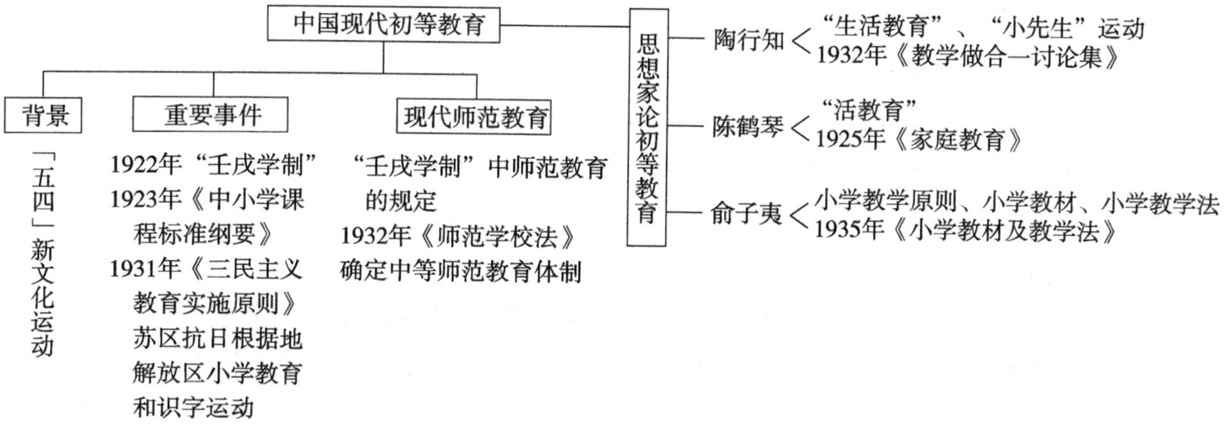

学习目标

1. 了解"五四"新文化运动、新学制及中等师范教育体制产生的历史背景。
2. 理解"五四"新文化运动和新学制对初等教育的影响及意义。
3. 理解现代著名教育家的初等教育思想。
4. 掌握著名教育家陶行知教育思想的主要内容及意义。

中国现代初等教育始于“五四”新文化运动之后，以“壬戌学制”（1922年学制）为标志。“五四”新文化运动宣扬的“科学”和“民主”在我国文化领域掀起了一场盛大的革新，直接影响了我国初等教育的现代化进程。

“壬戌学制”以美国教育模式为蓝本，取“六三三学制”，在理念、学制、课程等方面做了大规模的改革。受杜威实用主义教育思想的影响，这一时期初等教育的课程呈现出生活化、科学化的倾向，教学方法较之传统教育也发生了较大的改进。这些变化适应了社会的发展，也推动了我国初等教育的普及。

同时，中国共产党领导下的解放区的初等教育体现出教育与生产劳动相结合，教育为工农大众服务、为无产阶级政治服务这一新民主主义的教育理念。

名人小名片

只有一件衬衫的大教育家——陶行知

在民国时，有这样一个人：他出身书香门第，却甘愿以农民自居；他受过高等教育，却毕生致力于平民教育；他第一个把师范教育与民族的前途和国家的命运紧密联系起来，称“师范教育可以兴邦，也可以促国之亡”；他开办的晓庄师范学堂成了教育界的一盏明灯。毛泽东赞誉他为“伟大的人民教育家”，宋庆龄称赞他为“万世师表”，郭沫若讴歌他“二千年前孔仲尼，二千年后陶行知”。为了中国的教育事业，他是“为了苦孩，甘为骆驼；于人有益，牛马也做”。他“愿把整个的心捧出来献给小孩”，愿为农民“烧心香”。他爱教育，决心一辈子献身教育。[①]这个人，就是中国近现代教育史上杰出的平民教育家陶行知。

1939年7月，中国正处于抗日战争时期。陶行知在重庆附近的合川县为难童创办育才学校，在普修课外，为一些有特殊才能的儿童开设音乐、戏剧、绘画、文学、社会、自然、舞蹈等课。这个学校办得有声有色，为国家培养了不少专门人才。当时政治形势紧张，经济非常困难。为了把学校办下去，陶行知经常要为募集资金四处奔波，自己的生活也非常艰苦。

盛夏的一天，学生高缨听说书店到了一些好书，想去看看。可是自己不认识路，就想请陶行知陪他一起去。他来到陶行知窗前，那情景使他大吃一惊：先生打着赤膊，脸上、身上流淌着汗水，正在伏案疾书。高缨不好意思地把自己的来意告诉了陶行知，没想到陶行知很快地回答：“现在不成。”高缨失望了。他很奇怪，陶行知平时最喜欢和学生在一起，也最愿意帮助人，今天是怎么啦？陶行知好像看出了他的疑惑，手指着晾在窗外的衬衫说：“我很高兴陪你去书店，可是我的衬衫还没有干。过一小时你再来，好吗？”高缨望着那还在滴水的白衬衫，心想：找借口吧？他说了一句“那就算了”，不高兴地回去了。

过了一小时，陶行知穿着还没干透的白衬衫，笑嘻嘻地来找高缨。高缨还在生闷气呢，见了陶行知，忙起身一起上街。后来，高缨还是想不通，就去问副校长马侣贤。马先生说：“大家都知道陶行知是个名人，可是有谁知道，他为了你们这些孩子，几乎到了山穷水尽的地步。为了坚持办学，他把自己的大衣和呢裤子都送到当铺去了，换来的几文钱解决了一天的菜金。夏天，他只有一件像样的衬衫，这也不稀奇呀！”高缨听着马先生的话，眼圈红了。他深受感动，就给陶行知买了一件衬衫，但陶行知没有收，而是让他把衬衫退回去，用这些钱买了几件教学用品。

他的耳边响起了陶先生上课时讲过的话：“为了劳苦大众，我们吃草也干；为了受苦小孩，我们要饭也干！”他的眼前出现了陶先生和同学们一起喝稀饭，鼓励大家“勒紧裤带共度难关”的情景。他仿佛明白了：为了办学，先生舍得一切。[②]“捧着一颗心来，不带半根草去”，这是陶行知先生献身教育的最好诠释。

---

① 周洪宇：《陶行知生活教育导读》，317页，福州，福建教育出版社，2013。

② 杨春茂：《古今中外师德修养理论与实践——中外师德建设经验和做法》，171页，北京，首都师范大学出版社，2014。

第一节 “五四”新文化运动、新学制与初等教育

一、“五四”新文化运动对初等教育的影响

“五四”新文化运动是反帝反封建的爱国运动，也是广大民众主体的思想启蒙运动和文化革新运动，其所提倡的“民主”和“科学”的理念对初等教育的影响非常大。袁世凯在执政时期，曾推翻南京临时政府的新教育宗旨，在小学恢复读经等课程。但在新文化反对尊孔、反对封建的大潮中，教育部保卫和恢复了民国初期的教育方针。1919年，教育部组织的教育调查会提出教育的宗旨应为“养成健全人格，发展共和精神”。

（一）“民主”“科学”理念与初等教育的指导思想

“五四”新文化运动的重要内容之一是文学革命和国语运动。为保持语言一致，1919年全国教育联合会提出改中小学国文科为国语科。当时这场国语运动与新文化运动密切配合，在社会上形成了一场颇具声势的语言文学的改革运动。在此推动下，教育部于1920年1月明令公布全国各小学校一、二年级国文改用语体文教授，并规定至1922年，一律废止旧时编的文言文教科书，改为语体文。

新文化运动对初等教育的影响主要表现为以下几个方面。

首先，指导思想发生了变化。1919年4月，教育部所属的教育调查会提出以“养成健全人格，发展共和精神”为教育宗旨，规定“私德为立身之本，公德为服役社会国家之本”。这是在西方思潮影响下提倡的公民道德的根本内涵，这种思想成为当时初等教育的指导思想。

其次，教育内容发生了变化。由于“民主”“科学”思想深入人心，初等教育的内容转向追求民主，尊重个性，注重自然科学知识和日常生活的技能的传授，增加个人奋斗、生产兴家等内容。

最后，教育方式发生了变化。传统的教育方式非常单一，即以灌输为主，学生被动，教学成效甚微；而新的教育方法主张教与学相互联系，提倡直观教育和实验活动。这些都是新思想带来的转变。

（二）各种思潮对初等教育的影响

新文化、新思潮给我国教育领域带来了活跃的气氛。各种思潮相继涌现，主要有以晏阳初为代表的平民教育思潮、杜威的实用主义教育思潮、黄炎培的职业教育思潮以及科学教育思潮等。其中对初等教育影响最大的当属杜威的实用主义教育思潮，它的影响一直持续到20世纪40年代末。其“教育即生活”“学校即社会”“做中学”以及“儿童中心主义”思想广泛为我国教育界所接受，成为反对传统教育，进行教育改革的思想武器。

科学教育思潮对初等教育课程和方法的影响较大。这个时期初等教育加入了近代科学知识，尤其是自然科学知识的内容。教学方法上也出现了诸如观察、实验、笔记、操作等近代科学的方法。这些对我国改造传统教育，开辟适合新时代的新教育都是十分有益的。“五四”新文化运动前后，影响较大的教学组织形式和教学方法有自学辅导法、分团教学法、设计教学法、道尔顿制

等，其中设计教学法最盛。也有的学校将这几种方法联合起来用在教学中，如南京高师附小将设计教学法、道尔顿制、分团教学法等联合运用。[①]

二、现代学制的制定

中国近代学制形成后，虽经历了民国初年的教育改革，但仍存在不少问题，如小学时间过长、中学时间过短，课程与现实生活脱节，等等。1922 年，教育部在北京专门召开了学制会议，11 月 1 日以大总统令公布了《学校系统改革案》，这就是 1922 年的“新学制”，或称“壬戌学制”。由于采取的是美国式的六三三分段法，又称“六三三学制”。

“壬戌学制”规定学校教育的总目标如下：“一、适应社会进化之需要；二、发挥平民教育精神；三、谋个性之发展；四、注意国民经济力；五、注意生活教育；六、使教育易于普及；七、多留各地方伸缩余地。”初等教育目标亦然。

“壬戌学制”规定童年时期（6～12 岁）为初等教育阶段，小学修业年限由七年改为六年，实施初、高二级的“四二”分段：初级四年是规定的义务教育，可以单设；后两年为高级，可以根据各地的情况增设有关职业的准备教育。小学的“四二”分段是为适合当时中国比较落后的文化、经济状况制定的。普及教育只有 4 年，但也可根据地方情形适当延长。这样既顾及到了国民经济承受能力，同时也为各地根据具体情况灵活设学创造了条件，有利于初等教育的发展。此外，幼稚园也纳入初等教育阶段，使幼儿教育与小学教育得以衔接，这也是一个进步。

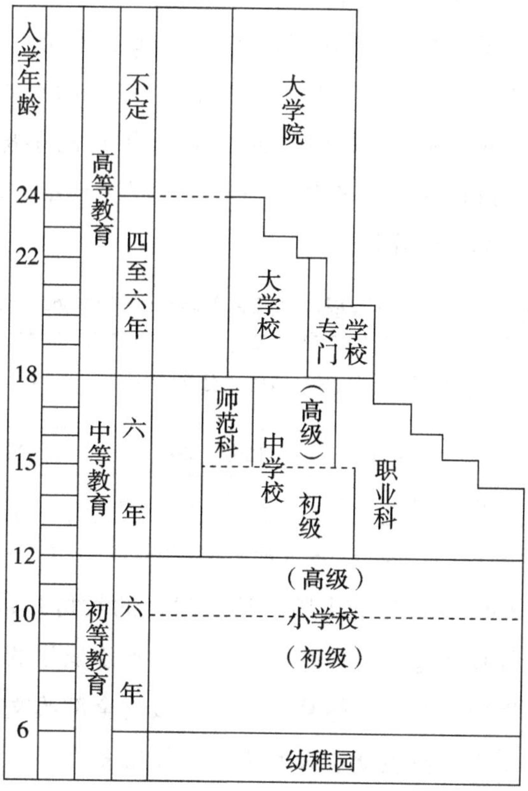

图 32　壬戌学制系统图

① 陈学恂：《中国教育史研究》现代分卷，15 页，上海，华东师范大学出版社，2009。

“壬戌学制”的最大特点体现如下：首先是缩短了修学年限，适应了社会发展的需求，有利于初等教育的普及；其次，推行的“六三三学制”和四年的义务教育初步具备了民主主义的教育理念；再次，注重教育与经济、生活的结合，指引了初等教育课程的生活化和实用化；最后，行政管理方面关照到了各地区的自主性，促进了教育的多样化。“壬戌学制”具备的现代教育的特色一直影响着我国学制、课程、管理等方面的发展。时至今日，在学制方面有关初等教育的规定也没有发生实质性的改变。

三、现代初等教育的发展状态

这个时期的初等教育分为几个阶段。南京国民政府时期突出三民主义教育，抗日战争时期强调民族精神和民族自信。教学内容上增加了公民卫生、自然等新课程，并开始注重儿童身心发展，改进教学方法。

（一）初等教育的初步普及

1922年10月，全国教育会联合会提议组织新学制课程标准委员会，着手进行课程改革。该委员会于同年12月拟定了中小学毕业标准和中小学各科课程要旨，并于1923年6月公布了《中小学课程标准纲要》。

《中小学课程标准纲要》规定小学设国语、算术、公民、卫生、历史、地理、自然、园艺、工用艺术、形象艺术、音乐和体育。主要变化体现在：取消了修身课，增加了公民卫生课；将手工改为工用艺术，图画改为形象艺术；将初小的卫生、历史、公民、地理合为社会科；设自然园艺科；将国文改为国语（包括语言、读文、作文、写字）；将体操改为体育。小学上课以分钟记：初小前两年每周至少1080分钟，后两年每周至少1260分钟；高小每周至少1440分钟。[①] 此课程纲要虽未经政府正式公布，只是由全国教育会联合会议议决刊布的，但由于该组织在当时有相当的代表性和权威性，故各地都依此施行。

表7　1923年《新学制课程标准纲要》后小学各科教学时间百分比

<table>
<tr><td colspan="2" rowspan="2">学科</td><td colspan="4">国语</td><td rowspan="2">算术</td><td rowspan="2">地理</td><td rowspan="2">历史</td><td rowspan="2">公民</td><td rowspan="2">卫生</td><td rowspan="2">自然</td><td rowspan="2">园艺</td><td rowspan="2">工用艺术</td><td rowspan="2">形象艺术</td><td rowspan="2">音乐</td><td rowspan="2">体育</td></tr>
<tr><td>语言</td><td>读文</td><td>作文</td><td>写字</td></tr>
<tr><td rowspan="2">百分比</td><td>初级</td><td colspan="4">30</td><td>10</td><td colspan="4">（社会）20</td><td colspan="2">（自然）12</td><td>7</td><td>5</td><td>6</td><td>10</td></tr>
<tr><td>高级</td><td>6</td><td>12</td><td>8</td><td>4</td><td>10</td><td>6</td><td>6</td><td>4</td><td>4</td><td>8</td><td>4</td><td>7</td><td>5</td><td>6</td><td>10</td></tr>
</table>

曲铁华：《新编中国教育史》，104页，长春，东北师范大学出版社，2011。

随着课程纲要的公布，小学教材相继出版。这一时期的教材开始注重儿童生理和心理特点，教学注重实用。例如，社会科教材包含了一些小孩子可以动手操作的内容，自然科中有园艺，艺术科中有手工，体育科包括生理、卫生、体育，等等。教材全部改文言文为白话文等，体现出明浅实用、易于普及的特点，便于毕业生就业以及为升学做准备。

1920年，商务印书馆出版白话文版教材《新法教科书》，其中初小有《国文》《国语》《修身》

① 孙培青：《中国教育史》，402页，上海，华东师范大学出版社，2009。

图33 "中华教科书"系列

《算术》《珠算》《会话读卡》《自然研究》和《国语歌唱集》8种，高小有《国语》《国文》《算术》《珠算》《历史》《地理》《理科》《自然研究》《会话》和《英语》10种。同时期，中华书局出版了《新教育教科书》。1922年学制公布以后，以上两个书局均出版《新学制教科书》，供小学教育使用。

这个时期小学教学方面的改革主要有俞子夷主持的实验教学研究，如"大小字的比较实验""小学数字练习法的研究"等单项教学项目。这一实验来自于设计教学法和道尔顿制，是杜威实用主义教育思想在中国的实践。杜威提倡"儿童中心"和"做中学"，给中国现代初等教育输入了新鲜血液。

在数量上，小学校也有了相当的发展。据统计，1923年全国小学校数量共计177000余所，其中高小10200余所，初小167000余所，可见当时的小学生主要以初小为主，小学生共计6580000余人。① 但是，据中华教育改进社编写的《中国教育统计概览》统计，到1923年入私塾读书的儿童数尚不少于小学校学生数。私塾的教学内容与方法虽然有些改进，但是多数还读着"三、百、千"及"四书"等。我国的私塾教育一直延续到新中国成立才告终结。

（二）南京国民政府时期的初等教育

1927年，南京国民政府成立。1928年，中华民国大学院第一次全国教育会议通过《三民主义教育宗旨说明书》，明确三民主义教育"就是各级教育行政机关的设施，各种教育机关的设备和各种教学科目，都是以三民主义为目的的教育"。

1931年9月，《三民主义教育实施原则》公布，其中初等教育的目标是使儿童整个身心融于三民主义教育中，使儿童个性群性在三民主义教育指导下均衡发展，使儿童于三民主义教导下具有适合实际的初步的智能。同年11月，国民党第四次全国代表大会再次公布三民主义教育实施方针，强调各级学校三民主义之教育以史地教科阐明民族主义之真谛，以集体生活训练民权主义之运用，以各种生产劳动的实习，培养实行民生主义之基础。

国民政府时期的初等教育延续1922年新学制，即初小4年，高小2年。学校主要由地方政府设置。当时，小学分为包含初小和高小的完全小学和转为推行义务教育的简易小学或者短期小学，初小和高小分开。

1932年10月，教育部颁发《小学课程标准》，规定了小学课程目标、课程内容等，并要求将"党义"课程融于国语、自然和社会等课程之中。同年12月，国民政府公布了《小学法》。1933年3月，国民政府公布了《小学规程》。该文件规定发展儿童身心，并培养儿童民族意识、国民道德基础及生活所必需的基本知识技能。这一初等教育目标后又几经修订，一直沿用至1949年。②

① 中华教育改进社：《中国教育统计概览》，56页，上海，商务印书馆，1924。
② 孙培青：《中国教育史》，428，429，437页，上海，华东师范大学出版社，2009。

（三）抗日战争期间的初等教育

1937年抗日战争全面爆发，我国国土相继沦陷，国民政府迁都重庆。战争的爆发严重影响了我国普及教育的正常发展。1938年4月，国民政府制定《战时各级教育实施方案纲要》，提出战时课程应突出民族精神，加强抗日意志，并明确了“一、三育并进；二、文武合一；三、农村需要与工业需要并重；四、教育目的与政治目的一贯；五、家庭教育与学校教育密切联系；六、对于吾国文化固有精神所寄之文学哲艺，以科学方法加以整理发扬，以立民族之自信；七、对于自然科学，依据需要，迎头赶上，以应国防与生产之急需；八、对于社会科学，取人之长，补己之短，对其原则整理，对于制度应谋创造，以求一切适合于国情；九、对于各级学校教育，力求目标之明显，并谋各地平均之发展，对于义务教育，依照原定期限以达普及，对于社会教育与家庭教育，力求有计划之实施”这一“九大方针”和“可酌情变通现行学制，通盘计划学校之迁移与设置，特别重视师资训练；彻底整理各级学校各科教材及中小学教学科目，订定各级学校训育标准，中小学应注意女生的家事教育”等“十七要点”①。教育部也特发《小学特种教育纲要》，强调小学要注重精神训练和体能训练，注重激发儿童爱群、爱国情绪，增加体育和课外活动。

1939年，政府公布《县各级组织纲要》，规定“乡镇设中心小学，每保设国民学校，均包括儿童、成人、妇女三部分，使民众教育与义务教育打成一片”，体现了学校教育与补习教育合二为一的教育政策。根据这一纲要，1940年，教育部公布《国民教育实施纲领》，明确“国民教育分为义务教育及失学民众补习教育两部分”，五年为一期，分三期逐步推进。1944年3月，国民政府制定公布《国民学校法》，具体规定了义务教育和民众补习教育的实施方法。这一系列法律法规的相继出台，保证了战时初等教育的稳定。虽然在战区，小学数量和小学儿童数量不可避免地减少了，但是在重庆等敌后地区，初等教育得到了巩固和发展。

表8 战时大后方各省小学教育发展简表

省份	小学校数（所）			小学生数（人）			入学率		
	1937年	1941年	1945年	1937年	1941年	1945年	1937年	1941年	1945年
四川	24474	31330	52711	1871979	2169060	3814743		47%	80%
贵州	3171	5503	8825	264588	441250	772217		约30%	
云南	14163	11017	11417	704328	638146	710762		31%	43%
西康	119	589	1338	6109	39780	165281		45%	57%
青海	748	882	947	35527	43589	51535		35%	59%
广西	24267	22191		1665092	2846443			79%	
陕西	11722	14602	13974	484078	729923	852237		50%	58%
甘肃	3887			162756	276349	398260		32%	49%
宁夏	293	373	443	13612	35772	36509		52%	58%
新疆		2455			224681	298600		27%	37%

转引自徐辉，冉春：《抗战大后方教育研究》，52页，重庆，重庆出版社，2015。

① 罗元铮：《中华民国实录 抗战烽火》1，145页，长春，吉林人民出版社，2005。

抗日战争胜利后，义务教育和民众补习教育并行的政策继续实施。1945 年 7 月，教育部公布《国民学校及中心国民学校规则》，规定儿童入学年龄为 6 岁，失学民众入学年龄为 12 岁；二者经过初级或高级修业，期满合格者可获得毕业证书。1946 年，教育部颁布《全国实施国民教育第二次五年计划》，规定小学以 6 年为原则，原有国民学校和私立小学要逐步增加高级部，这提高了初等教育的规格和要求。

1948 年，教育部颁发《小学课程第二次修订标准》，规定小学要“注重国民道德之培养及身心健康之训练，开授以生活必须之基本技能”；初小课程有公民训练、音乐、体育、国语、算术、常识、美术和劳作，高小课程有公民训练、音乐、体育、国语、算术、社会、自然、美术和劳作。但因之后的内战，该计划未得到很好实施。

第二节 中国现代师范教育的发展

一、“壬戌学制”中的中等师范教育

“壬戌学制”为了普及教育，采用美国式的六三三分段法。初等教育的普及提高了培养初等教育教师的紧迫性，为此，“壬戌学制”对师范教育做出了规定，包括可开设六年一贯制的师范学校、单独设置的后期（2～3 年）师范学校、高级中学内的师范科以及相当年限的师范学校或师范讲习所等，这促进了师范教育的多样化发展。

1923 年颁布的《新学制课程标准纲要》对中等师范教育的课程做出了规定。例如，六年制师范学校分为社会科、语文科、算学科、自然科、艺术科、体育科和教育科七大类。其中，教育科的课程包括教育入门、心理学入门、教育心理学、教学法、小学行政、教育测量及统计、小学各科教材研究、职业教育概论、教育原理和教育实习，共 59 学分。七大类学科总学分 319 分，外加选修 11 学分，共计 330 学分。这一时期的中等师范学校采取学分制，增加了教育类课程和选修课，提高了课程设置的丰富性和专业性。

“壬戌学制”“动摇了单纯依靠独立的师范教育培养师资模式，在师范学校存在的同时，在普通高中设师范科，在高等师范提高程度改为师范大学校的同时，普通综合大学可设教育系或教育学院。其本意可能是扩大师资培养的渠道，提高师资培养的层次和程度”①。但是由于“壬戌学制”“多留地方伸缩余地”的原则和高级中学内可设师范科的规定，师范教育失去了按地区设立的优势和独立性，这就减少了中等师范学校的数量。特别是由于师范学校并入中学，师范生的特殊待遇取消，使得师范生生源流失，质量下降，这些都严重阻碍了师范教育的发展。据统计，自 1922 年至 1928 年，师范学校由 385 所降至 236 所，师范生由 43846 人降至 29470 人。至 1930 年，在 27 个省内 651633 名教师中，受过师范教育训练的教师仅占 27.7%。②

① 参考熊明安:《中华民国教育史》，352 页，重庆，重庆出版社，1997。
② 王炳照:《中国师资培养与师范教育——纪念中国师范教育 100 周年》，载《高等师范教育研究》，1997（6）。

二、南京国民政府与中等师范教育体制的重建

南京国民政府成立以后，颁布了一系列有关教育的法律、法规，进行了教育改革。此次改革，在一定程度上促进了师范教育的发展，特别是使中等师范教育体系得到了重整和发展。在教育救国思潮的影响下，政府强调“教育为立国之根本，而尤以小学教育为最重要”①，中等师范教育就是以培养小学教师为中心的。

1928 年，国民党二届四中全会宣言提出了普及国民教育的主张，这意味着国家提高了对小学教师的需求。1932 年，政府公布《师范学校法》，制定了新的中等师范教育体制。

新中等师范教育体制原则上是独立设置的，学制从原来的六年改为三年，招收三年制初中毕业生。特别师范科学制一年，幼儿师范科学制二至三年。公立中学及高中可设特别师范科。另外，各地根据需求可设简易师范学校或在师范学校内设简易师范科。简易师范学校主要设在乡村，学制四年，招收小学毕业生。这种规定加强了国家对师范学校的管理，并重申免费师范生制度，促进了师范教育的发展。

中等师范学校的宗旨是“遵照中华民国教育宗旨及其实施方针，以严格之身心训练，养成小学之健全师资”。具体实施内容包括锻炼强健身体，陶冶道德品质，培育民族文化，充实科学知能，养成勤劳习惯，启发研究儿童教育之兴趣和培养终生服务教育之精神。

1933 年，政府公布《师范学校规程》，规定中等师范学校的课程有公民、国文、历史、地理、算学、物理、化学、生物、体育、卫生、军事训练、劳作、美术、音乐、伦理学、教育概论、教育心理、教育测量与统计、小学教材及教学法和小学行政实习，共 20 门课程。简易或者乡村师范学校可根据地方需要加入乡村及农业等科目。此后，课程有过多次调整。1940 年以后，课程基本上分为基本学科、师范学科和地方自治等实用学科。这期间的另外一个重要举措就是，国民政府发布《小学教员检定暂行规程》和《中学及师范学校教员检定暂行规程》（1934 年），首次确立了我国教师资格检定制度。

为满足各地普及教育的需求，国民政府进一步推进中等师范教育。国立、省（市）立和私立并存，师范学校、乡村师范学校、特别师范科、简易师范学校、简易乡村师范学校、简易师范科、各种专业科与师范学校、边疆师范学校并存，中等师范学校呈现出多样化。

抗日战争全面爆发后，由于战事影响，师范学校的数量有所减少，但国民政府采取措施，推进一系列师范教育方案，使得中等师范学校的数量得到恢复。1946 年，全国师范学校有 902 所，师范生有 245609 人，师范教育具有明显的发展。②但是在内战期间，随着国民党在大陆统治的崩溃，师范教育制度也随之解体。

---

① 转引自崔运武：《中国师范教育史》，103 页，太原，山西教育出版社，2006。

② 崔运武：《中国师范教育史》，177 页，太原，山西教育出版社，2006。

第三节 苏区、根据地、解放区的初等教育

一、苏维埃根据地的初等教育

苏维埃根据地的初等教育把“厉行全部的义务教育”，使工农大众的子女都能享受到国家免费教育作为教育理想和目标。苏区的普通教育以小学教育为主，努力使失学儿童“一律免费入学”。

苏维埃根据地实施五年制义务教育。凡8～12岁的学龄儿童，首先是工农子弟均得免费入学，红军家属、烈士子女或是家庭特别困难者，还可得到一定补贴。实施儿童教育的机构是小学校，包括劳动小学、列宁小学、红色小学等，1934年2月后一律改成列宁小学。列宁小学的学制实行三二分段，前三年为初级列宁小学，后两年为高级列宁小学。列宁小学还分为全日制和半日制两种。半日制列宁小学专为年龄较大、需要帮助家庭生产的儿童创办，具有半工半读性质。按规定，苏区小学划分学区，原则上每区1所小学。学区的学生到校路程不超过3里路，偏僻地区不超过5里路。

根据《中华苏维埃共和国小学校制度暂行条例》（1934）规定，列宁小学的教育目的“是要训练参加苏维埃革命斗争的新后代，并在苏维埃革命斗争中训练将来共产主义的建设者”①。因此，列宁小学要求把小学教育和政治斗争相联系，把教育与生产

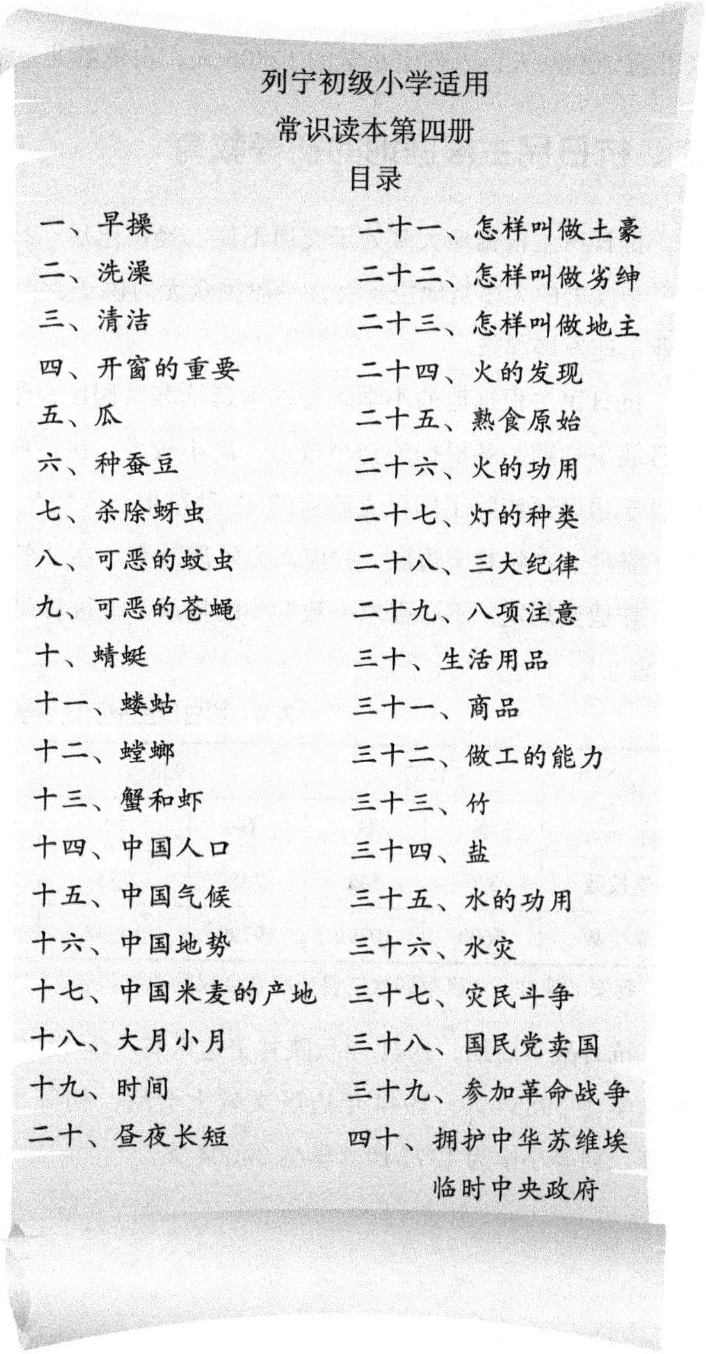
列宁初级小学适用
常识读本第四册
目录

一、早操	二十一、怎样叫做土豪
二、洗澡	二十二、怎样叫做劣绅
三、清洁	二十三、怎样叫做地主
四、开窗的重要	二十四、火的发现
五、瓜	二十五、熟食原始
六、种蚕豆	二十六、火的功用
七、杀除蚜虫	二十七、灯的种类
八、可恶的蚊虫	二十八、三大纪律
九、可恶的苍蝇	二十九、八项注意
十、蜻蜓	三十、生活用品
十一、蝼蛄	三十一、商品
十二、螳螂	三十二、做工的能力
十三、蟹和虾	三十三、竹
十四、中国人口	三十四、盐
十五、中国气候	三十五、水的功用
十六、中国地势	三十六、水灾
十七、中国米麦的产地	三十七、灾民斗争
十八、大月小月	三十八、国民党卖国
十九、时间	三十九、参加革命战争
二十、昼夜长短	四十、拥护中华苏维埃临时中央政府

张挚，张玉龙:《中央苏区教育史料汇编》下册，706页，南京，南京大学出版社，2016。

---

① 陈元晖，邹光威:《老解放区教育资料》一，308页，北京，教育科学出版社，1981。

劳动相联系，要发展儿童的创造性。[①] 依据这些要求，苏维埃根据地的小学教育和教学都非常重视政治教育和生产劳动教育。

尽管条件极端困难，苏维埃根据地政府仍坚持拨出一定的经费保证办学，并采取公办和民办相结合的办学原则，使得苏维埃根据地的初等教育获得了蓬勃发展。据统计，1934 年江西、福建、粤赣的根据地，在 2932 个乡中共有列宁小学 3052 所，学生 89700 多人。在兴国县，学龄儿童 20969 人，入列宁小学的 12806 人，占学龄儿童的 60%。[②]

二、抗日民主根据地的初等教育

抗日民主根据地大多处于交通不便、经济落后、地广人稀、文化教育基础薄弱的偏僻山区。能上学读书的大多是地主子女，一般民众无力供子女上学。抗日民主根据地建立后，边区的教育事业迅速发展起来。

抗日民主根据地的小学教育基本延续苏区制度，学制五年，前三年为初小，后二年为高小。抗日战争初期，各根据地初小较多，高小较少。民主政权建立后，根据地实行了减租减息政策。陕甘宁边区还废除了国民党政府的 42 种税捐。人民生活有了保障，在文化上翻身有了要求，也有了条件。在陕甘宁边区，政府大力发展教育。在“各学校学制，应照顾学校任务及地方具体情况，作适当规定，不必强求一致”[③] 的指示下，抗日民主根据地的小学逐步发展起来，成绩明显（见表 9）。

表 9 抗日民主根据地小学发展情况表

统计数 项目 \ 年份	1937		1938		1939		1940	
	春	秋	春	秋	春	秋	春	秋
学校数	320	545	705	733	890	883	1341	1741
学生数	5600	10396	19799	15348	20401	23089	41458	43625

延安《陕甘宁边区第四次三科长联席会议的总结报告》，1941 年 10 月。

抗日战争后期，1941 年秋陕甘宁边区有小学 1195 所，学生 38366 人；1942 年春有学校 723 所，学生 30854 人；1944 年边区文教大会后，初等小学发展为 1181 所，学生 34202 人；1945 年春，初等小学为 1377 所，学生 34004 人。[④]

---

① 陈元晖，邹光威:《老解放区教育资料》一，315 页，北京，教育科学出版社，1981。

② 孙培青:《中国教育史》，487 页，上海，华东师范大学出版社，2009。

③ 中央教育科学研究所:《中国现代教育大事记》，522 页，北京，教育科学出版社，1988。

④ 陕西师范大学教育研究所:《陕甘宁边区教育资料》教育方针政策下册，364 页，北京，教育科学出版社，1981。

表 10　1941 年陕甘宁边区小学课程表

科目＼教学时间（分钟）＼年级阶段	初级小学			高级小学	
	一年级	二年级	三年级	四年级	五年级
国语	390	390	390	390	390
算术	120	150	180	180	180
常识	240	240	240		
政治				120	120
自然				120	120
卫生				60	60
历史				90	90
地理				90	90
美术	90	90	90	90	90
音乐	90	90	90	90	90
体育	150	150	150	180	180
总计	1080	1110	1140	1410	1410

陕西师范大学教育研究所：《陕甘宁边区教育资料》小学教育部分上册，102 页，北京，教育科学出版社，1981。

三、解放区的初等教育

随着解放战争的高歌猛进，新中国已经前景在望。毛泽东和中共中央及时做出有远见的决策，促使教育工作重心开始转移，即由农村向城市转移，由战时向平时过渡。

1946 年春，陕甘宁边区召开中等教育会议，讨论研究了学校教育正规化，提出加强文化学习，规定普通班学制三年，干部班学制一年至一年半。文化教育基础较好的苏皖解放区也召开宣教会议，研究了教育工作方案，拟定了各级学校的教育方针、学制、课程、教法，规定小学学制为“四二制”，中学为“二二制”。小学与中学教育相衔接，小学毕业可升学，也可回家从事生产。山东解放区也召开第二次全省教育会议，讨论了教育实施“新型正规化”的问题。

1949 年 5 到 6 月，华北人民政府在北平召开华北小学教育会议，着重研究和部署小学走上“新型正规化”道路的问题，对小学的学制、办法、师资、教材、经费、领导体制等进行了反复讨论，最后拟定了《小学教育暂行实施办法》《小学教师暂行服务规程》等文件。1949 年 6 月 15 日，《人民日报》发表《贯彻华北小学教育会议精神，把小学教育从现在的基础上提高一步》，肯定了华北小学教育会议的方向。

解放战争期间，普通小学有着很大的发展。据不完全统计，到 1948 年 8 月，东北解放区小学有 17726 所，学生 1688446 人，与 1947 年相比，分别增加 72.4% 和 90.8%。① 到 1949 年，小学增加到 36061 所，学生增加到 3692749 人。山东解放区到 1948 年底，已有公私立中等学校 58 所，次年 7 月达到 107 所，高小 1600 多所，初小 18400 多所。② 华北解放区 1948 年下半年中等学校增至 144 所，1949 年 5 月，小学增至 15900 余所。③

四、解放区的识字运动

解放区多是边远山区，非识字者占总人数的 90% 以上，这对动员广大农民投身抗战，更好地宣传党的政策、方针、法令，巩固民主政权十分不利。改变农民较低的文化水平和政治觉悟，发展社会教育是摆在解放区政府面前的当务之急。

解放区内成立识字班或夜校，主要依靠当地小学教员动员、实行，并普遍推行小先生制，成立识字组、识字班。为了解决解放区识字运动中师资短缺的问题，将小学高级或程度好的学生选拔出来，给以简单的教学训练，教他们"怎么做小先生"，让他们回家后把在学校学到的东西教给身边的家人和邻居，或者把他们分配到附近各村去当冬学的教员。小先生主要在识字小组、识字班里当教员，这在一定程度上解决了解放区教员不足带来的问题。对于常因生产、家庭琐事或孩子拖累不能离家就学的妇女，甚至有的儿童也必须留在家中照看幼小的弟妹，就采用"小先生送字上门""小先生带字回家""自学互助"以及"即学即语"等教育组织形式，就地教学，给予他们以极大的方便。这些灵活多样、切合实际的教学组织形式，成功地解决了农事与学习的矛盾。

在识字运动的大规模开展下，解放区各村庄普遍成立了各种识字班，进行学写路条、记账、生产知识、"谁养活谁"和抗日道理等教育。他们在冬天采用各团体编组上课或集体上大课的办法，春夏季在田野里、地头上课，在锄头上挂个识字牌、小黑板，随时识字学习。村里经常出一些小墙报、黑板报给农民看，以提高他们的识字能力。当时有一首"三字歌"④ 道出了解放区内识字运动的主要特点。

边识字，边拾草，庄户学，误不了。
又写算，又读报，天下事，都知道。
大组大，小组小，看忙闲，论老少。
子教母，姑帮嫂，自动学，互相教。
要自愿，随需要，人人夸，都好妙。

图 34　根据地与解放区教科书

① 孙培青:《中国教育史》，506 页，上海，华东师范大学出版社，2009。
② 山东省教育史志编纂委员会办公室:《山东教育史志资料》，9 页，济南，山东省教育史志编纂委员会办公室，1983。
③ 毛礼锐，沈灌群:《中国教育通史》第五卷，243 页，济南，山东教育出版社，1988。
④ 上海教育出版社:《老解放区教育工作回忆录》，78 页，上海，上海教育出版社，1979。

第四节　中国现代教育思想家论初等教育

一、陶行知的“生活教育”和“小先生”运动

图35　陶行知

陶行知（1891—1946），安徽歙县人，原名文濬，后改名为知行、行知，我国现代杰出的人民教育家、思想家，卓越的民主主义和共产主义战士。他早年留学美国，师从杜威，回国后从事平民教育和师范教育。他提出的“生活教育”理论，对中国现代教育有着广泛的影响。陶行知的主要著作有《中国教育改造》（1928）、《教学做合一讨论集》（1932）等。

（一）生活教育思想

陶行知将杜威的实用主义教育理论推翻了半个筋斗，形成了生活教育理论的基本思想，即“生活即教育”“社会即学校”“教学做合一”。

1.“生活即教育”

“生活即教育”是对杜威“教育即生活”的改造。二者都反对脱离实际的传统教育，反对教育是生活的准备，但又不完全相同。陶行知的“生活即教育”包括以下含义：第一，生活是教育的源泉，生活与教育的关系是生活决定教育；第二，“是生活就是教育”，人过什么生活便是受什么教育；第三，“是提供给人生需要的教育，不是作假的教育”，是“为生活向前向上的需要而教育”，是使生活发出真力量的“真教育”[①]。

2.“社会即学校”

“社会即学校”是对杜威的“学校即社会”的改造。陶行知认为“学校即社会”把社会生活组织到学校中，使学生在学校中受到“大社会”需要的训练。这种主张仍然是鸟笼式的教育。教育必须把鸟笼打开，把受教育者放到大社会中去，教他们任意翱翔。

3.“教学做合一”

“教学做合一”是陶行知的教学理论，体现了他的“行是知之始，知是行之成”的基本哲学思想。在教学做三者中，“做”是中心。陶行知认为在做上教的是先生，在做上学的是学生，强调“行”是知识的源泉。其次他反复强调“教学做合一”的“合”字，三者不可分割，“因为一个活动对事说是做，对己说是学，对人说是教”[②]。

（二）“小先生”运动

自1934年初小先生制正式问世以来，各地相继试行这一制度。于是“我是小先生，变作小先生”的呼声几乎充满了全中国，形成了风靡一时的“小先生”运动，特别是在解放区更为活跃。

20世纪30年代，随着日本侵略的加剧，“小先生”运动也更多地加入抗日救亡运动中，更

① 《陶行知全集》（二），181～184页，成都，四川教育出版社，1991。
② 《陶行知全集》（二），42～43页，成都，四川教育出版社，1991。

多地在普及识字教育的同时宣传抗日救亡思想。此时的“小先生”运动也逐渐由普及教育的工具向动员民众的工具转变。这一转型是时代需求使然，与之前的小先生制相比，在内容和形式上均加入了更多与抗日相关的元素。

“小先生”运动最初被提出是以普及识字教育为主要目的的，但随着国内民族危机的加深，逐渐转变为动员抗日的有效工具。而“小先生”运动的生命力不仅仅局限于20世纪30年代，在解放区、新中国成立初期的扫盲教育中也得到发扬并发挥了巨大的作用。

陶行知一生艰苦奋斗，就是要解决普及大众教育的问题。他本人在谈生活教育特质时曾明确地说：“总说一句，生活教育是大众的教育，大众自己办的教育，大众为生活解放而办的教育。”

二、陈鹤琴的“活教育”与儿童教育

陈鹤琴（1892—1982），浙江上虞人，我国现代著名儿童教育专家，毕生从事教育活动，尤其是从事儿童心理与教育的研究，在改革中国传统教育和洋化教育过程中，创立了自己的教育思想体系，被誉为“中国现代儿童教育之父”。陈鹤琴的主要著作有《儿童心理之研究》（1925）、《家庭教育》（1925）等。

（一）“活教育”理论

“活教育”理论是在批判传统脱离实际的死教育的基础上产生的。陈鹤琴创立“活教育”理论就是要研究“怎样使得这种腐化的教育，变为前进的、自动的、有生气的教育，我们怎样使教师教活书，活教书，教书活。我们怎样使儿童读活书，活读书，读书活”[①]。

陈鹤琴说：“活教育的目的就是在做人，做中国人，做现代中国人。”[②] 最基本的教学方法是“做中教，做中学，做中求进步”。“活教育”的教学，并不重视班级教学的课程，而着重于室外的活动，着重于生活的体验，以实物为研究的对象，以书籍做辅佐的参考，换句话说，就是注重直接的经验。对于这种直接的经验，“活教育”认为是使人进步的最大动力，是“活教育”教学方法的第一原则。

（二）论活的儿童教育

陈鹤琴的“活教育”理论，主要是针对儿童教育，包括幼儿教育和小学教育。他认为，中国传统儿童教育的严重弊端之一就是不按儿童自身特点进行教育。[③] 他说：“儿童不是‘小人’，儿童的心理与成人的心理不同样，儿童时期不仅作为成人之预备，亦具他的本身的价值，我们应当尊敬儿童的人格，爱护他们的烂漫天真。”[④]

陈鹤琴总结的儿童心理特点主要是好动心、模仿性、好奇心和游戏心。为此，他认为应该根据儿童心理、生理发展的特点，对儿童进行德智体美的全面教育。具体到小学教育方面，他强调教科书的内容不外两个方面：一是儿童常识，包括大自然、大社会；二是儿童的心理，包括儿

① 陈鹤琴：《活教育》，2页，南京，南京师范大学出版社，2012。
② 陈鹤琴：《活教育理论与实施》，45页，上海，立达图书服务社，1949。
③ 《陈鹤琴教育文集》上卷，1页，北京，北京出版社，1983。
④ 《陈鹤琴教育文集》上卷，8页，北京，北京出版社，1983。

童的经验、儿童的思想、儿童的生活习惯等。由此，陈鹤琴尤其提倡在教材和教学方法处理上，要使儿童能把读书和动作结合起来。

三、俞子夷论初等教育

俞子夷(1886—1970)，江苏吴县人，名旨一，字遒秉，我国自学成才的著名教育家，毕生从事小学教育研究，不仅编制了我国最早的教育测验，而且进行了我国最早的设计教学法实验，这在当时产生了很大影响。俞子夷的主要著作有《小学教材及教学法》(1935)、《怎样实施复式教学与单级教学》(1937)等。

（一）论小学教学原则

针对新旧教学原则的冲突，俞子夷通过长年的实验研究，提出小学教学应遵循下列原则。

1. 启发与练习相结合的原则

俞子夷认为过去的旧教学注重"死练习"，从学习初始就不做说明或启发，这是应该被改进的。启发是头，练习是尾。有尾无头，是盲目的练习，毫无学习的乐趣；有头无尾，学生所学不纯熟。只有把二者结合起来，才是完全的教学过程。[①]

2. 努力与兴趣相结合的原则

俞子夷指出，旧教学是教师讲个大概，其余知识则由学生自己去摸索、理解，注重对学生刻苦求学习惯的训练。新教学则强调学生兴趣的大小，采用各种办法来调动学生兴趣，讲解详尽，减少了学生的努力程度。

3. 整体与部分相结合的原则

旧教学注重整体知识的讲解，让学生领悟大意。新教学则注重在部分知识上下功夫，没有中心的问题作目标。俞子夷认为这样或重全体或重枝节的做法，都不能达到良好的教学效果。为此，教学时应由全体开始，进而入于部分。对部分的学习是明了全体的一种手段，最终还应该归于全体。

4. 因材施教与程度划一相结合的原则

旧教学比较注重因材施教，突出学生的个性差异，但"程度不齐，教授困难"。新教学主张程度划一，对学生统一要求，但这样忽视了学生的个别差异，使学生的个人特长得不到发展。为此，俞子夷认为在实行程度划一的同时，要注重因材施教，在统一要求下，也要有一定的灵活性和伸缩性。

（二）论小学教材

俞子夷通过教学实践认识到教材对学习的重要性。他认为由于小学生的经验浅，小学教育应该注重学生实际经验的获得，教学也要从具体经验入手，教科书的编写应注重用具体事实来说明总结性的论断。

为了丰富小学教科书的内容，多些具体经验的记载，俞子夷还主张把现行的各种儿童丛书或

---

① 董远骞，施毓英：《俞子夷教育论著选》，55～56页，北京，人民教育出版社，1991。

补充读物中的材料也编入教科书。他的这些主张对改变教科书内容贫乏、不符合学生认识特点的状况具有积极意义。

（三）论小学教学法

俞子夷经过长期的教学实践后，认识到好教法可以引导学生学好[①]，教学法不仅是科学，而且是艺术。为此，他对当时国外传入的几种教学法进行了实验研究，以期找到一套适合国情的教学法。

首先，鉴于我国学生不善于自行设计、自行学习，俞子夷通过打破学科界限，按照语言、手工、游戏和音乐这四类课程预备专用教室，改造设计教学法，活跃了学习气氛，提高了学生成绩。作为新的教学法，设计教学法风行一时，在1926年至1927年间达到了高潮。

另外，俞子夷认为没有实际经验只在书本里找学问是不可靠的。[②]为此，他改造以教材为中心的道尔顿制，注重小学生的活动。因为小学生的“经验学问”应从实际活动中得来，所以“教育当以孩子的活动做根据”。

俞子夷在革新小学算术教法方面的贡献尤其突出。首先，他主张算术教学的总目的应注重知识的实用和对学生思维能力的培养；其次，各年级的算术教学的目的及方法要依据学生的心理特点而定，采取不同的教学方法。诸如以上的教学和研究，俞子夷积累了丰富的小学教育经验，对我国小学教育有极大贡献。

思考题

1. “五四”新文化运动的意义及其对初等教育的影响是什么？
2. 简述1922年“新学制”体系及其意义。
3. 试述我国中等师范教育体系的建立。
4. 列举中国现代著名教育家及其教育思想。
5. 小组探讨陶行知教育思想及其现代意义。

---

① 董远骞，施毓英：《俞子夷教育论著选》，3页，北京，人民教育出版社，1991。
② 董远骞，施毓英：《俞子夷教育论著选》，149页，北京，人民教育出版社，1991。

第五编

初等教育的变革

第八章　外国初等教育的变革

知识导图

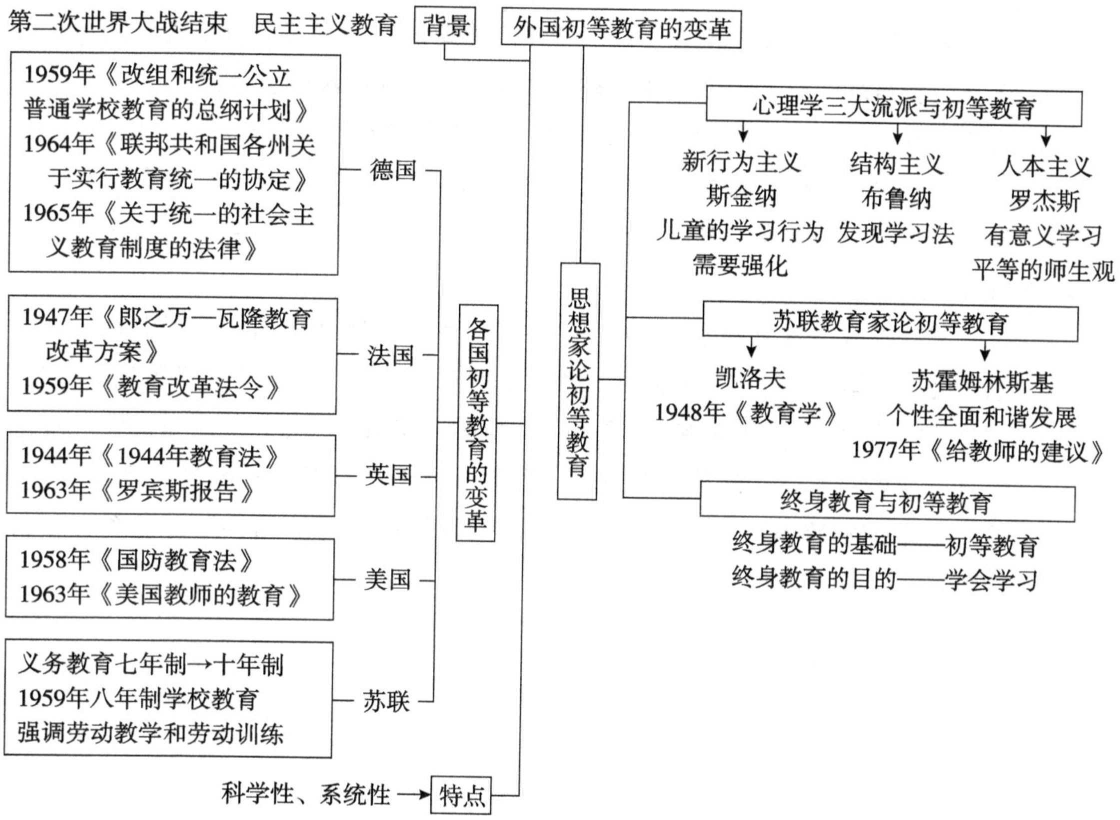

学习目标

1. 了解第二次世界大战后初期外国初等教育大变革的理念和历史背景。

2. 理解第二次世界大战后初期苏联教育家的教育思想。

3. 掌握第二次世界大战后初期西方几个主要国家初等教育状况及主要教育法规，熟悉“心理学三大流派”的具体内容及意义。

第二次世界大战后，随着民族民主解放运动的蓬勃发展，“教育民主化”已成为世界教育改革的主要潮流。不仅欧美工业国家，获得民族独立的各新兴国家也先后制定法律法规，以保证国民受教育的权利和机会均等。丘吉尔联合政府通过的《1944 年教育法》(亦称《巴特勒法案》)是英国教育发展史上十分重要的教育改革法。它对各国的教育产生了极大的影响，也开启了发达国家第二次世界大战后颁布教育改革法的先例。

在民主、自由、独立这一民主主义价值取向形成的过程中，各国初等教育更加关注儿童，先后出台的教育改革法案均开始关注学生的主体性发展。

另外在政治方面，苏美矛盾日益尖锐，引发了东西方两大阵营在军事、经济、国防、科技等方面的竞争。这种竞争极大地刺激了初等教育，促进了初等教育的学科研究。1958 年，美国《国防教育法》的公布，强调加强数学、科学和外语三大主科，引领了西方各国初等教育的变革。这个时期的初等教育在教法和课程方面呈现出比较明显的科学性和系统性特点。

名人小名片

要祭具的病房患者——苏霍姆林斯基

苏霍姆林斯基，苏联著名教育实践家与理论家，17 岁投身于教育事业，不忘使命，勤勉务实。其领导的帕夫雷什中学被列为世界著名实验学校之一。乌克兰社会主义加盟共和国教育部普通教育司司长曾表达：“对我来说，他不仅是帕夫雷什中学的校长，一位杰出的教育家。他之所以受到自己学生和同志的爱戴就因为他是一个大写的‘真正的人’。”

1934 年，位于乌克兰基洛夫格勒州的某个村子轰动了，七年级毕业的农村孩子苏霍姆林斯基跳级成了克列缅丘格师范学院的一名大学生。那一年，他 15 岁，离开了熟悉的村落，踏上了求学之路。难啊，当一个人的肚皮还填不饱的时候，还要学点知识，那真是很难啊！① 苏霍姆林斯基在艰苦的岁月中品味知识的甘甜，如饥似渴，手不释卷，这也为他从乡村教师走向教育界巨匠打下了坚实的基础。自 1948 年起至去世，他一直担任家乡一所农村中学——帕夫雷什中学的校长，并持之以恒地进行写作，在教育事业中倾注了全部心血。

在斯维特洛沃德斯克医院的病房里，苏霍姆林斯基身体浮肿、面色苍白地躺着。主治医生说：“认识到自己有病，并愿意治疗，这已是痊愈的开始。”并承诺将在每天早晚查房时进行提示。苏霍姆林斯基笑着说：“那好吧，我会把它当祈祷词来念的。不过，人所共知，举行宗教仪式，要有相应的祭器。”主治医生听后，警觉地问道：“此话怎讲？”医生很了解这个倔强的病人，让他老老实实地在医院休养可不是件简单的事情！苏霍姆林斯基连忙解释：“比方说，给我的祷文，只有在一种情况下才会灵验，那就是，病房里要有书籍、笔墨和纸张。”主治医生幽默地补充道：“您还忘了祭台吧。”“算啦，没有写字台，病房里的小桌也凑合了，放心吧，我不会把你们的器械碰掉的。”就这样，医生为了苏霍姆林斯基病情的恢复，采取药物治疗与精神治疗相结合的方式，使得患者如愿以偿地得到了“祭具”。他仍然像往常一样四点起床，独自一人躺在病房中思考。他想念着孩子们，翻看着孩子们写给自己的信，这足以让他的病痛减轻大半。阳光已射入窗口，这个身穿白汗衫、手脚浮肿的人很不舒服地坐在病房小桌旁，在给朋友写信。②

病房的护士走了进来说：“怎么可以这样呢？我们不是已经说好了的吗。”护士把苏霍姆林斯基的妻子送来的鲜花插在小花瓶里。鲜花非常艳丽。这位忙于思考与回信的患者走近病房的窗口，看到了妻子的微笑……

① 蔡汀，王义高，祖晶：《苏霍姆林斯基选集》第 3 卷，844 页，北京，教育科学出版社，2001。

② ［苏］鲍里斯·塔尔塔科夫斯基：《苏霍姆林斯基的一生》，唐其慈，毕淑芝，赵玮，译，314 页，北京，教育科学出版社，1986。

第一节 教育民主化与第二次世界大战后初期外国初等教育

一、德国初等教育的变革

1945 年德国战败投降，大城市中的很多孩子无家可归，70% 的学校遭受破坏，教师严重短缺，整个教育处于瘫痪状态。1949 年，德国被分为德意志联邦共和国（以下简称联邦德国）和德意志民主共和国（以下简称民主德国）。不同体制下的德国在初等教育发展方面不尽相同。

（一）不同社会体制的初等教育

第二次世界大战后期，以美国为首的西方占领当局对联邦德国进行民主改造，废除了极端中央集权的教育管理，改为地方分权制。有关教育的各种问题，全部由各州自行管理。按照这一原则，各地区分别规定了 8～9 年的义务教育，大部分学生进入四年制基础学校，毕业后分流升入三种类型的中学。1957 年，受苏联卫星上天的影响，联邦德国着手进行教育改革。1959 年 2 月，联邦德国公布了《改组和统一公立普通学校教育的总纲计划》，主要探讨如何改进普通初等和中等教育等问题。

1964 年 10 月，为适应欧洲一体化和工业化的发展，联邦德国各州州长在汉堡签订了《联邦共和国各州关于实行教育统一的协定》（简称《汉堡协定》）。该协定规定：联邦德国的初等学校是四年制的基础学校；基础学校是所有年满 6 周岁的儿童都必须上学的国民初级学校，是义务教育的第一阶段；学生基础学校学习期满后，进入一个为期一到两年的促进阶段教育；促进阶段教育类似于“观察期”，也就是第五、第六学年；在“观察期”中，学生接受指导，并选择进入高一级的学校。该法令是联邦德国统一教育事务的纲领性文件，也奠定了民主德国、联邦德国统一后学校教育制度的基础。

民主德国建国以后，全面向苏联学习，建立国民教育部，实行中央统一管理。1946 年民主德国出台《关于德国学校民主化的法律》，把传统的双轨制变成统一学校制度，把教育分为学前教育、基础教育、中等教育和高等教育四个阶段。基础教育为 8 年。

20 世纪 50 年代是民主德国社会主义过渡时期，其教育处于“民主学校向社会主义学校过渡时期”。为此，政府将战后初期的八年制基础教育改为十年一贯制，强调综合技术教育。1959 年，人民议会通过《关于学校教育事业社会主义发展的法律》，决定实行 10 年普通义务教育和 2 年职业义务教育，以适应社会主义建设的需要。20 世纪 60 年代以后，民主德国进入全面建设社会主义时期。1965 年，政府颁布《关于统一的社会主义教育制度的法律》，规定了教育目标、教育任务和教育结构等内容。该法律成为这一时期民主德国教育发展和改革的重要依据。

（二）初等教育课程

在联邦德国，小学处于初等义务教育阶段，一、二年级为第一教育单元，三、四年级为第二教育单元。两个教育单元的教育目的是使小学生获得感性知识和初步了解事物的能力。小学课程一般设有德语、数学、宗教、常识、音乐、图画、手工、劳作和体育。每周上课时数一般情况下为 20 至 30 节，各州无统一规定；德语和数学为主课，每周各 5 学时；小学上午上课，下午不上课；每节课 45 分钟，有时两节课连上，时间为 80 至 90 分钟；每天上午有一次较长的休息，小学生可在此时加餐。

联邦德国小学的教科书、教学内容、教学方法、教学手段都各不相同。教材、教法由各校和各班教师自己决定，教材由校长和教师共同讨论决定。有的州把教师全学年使用的教材都规定出来，有的州则每年允许教师在规定的时间内自定教学内容。联邦德国除正常教学时间外，每周还安排 2～3 小时的促进课，把全班学生分成几个小组，对不同程度的学生进行个别教学；还从小学第二年开始为朗读和书写能力弱的学生开了专门课程 (LRS 课程)。

在民主德国，受苏联的影响，初等教育除去普通知识课程外，非常强调综合技术教育。20 世纪 50 年代，小学一至四年级开设劳作课，五、六年级开设生产劳动课。20 世纪 60 年代以后，民主德国更加强调教育和经济建设的关系，加强了职业教育。

（三）初等教育教师

联邦德国初等教育教师的培养从 20 世纪 60 年代开始统一在师范学院进行，学制为 3 年。课程分为教育学、心理学等学术性内容和教学教法等实践性内容，另外还有见习和实习课程。师范生在师范学院毕业以后，需要参加国家考试。第一次是“专业学科”（课程、教法等）考试，第二次是“基础学科”（教育学、心理学等）考试，另外，还有 1～2 年的试用期。1960 年，教师联合会发表《不莱梅计划》，提倡综合培养教师，以保证学术化和科学化的统一。20 世纪 60 年代末开始，多数师范学院并入了综合大学。

除去正规师范教育，联邦德国还重视教师的培训。培训对象主要为在职教师，课程由教师进修中心或者大学承担，教师可以申请公假参加进修。此外，还有专科的培训课程，如学科教师、心理辅导员等。

民主德国初等教育教师的培养也是从 20 世纪 60 年代开始全部在高等院校进行的。前述《关于统一的社会主义教育制度的法律》规定，学科教师由高等师范学校和综合性大学培养，学制为 5 年。

二、法国初等教育的变革

第二次世界大战后，法国经济与社会在各方面都发生了很大的变化，教育也有了新的发展。1947 年法国教育改革计划委员会在物理学家郎之万（Langevin，1872—1946）和儿童心理学家瓦隆（Wallon，1879—1962）研究的基础上，提出了教育改革方案——《郎之万—瓦隆教育改革方案》。虽然该方案在当时没有获得议会通过，但是这个卓有远见的教育改革方案对之后法国的教育改革产生了重要的影响，成为法国现代教育史上的一个里程碑。

（一）战后初等教育

《郎之万—瓦隆教育改革方案》包含如下内容：所有儿童，不分出身、种族和社会地位，都有受教育的机会；实施 6～18 岁的义务教育，通过基础教育阶段、方向指导阶段和决定阶段进行；基础教育阶段面向 6～11 岁儿童，强调普通教育应是一切专门教育的基础；建立统一的、连贯的、互相协调的学校体系；重视学生的才能、兴趣和禀赋的发展，并给予科学的指导，使之适应社会等。在该方案影响下，法国政府开始大力扩充初等教育，同时把较好的初等学校升格为中学。这些措施极大地促进了中等教育的普及，基本上实现了初等教育和中等教育的衔接。

1958年第五共和国成立，法国加快了全面现代化的进程，戴高乐政府在教育方面也实施了改革。1959年1月，政府颁布了《教育改革法令》。该法令吸收了以前各种教育改革方案中有益的措施，成为至今仍被遵守的法国教育制度的法律基础。该法令规定将原来的义务教育年限从6～14岁延长到6～16岁；初等教育为10年义务教育的第一阶段，学生年龄为6～11岁；受教育的儿童接受相同的基础知识与技能的培养；教育部统一规定教学大纲。

1959年法国学制方面的改革从体制上对小学和初中做了统一规定。体制改革对初等教育概念与目的进行了更新。统一后初等学校的教育目的不是就业，不是培养生产的直接后备力量，而是为以后的进一步学习，为将来接受高一层教育做准备。统一体制下的初等教育对法国经济和社会的发展产生了有利的影响。

法国初等教育传统上一直实行中央统一下的地方管理制度，省长为省初等教育委员会主席，学区督学在省长领导下负责对初等教育进行管理。1947年法国颁布法令，规定学区督学为各省教育部门负责人。学区督学演变为省教育局局长（仍袭旧称），具体领导和管理初等教育，包括学校和班级的开设与关闭、教师指标的分配、教师及校长的管理、学校总务、任命省级考试委员会和审查考题，同时，还对义务教育进行检查，对小学五年级学生进行学习过程中的方向指导，以防留级。

（二）初等教育课程

19世纪至20世纪中期的这段时间里，法国初等教育始终是双轨制教育中面向社会下层的一轨，并不重视广大儿童的个性健康发展，只是向他们传授劳动市场所需的基本知识和技能。《郎之万—瓦隆教育改革方案》促进了法国教育的改革。它把青年应受的教育分为两段，其中第一阶段为强迫义务教育，年龄是6～18岁。该阶段又分为三个时期的教育。第一个时期的教育为6～11岁，教育对象是所有儿童，教育内容是相同的基础知识与技能。第二个时期的教育为11～15岁，属于指导方向期的教育；儿童学习相同课程，并接受观察；学校按他们的能力、禀赋和兴趣指导其学习与升学的方向，从而决定他今后的发展。第三个时期的教育为15～18岁，属于决定方向后进行分科教育的阶段。所分学科有三部分：实际科，注重于手艺训练，毕业后获职业适任证书；职业科，学习商业、工业、农业和艺术，毕业后获职业合格证书；理论科，学习法文、历史和现代实用外国语。此外，按语言与科学方向的不同划分的四种课程，分别是古典人文、现代人文、纯粹科学和技术科学。虽然最终这个方案在法国未能付诸实施，但是为第二次世界大战后法国初等教育课程建设指明了方向。

1969年开始，法国初等教育实施“课时三分制”，即把教学内容分为工具性（包括数学、法语）、启蒙性（包括史地、公民、道德、自然科学、人文科学、工艺和艺术）和体育运动。第一部分的学习主要在上午进行，第二部分和第三部分的学习内容在下午进行。[①] 这种方法打破了各

① 王桂：《当代外国教育》，69页，北京，人民教育出版社，1995。

学科的界限，对于促进学生的综合学习意义深远，但是不可避免地忽视了各学科内部的系统性和完整性，这种情况一直延续到20世纪80年代。

（三）初等教育教师

第二次世界大战后初等教育教师也发生了一些变化。1946年师范学校开始招收两类学生：一是招收初中毕业生，先两年普通教育，然后参加高中毕业会考，再进行两年职业准备，即2+2模式，后来在实际实行中改为先3年普通教育，通过毕业会考再一年职业准备，也就是3+1模式；二是招收高中毕业生，直接进行两年的职业准备。

在1968年前，法国师范学校以获得业士学位的高中毕业生为招生对象，对其进行为期一年的职业学位培训。未获业士学位的高中毕业生先接受1～2年的业士学位的预备教育，再进行1年的职业培训。1968年后小学教师的职业训练延至2年。到20世纪70年代末，随着双轨教育制度被抛弃，以培养初等教育教师为目标的师范学校在招生对象、学习年限、学历水平等方面逐步接近中学教师的职前培训水平。

三、英国初等教育的变革

资源：英国初等教育的变革

第二次世界大战临近尾声时，英国颁发了《1944年教育法》（亦称《巴特勒法案》），确立了由初等教育、中等教育和继续教育三个相互衔接的阶段组成的现代公共教育体系。经过两次世界战争，英国各方政治势力为应对教育改革的诉求和教育实践本身发展的需要，督促英国政府颁布新的教育法案，进一步推进教育的普及。

（一）《1944年教育法》

《1918年教育法》和20世纪20年代一系列政策颁布后，英国初等教育的普及已经达到了一定的水平。“在一九三八年，所有5～14岁的儿童（五百三十九万六千人）中，绝大多数儿童（四百七十八万五千人）是在小学学习过的。”[①]到20世纪40年代，在国民教育制度中建立中等教育制度被提上了日程。《1944年教育法》正是为改组中等教育颁布的教育法案。

《1944年教育法》包括中央行政管理、教育的法定体制、私立学校、常规和补充条款五大部分，其中涉及初等教育的内容主要有以下几个方面：废除原先只负督导责任的教育委员会，设立全国性的教育领导机构——教育科学部，以加强中央对教育的集中领导；设立由初等教育、中等教育和继续教育组成的公共教育体系；把义务教育年限从原先的9年（5～14岁）延长到10年（5～15岁）；初等教育包括幼儿园（不在义务教育之内）、幼儿学校和小学三个阶段；小学毕业生参加11岁分流考试，根据成绩、能力和性别分别升入文法中学、技术中学和现代中学。

《1944年教育法》的另外一项重大改革是修改了双轨制，这是在《1902年教育法》和《1918年教育法》中未涉及的部分。《1918年教育法》虽然实现了初等教育的免费性，但是未能解决工人子弟接受中等教育的问题。对此，《1944年教育法》实施十年制义务教育，并形成了初等教育、

---

① 闫玲玲：《英国1944年教育法评述》，13页，武汉，华中师范大学出版社，2006。

中等教育和继续教育相互衔接的国民教育体系，一定程度上保证了工人子弟接受中等教育的机会。但是该法律规定了11岁考试，这表明英国的教育并没有完全克服双轨制的弊病。

（二）初等教育课程

第二次世界大战后，美国的初等教育分为招收5～7岁儿童的幼儿学校和招收7～11岁儿童的初级学校。幼儿学校以锻炼身体和培养习惯为目标，在游戏和活动中引导儿童获取知识。初级学校以获取知识和养成良好习惯为目标，主要开设数学、英语、史地、自然、美术、宗教等。按照《1944年教育法》的规定，初等教育计划由教育科学大臣经地方学校的董事会、校长来商定，因此，各地方学校课程不尽相同。同时，教育科学部并不直接过问学校的教育事务，董事会对课程设置的影响非常有限，因为各学校的课程、教学等事实上是由校长决定的，这也导致了各地教育课程的不一致，而且不能保证教学质量。这种状况一直延续到《1988年教育法》出台。

（三）初等教育教师

师范教育方面，第二次世界大战后，由伯明翰大学教育学院、诺丁汉大学教育学院等大学领衔的教育方案提升了师资培养的规格和地位。初等教育教师的培养主要采取两种模式：一种是专业类课程和师范类课程同时进行；另一种是专业类学习在先，取得学士学位以后再接受一年师范类学习。

与此同时，各地成立初等教育教师培训组织，由地方大学参与指导，实行三年制培养计划，统一课程和考核，以保证教师资格证书的质量和权威性。这种培训制度为提高初等教育教师的水平奠定了基础。

1963年，政府发布《罗宾斯报告》，在提倡普及高等教育的同时，强调高等院校与师范教育的结合。由此，地方师范学院设置四年制教育学课程，师范教育升格为高等教育，初等教育教师的培养质量也得到了提高。

除去大学培养，20世纪50年代，英国形成了继续教育制度。初等教育的继续教育机构主要有教师中心、教育研究所、教育学院等。其中，地方教育局主导的教师中心为数最多，是初等教育教师进修学习的重要机构。到20世纪70年代，综合大学教育系、教育学院、技术教育学院、工艺教育系和艺术训练中心成为中小学教师培训的主要机构。

《罗宾斯报告》规定：

①通过采取“选择性名额分配制”（selective quota system）、教育学院加强对学生的指导及改革伯纳姆委员会的教师薪水记分制等措施，为初等学校中的男教师提供更好的经济待遇，以解决初等学校教师短缺（约计2万人）和女性教师比例偏高（占总数75%）的问题。

②应承认并发展教辅人员制度，协助教师从事课内外的工作。

③对现行师范教育制度进行全面调查。同时，教育学院应该做出努力，加强初等教育的师资培训工作，确保有相当比例的面向初等教育的师范生攻读教育学士学位，加强他们与初等学校的直接联系工作，并提高初等学校在师范生培训过程中的作用。此外，报告建议政府结束没经过师范教育的大学毕业生直接进学校任教的做法，同时应更加重视在职师范教育与培训。

徐辉，郑继伟：《英国教育史》，304页，长春，吉林人民出版社，1993。

四、美国初等教育的变革

第二次世界大战后，在民主主义理念的引导下，美国初等教育出现普及化、大众化的趋势，普及率迅速提升。据统计，美国小学生总数在 1947 年是 2200 万人，1957 年已经接近 3000 万人，至 1970 年时已有 3500 万人，适龄儿童入学率达到 99.1%，公立学校、私立学校的总量也在上升。①

（一）教育改革和《国防教育法》

这一时期，杜威实用主义教育思想仍然流行。学校课程和教法均围绕着儿童本身的需要，忽视了学科的系统性，影响了学校教育的学术水平和人才的培养。这样的学校教育不能在国际竞争中占优势，因此教育改革的呼声随之而起。在历次教育改革中，1957—1967 年的改革成为 20 世纪美国教育发展的标志性事件之一，被称为“教育的十年”。从政策上看，与初等教育相关的法律法规主要有 1958 年《国防教育法》和 1965 年《初等和中等教育法》。其中《初等和中等教育法》包括五个主要部分或条款。第一款规定为地方学区的低收入家庭的儿童提供教育援助，联邦资助基金的 80% 将用于该项目，其他资金用于图书馆、教科书和教学材料、教育研究和发展中心，以及州教育部门。该法是美国历史上第一个由联邦政府对中小学普遍进行援助的法律。

第二次世界大战后，随着东西两大阵营的形成，苏美针锋相对，双方在国防、科技、教育等当面展开了激烈的竞争。1957 年 10 月，苏联人造地球卫星发射成功，这一事件令美国震惊。美国政府立即着手探究教育改革事宜，并研究出台了《国防教育法》（1958）。《国防教育法》对高等教育、中小学教育和职业教育进行了全面的规定，核心是提供教育贷款，在学校课程中增设对科学教育意义重大的外语、数学和科学的“新三艺”，并加大对相关教材、设备、教科书以及实验室的投入，以此改善教育落后的现状。

《国防教育法》是美国在第二次世界大战后最重要的教育法案之一，它的颁布首先是对延续近半个世纪的进步主义教育的否定。同时，它倡导精英教育，一定程度上满足了美国在冷战时期的特殊需求②，也影响了西方各国初等教育课程的改革。

20 世纪 60 年代初，美国进入迅速发展时期。战后的繁荣大大提高了人们的生活质量，但仍有近四分之一的人口生活赤贫。因此，教育作为消除贫困的一环受到更大重视。《初等和中等教育法》的出台体现了“联邦政府向青年提供优质、平等的学校教育职责方面作出的一项重大承诺”③。《初等和中等教育法》的指导思想是强调文化科学知识的传授，提出基础教育应该加强对中小学生的普通文化教育，特别是强调数学、自然科学应着重阐明学科的基本概念、知识结构和科学系统，基本教学内容必须与科学技术和生产力发展状况的要求一致。

（二）初等教育课程

在《国防教育法》的推动下，科南特（Conant，1893—1978）、布鲁纳（Bruner，1915—2016）等人领导的学科结构运动蓬勃兴起。首先是教育目标以“生活适应”教育转向基础科学

---

① ［美］R. 弗里曼·波茨：《西方教育文化史》，王凤玉，译，577 页，济南，山东教育出版社，2013。
② 王英杰：《美国教育》，134 页，长春，吉林教育出版社，2000。
③ 王定华：《透视美国教育》，81 页，北京，北京大学出版社，2012。

知识的教育，因为科南特等人认为理智训练的重要性和价值高于一般日常经验和生活能力的重要性和价值。其次是数学和自然科学课程的改革，如数学强调综合体系，打破了算术、代数、几何等分支，某些课程内容逐级下放，体现出现代化、理论化和统一化三个特点；外语教学扩大了语种，重心由语法改为听说等，同时，政府每年拨款培训中小学外语教师。

教学方法方面出现了启发式教学法、发现法、探究法等，意在阐述各科基本概念或原理定律；使学生掌握知识结构，对各科知识有透彻的理解；培养学生的逻辑思维能力和判断能力，把知识传授和智力开发结合起来。

另外，为加快教学手段的现代化，美国的小学逐步引进程序教学机器、语言教学设备等现代化的辅助教学手段。例如，斯金纳创制的“自动学习机器”（或称程序教学机器）、语言教学机器和电子计算机等，都在教学上发挥了作用。

（三）初等教育教师

在教师教育方面，随着教育普及化、大众化的进展，社会对教师的需求日益增加。第二次世界大战后的教师教育不同于早期师范学院体系注重的培训。这一旧概念被含义更广泛的教师教育替代。在 20 世纪 20 年代广泛设置的师范学校到 20 世纪 50 年代已经很少了。20 世纪 60 年代以后，师资培养的基地由以往的师范学院转向文理学院和综合大学。几乎所有的文理学院和综合大学都设有师资培养的院系。接受了四年高等教育的初等教育教师达到 50% 以上。

随着进步主义思潮的退化，教师教育的课程由生活化转向学术化，逐渐规范为通识教育、学科专业化、教育原理以及教学入门四大部分。与 20 世纪 20 年代相比，20 世纪 50 年代之后的最大的不同是增加了任教学科的课程；学生的修课模式也由以往的大一统局面逐渐改变为主攻一门主科，兼修一门副科，或主攻一门主科，兼修两门副科，更有余力的也可主攻两门主科，兼修两门副科。这一时期，大多数州对教师资格终身认定的学历要求也普遍提高。教师的必修课程规定了教师教育中各类课程的学分和比例，加强了对教师教育课程的监控。

20 世纪 60 年代初，科南特等专家对美国各州设师范课程的高等院校进行考察。1963 年，科南特出版了《美国教师的教育》，就教师的培训课程、培训方案、认定标准以及在职进修等问题提出建议，强调了增加教育学专业课、临床教授和教育实习、保薪脱产进修等事项。这些建议对美国教师教育的发展具有指导性意义，对国际教师教育的专业化发展也给予了启示。

五、苏联初等教育的变革

资源：苏联初等教育的变革

第二次世界大战中，苏联取得了卫国战争的伟大胜利。1945 年以后，随着战争的结束和世界格局的变化，苏联成为东方阵营的领军，带领社会主义国家与西方国家坚持对抗，在军事、科技、教育等方面与美国展开了激烈的竞争。战后恢复时期，苏联加紧发展师范教育，普及义务教育，教育在其强国立国中发挥了重要作用。

（一）教育改革

第二次世界大战后，苏联立即着手国民经济和教育事业的恢复，增加了教育经费，普及了七年制义务教育，同时开始着手普及十年制义务教育。1946 年 2 月，全苏维埃第二届代表大会召开，通过了《关于 1946—1950 年恢复和发展国民经济的五年计划》的法令，要求尽快将工农业生产恢复到战前水平，同时迅速提高人民的文化知识水平和技术水平。1952 年，苏共第十九次代表大会召开，对教育事业提出了到 1955 年普及十年制学校教育，为普及中等教育打下基础的要求。20 世纪 50 年代中叶，十年制学校教育的目标完成，但由于高校招生名额有限，且这个时期的中等教育忽视了劳动教育，以至于大量学生既不能升学也不能胜任劳动岗位，造成了升学与就业的矛盾。

为此，1956 年苏共二十大提出学校教育应该“走向生活”“走向劳动”。这个时期，苏联国内的政治发生了很大变化，赫鲁晓夫上台后改变了党的政治路线，国外，苏美对抗、争霸日益激烈，苏联更加强调学校教育。1958 年 12 月，政府颁布《关于加强学校同生活的联系和进一步发展苏联国民教育制度的法律》，对学校教育进行了全面改革。此次改革主要集中在中等教育阶段，主要是增加了生产劳动教育的课程，加强综合技术教育。和初等教育相关的是七年制义务教育改为八年制；中小学由 10 年延长到 11 年，延长的一年主要用于劳动教学和生产训练。1958 年改革降低了中学的教学质量，延长了学习年限，教育和生产也未能很好地结合起来。

1959 年 8 月 29 日，俄罗斯联邦教育部批准了八年制学校的教学计划和城乡分别使用的兼施生产教学的劳动综合技术普通中学 9～11 年级的教学计划。

表 11　八年制学校与七年制教学计划比较

编号	科目	各年级每周教学时数								总时数		七年制学校总时数	
		一	二	三	四	五	六	七	八	每周	全年	每周	全年
1	俄语	12	12	12	10	6	5	3	2	62 } 72	2184 } 2541	71	2343
2	文学	—	—	—	—	2	3	2	3	10	357	—	—
3	数学	6	6	6	6	6	6	6	5	47	1663	42	1386
4	历史、宪法	—	—	—	2	2	2	2	3	11	391	8	264
5	自然	—	—	—	3	—	—	—	—	3	105	—	—
6	生物	—	—	—	—	2	2	2	2	8	286	9	297
7	地理	—	—	—	—	2	2	2	2	8	286	9	297
8	物理	—	—	—	—	—	2	2	3	7	249	5	165
9	化学	—	—	—	—	—	—	2	2	4	142	2	66
10	制图	—	—	—	—	—	—	1	1	2	71	1	33
11	外语	—	—	—	—	4	3	3	3	13	465	11	363
	合计	18	18	18	21	24	25	25	26	175	6199	158	5214
12	图画	1	1	1	1	1	1	1	—	7	248	6	198
13	音乐与唱歌	1	1	1	1	1	1	1	1	8	283	6	198
14	体育	2	2	2	2	2	2	2	2	16	566	14	462
	合计	4	4	4	4	4	4	4	3	31	1097	26	858
15	劳动教学	2	2	2	2	3	3	3	3	20	709	10	330
16	公益劳动	—	—	2	2	2	2	2	2	12	426	—	—
17	五至八年级的生产实习										180	—	—
	合计	2	2	4	4	5	5	5	5	32	1315	10	330
	总计	24	24	26	29	33	34	34	34	238	8611	194	6402

转引自滕大春，王桂：《外国教育通史》第 6 卷，20 ～ 21 页，济南，山东教育出版社，1994。

八年制学校的总学时比七年制学校多2209学时，其中人文学科增加了427学时，数学和自然科学学科增加了558学时，艺术学科（图画和音乐）增加了135学时，体育增加了104学时，劳动教学和劳动训练增加了985学时（占所增加学时总数的44.6%）。由此可见，对生产劳动的教学和对学生劳动训练的重视，是八年制学校教学计划的最大特点。①

20世纪60年代中期开始，针对1958年改革的失误，苏联进行了缩短学习年限、放弃职业训练的改革，基本上是围绕着中等教育进行的。这期间，与初等教育相关的是赞科夫（Леонид Владимирович Занков，1901—1977）等教育家于1957年做的“教学与发展”的课题研究。他们通过跟踪、实验、编制教案等方法，总结出“小学教学新体系”的研究报告，证明在小学采用发展性教学可以提高小学教学的水平。根据这个实验，1969年开始，苏联将小学由四年制改为了三年制，从而使课程和教学也发生了变化。

（二）初等教育课程

1958年改革为了解决教育与生活、生产脱节的问题，特别强调生产劳动教育。八年制学校增加了大量生产劳动教学时间，以至于课程负担加重，学生辍学率很高。为此，1964年改革纠正以上偏激做法，删除教学大纲和教科书中陈旧和次要的内容，以充分凸显现代科学技术和文化的内容。

（三）初等教育教师

在师范教育方面，为了尽快解决教师不足的问题，第二次世界大战后，苏联在中学增加了培养小学教师的课程（11年级），同时出现了十年制学校基础上的两年制师范专科学校。中等师范学校和高等师范学院也扩大招生名额。到了20世纪50年代中期，教师数量大幅度增加。1953年开始，苏联取消师范专科学校，形成中等师范学校和高等师范学院的二级师范教师体制。其中初等教育教师的培养属于中等师范学校。

20世纪50年代后期开始，世界经济和科技发展迅猛，各国开始了新一轮的教育改革。苏联也不例外，对师范教育做了新的要求。前述《关于加强学校同生活的联系和进一步发展苏联国民教育制度的法律》规定进一步改善教师的劳动和生活状况，提高他们的理论思想水平。为此，高等师范学院要改进师范学院和综合大学培养教师的工作，同时要扩充培养小学教师的名额。

1964年的改革也对师范教育提出了新的要求。受西欧各国教育改革的冲击，苏联要求由师范学校和师范院校的有关科系以及专门的中等和高等学校培养必要数量的能教音乐和唱歌、造型艺术、体育、制图和劳动课的教师。② 这个时期师范教育的课程主要集中在社会学科、教育理论学科和专业学科三大类上，以提高知识质量和教学现代化水平为主要目标。

---

① 转引自滕大春，王桂：《外国教育通史》第6卷，22页，济南，山东教育出版社，1994。

② 瞿葆奎：《教育学文集·苏联教育改革》，95页，北京，人民教育出版社，1988。

第二节　第二次世界大战后初期外国教育思想家论初等教育

一、心理学三大流派与初等教育

第二次世界大战后，各国急切进行政治改革和经济恢复，特别是科学技术在生产、生活中的使用引发了各国的智力投资和教育改革，如促进早期智力开发、改革学校课程与课堂教学等，有关初等教育的新思想、新理念层出不穷，这反映出新的历史条件对教育的要求和期望。

（一）新行为主义

新行为主义是由行为主义发展而来的，是华生行为主义的发展，代表人物是斯金纳。斯金纳（Skinner，1904—1990），美国心理学家，长期研究动物和人类的行为，发展了巴甫洛夫和桑代克的研究，解释了操作性条件反射的规律。斯金纳的代表著作有《科学与人类行为》（1953）、《教学机器》（1958）等。

图 36　斯金纳

斯金纳从操作性条件和积极强化的观点出发，发明了“斯金纳箱”，提出了“程序教学理论”，设计了教学机器，引起了许多国家的注意，因而被称为“教学机器之父”。其主要理论可以概括为以下两个方面。

1. 教育是按照“刺激—反应—强化”的程序进行的

斯金纳通过把用鸽子、白鼠、狗和猴子进行试验的结果与对儿童进行试验的结果进行比较，强调：“不管种系发生的差异如何，所有这些有机体都显示出相似的学习过程特性，相似得令人惊奇。”[①] 故斯金纳认为对于儿童各领域的行为训练，也可以做到与训练动物同样严密的程度。

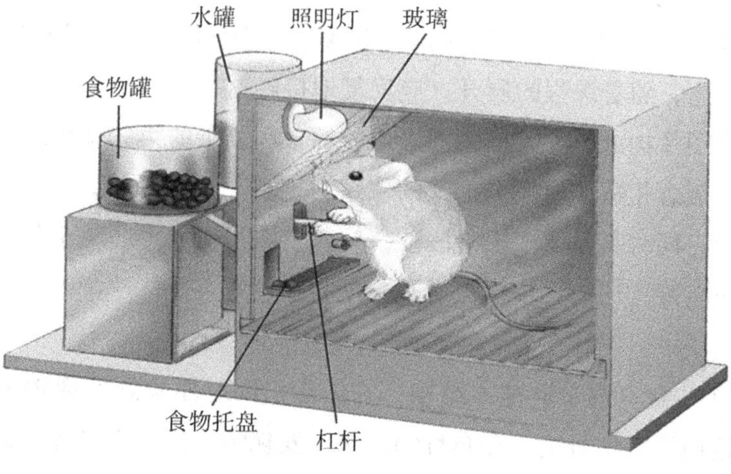

图 37　斯金纳箱

陈琦，刘儒德：《当代教育心理学》，137 页，北京，北京师范大学出版社，2010。

① 高觉敷：《西方近代心理学史》，307 页，北京，人民教育出版社，1982。

2. 儿童的学习行为需要强化

斯金纳认为，为了使儿童的学习行为得到及时的和足够的强化，对学习过程最有效的控制应该得到工具的帮助和积极的强化条件。这种积极的强化条件就是要依靠应用程序教学理论的机械装置（教学机器）的帮助，进行程序的控制和有效的强化。因为“一个很微小的强化，如果使用得好，在控制行为上可能产生极大的效果”①。教学机器精心安排的强化，能保证学生在每一小步的学习后，都得到强化，及时获得反馈。

新行为主义教育家对有机体的简单反应和复杂行为进行了广泛的实验研究，揭示了学习的某些规律，具有一定的科学性，有助于学习理论的发展。但是，新行为主义教育家忽视了人类学习与动物学习的本质差别，否定了人类学习的特殊性，这是值得反思的地方。

（二）结构主义

结构主义教育思想是当代西方重要的教育流派，其萌芽可以追溯到瑞士著名心理学家、教育学家让·皮亚杰（Jean Piaget，1896—1980）在20世纪30年代的研究工作。至20世纪50年代末60年代初，另一位代表人物布鲁纳在美国掀起的一场结构主义课程改革运动，成为其兴盛的标志。

布鲁纳是美国著名的心理学家、结构主义教育流派的主要代表人物。他强调学习理论和教学理论在教学上的应用，主要研究知觉与思维方面的认知学习，并在此基础上形成了他自己的教学理论。《教育过程》（1960）、《教学论探讨》（1966）和《教育的适合性》（1971）三本专著被公认为是他的教育代表作。

1. 结构的重要性

布鲁纳认为，所有学科的基本概念都可以以不同的深浅程度向任何年龄阶段的儿童进行教授。因此，初等教育课程的首要任务就是要传授学科的基本结构，即学科的基本概念、原理和原则。根据儿童认知发展阶段的理论，布鲁纳提出：“低年级到高年级的课程应当将同一基本概念多次反复地构成螺旋型上升的系列加以编制。也就是，对于一门学科的基本概念，首先用具体的、直观的方法去教给学生，随着课程的展开，应反复地接触这些基本概念，通过第一螺旋的动作操作维度，第二螺旋的图像构成维度，逐渐进入比较抽象和复杂的第三螺旋的符号和形式维度，直到儿童掌握了与这些观念相适应的完全形式的体系为止。”②这就是说，要遵循儿童智慧发展的阶段或规律，由浅入深，同时又要体现出阶段性，使儿童在最初获得的关于某一学科最简单最根本的概念的基础上逐步发展，从而逐步加深对某一学科的理解。

2. 发现学习法

布鲁纳主张要让儿童掌握学科基本结构，并使他们同时体验到发现知识的兴奋感和完成任务的自信心，必须运用发现学习法。在布鲁纳看来，发现学习法并不是什么高深莫测的东西。科学家的发现与小学生的发现都是属于用自己的头脑亲自获得知识的行为，都是一个主动的过程，

---

① 华东师范大学教育系，杭州大学教育系：《现代西方资产阶级教育思想流派论著选》，323页，北京，人民教育出版社，1980。

② 钟启泉：《国外课程改革透视》，224页，西安，陕西人民出版社，1993。

其间的差别仅仅在程度上。所以他极力提倡初等教育应采用发现学习法。教师在教学中要鼓励、引导、启发儿童利用教师或教材提供的材料，通过自己的发现来学习，亲自去“发现以前未曾认识的观念间的关系和相似规律性”[①]。

布鲁纳将认知心理学运用于教育研究，为教育理论的科学化做出了重要贡献。但其结构教育理论夸大了学生的学习能力，架空了教师的主导作用，特别是对发现学习法教学期望过高，没有认识到发现学习法的运用范围是有限的。

（三）人本主义

行为主义、结构主义理论重视教学过程而轻视学生情感的因素。对此，现代人本主义者阐明了他们的教育观点。人本主义代表理论有马斯洛自我实现的人格观和教育观。对初等教育教学有影响的当属罗杰斯的人本主义教学观。

罗杰斯（Rogers，1902—1987），美国著名心理学家、哲学博士、教授，美国应用心理学的创始人之一，人本主义心理学的主要代表人物之一。他从事心理咨询和治疗的实践与研究，并因“以当事人为中心”的心理治疗方法而驰名。罗杰斯的代表著作有《自由学习》（1969）、《咨询和心理治疗：新近的概念和实践》（1942）等。

1. 有意义学习

罗杰斯认为无意义学习是发生在“颈部以上”的学习，没有情感或个人的意识参与，与全人无关；而有意义学习是一种全人参与、自我发起、自我评价并使个体的行为、态度、个性以及在未来选择行动方式时发生重大变化的学习。在初等教育中，有意义学习首先要激发儿童的自发学习。罗杰斯认为，儿童天生有好奇心，所以儿童是可以自发地进行学习的。他指出：“教的结果是有害无益的。它似乎导致了个人对自己经验的不信任，并使有意义的学习遭到抑制。”[②]所以，在教学过程中，教师不是知识的搬运工，而是为儿童提供帮助，再由儿童决定怎样学。

2. 平等的师生观和“非指导性教学”

罗杰斯认为教师与学生之间是人与人的关系。教师应当关怀和理解儿童，试着去理解儿童的体验与感受。罗杰斯提道：“当促进者是一个真实的人，是他自己，不戴面具或防御性地进入到与学习者的关系当中，那么他将更有可能起作用。”[③]以平等的态度对待儿童，是教师与学生之间和谐相处的最基本状态。这种状态下的课堂氛围，学生有安全感，有主动性，教师成为学生自主学习的“促进者”。这就是“非指导性教学”的意义所在和情感保障。

人本主义教育家主张心理学应当把人作为一个整体来研究，以儿童的自我完善为核心，把教学活动的重心从教师引向儿童，这对于初等教育的发展有诸多启示。但它夸大了人的自然素质，忽略了社会对个体发展的现实性和可能性的必然制约关系。

---

① ［美］布鲁纳：《教育过程》，邵瑞珍，译，14 页，北京，文化教育出版社，1982。

② ［美］卡尔·R. 罗杰斯：《个人形成论：我的心理治疗观》，杨广学，尤娜，潘福勤，译，254 页，北京，中国人民大学出版社，2004。

③ 《罗杰斯著作精粹》，刘毅，钟华，译，260 页，北京，中国人民大学出版社，2006。

二、苏联教育家论初等教育

第二次世界大战后，随着经济的恢复，苏联的教育也得到了发展。在马克思列宁主义教育思想的指导下，苏联的教育尤其重视共产主义道德的培养，重视教育与生产劳动相结合。这种马克思主义教育学对新中国初等教育的影响非常大。

图 38 凯洛夫

（一）凯洛夫论教育

凯洛夫（Kaiipob，1893—1978），苏联著名教育家，20 世纪四五十年代苏维埃教育学的代表人物之一。凯洛夫出生在教师家庭，1917 年毕业于莫斯科大学，同年 4 月加入苏共，曾当选原苏共中央候补委员、中央检查委、苏联最高苏维埃代表。凯洛夫的代表著作有《教学、教养过程中学生状况研究》（1947）、《教育学》（1948）等。

1. 论教育的产生

凯洛夫的教育研究从关心教育的起源开始。站在唯物史观的立场，凯洛夫认为教育是从“人类社会的实际需要里产生的，教育的产生是一种客观的必然性”[①]。这种论调与西方社会提出的教育源于无意识的模仿和教育的心理起源说等相对立，从教育的角度划清了唯物主义和唯心主义的界限。

另外，凯洛夫认为社会主义国家教育的目的在于培养共产主义道德精神，共产主义教育的内容包括智育、技术教育、德育、体育和美育。这既是共产主义的教育，又是培养全面发展的人的“和谐”教育。

2.《教育学》

凯洛夫的《教育学》主要论述教学论，包括教学过程、组织形式、教学方法、学生作业检查和评价等几个部分。凯洛夫特别强调教学过程要基于辩证唯物主义的认识论，即从直观到抽象，从思维到实践。这种认识世界的思维过程和学生掌握知识的过程有着共同之处。为此，凯洛夫提出了直观性原则、自觉性与积极性原则、巩固性原则、系统性与连贯性原则、通俗性与可接受性原则。这些教学原则的使用，可以让学生在教师的指导下，系统、牢固地掌握知识，同时为下一个阶段的学习打下基础。

教学理论是凯洛夫教育思想的精华所在。《教育学》对新中国成立初期的初等教育改革影响很大，是我国当时向苏联学习，改造旧教育，摸索新教育模式过程中的重要模本。

图 39 苏霍姆林斯基

（二）苏霍姆林斯基论教育

苏霍姆林斯基（Сухомли́нский，1918—1970），苏联著名教育实践家和教育理论家，常年工作在教学一线，担任农村中学校长 20 余年，留下大量教育论文、童话和小说等。在教育实践中，他通过对学生的观察和

① [苏] 凯洛夫:《教育学》，陈侠，译，1 页，北京，人民教育出版社，1957。

研究，提出“个性全面和谐发展”的教育理念。这一教育理念对青年校长、青年教师的影响非常大。苏霍姆林斯基的代表著作有《把整个心灵献给孩子》（1981）、《帕夫雷什中学》（1969）、《给教师的100条建议》（1977）等。

1. 论“个性全面和谐发展”

苏霍姆林斯基认为，教育要培养共产主义者、勇敢的爱国者、有头脑的劳动者，这就是其所言的“个性全面和谐发展”的人。

苏霍姆林斯基说：“和谐全面发展的核心是高尚的道德。”[①] 换言之，学校教育要紧紧抓住理想教育、挫折教育、劳动教育等精神层面的内容。这些内容可以促使学生开展自我教育，养成高尚的品德。此外，学校教育还要与智育、美育、体育、劳动技术教育等相融合，使这些学科相互渗透和交织，形成一个完整的教育过程。其中，苏霍姆林斯基对劳动教育和美育给予了特别的重视，论述了这两门学科对学生全面和谐发展的特殊意义。

2.《给教师的建议》（1977）

《给教师的建议》（又名《给教师的100条建议》）是苏霍姆林斯基专门写给中小学教师的书。基于30余年的教育实践，苏霍姆林斯基以具体的教育实例和深刻的理论剖析论述了中小学教师的应然状态，具体包括：如何认识和理解学生，如何实施能够提起学生兴趣的教学，教师的时间分配以及教师的教育素养等。每一条都是诚恳且生动的。这本书可以说是一本基础教育的百科书。

苏霍姆林斯基的教育思想对我国的教育、教师有极大的影响，特别是《给教师的建议》，是新中国成立以来我国师范生的必读书，对于一线教师有着直接的指导意义。

图40　《给教师的建议》

三、终身教育与初等教育

终身教育始于20世纪60年代，以1965年法国教育家郎格朗（Lengrand，1910—2003）的《终身教育导论》（1965）为开端。

在郎格朗看来，学校教育的某一阶段不仅要在纵的（上下阶段的学校教育），而且在横的（同年龄的家庭及社会教育）关系上也要给以适当的位置。[②] 换言之，终身教育一方面重视婴幼儿教育、青少年教育、成人教育和老年教育这种时间的顺序性；另一方面，从家庭教育、学校教育和社会教育的空间系列上谋求教育的有机统一。这样使时间和空间两方面在人的教育上有机结合，实现个人教育的连续性，不会因为某一阶段教育的终结而中断受教育的机会。

1. 终身教育的基础——初等教育

郎格朗认为，任何为成人教育开展的运动有多大的广度和深度，只有同时采取同样果断的

① ［苏］B. A. 苏霍姆林斯基：《帕夫雷什中学》，赵伟，王义高，蔡兴文，译，9页，北京，教育科学出版社，1983。

② ［日］持田荣一，森隆夫，诸冈和房，等：《终身教育大全》，龚同，林瀛，邢齐一，译，267页，北京，中国妇女出版社，1987。

行动去改进那些为儿童和青少年设计的初级教育的结构、课程内容和教学方法，它的成功才有可能。[1] 如此说来，假如成人在他们早年受到过一种使他厌倦学习和进步的训练，或者没有为他充分准备好教育过程得以延续所要求的那种耐心和努力的话，那么，终身教育对他来说是不可能成功的。正如《教育——财富蕴藏其中》认为：儿童的基础教育（包括学前教育和初等教育）可以确定为（正规或非正规的）启蒙教育。它提供一种适合所有人的教育，是必不可少的“走向社会的通行证”[2]。

2. 终身教育的目的——学会学习

郎格朗认为：“既然孩子们将来要学习一辈子，那么就应该把主要的工作放在教孩子如何学习上。”[3] 终身教育思想倡导应使儿童学会学习，这就意味着以一种方法武装儿童。这种方法将在增进其智力和文化的整个过程中自如使用，在任何学习过程中不再强调一个必须限定的、判断的固定内容。它必须立足于理解、同化、分析的能力，对自己已获得的知识进行分类的能力，轻松处理抽象与具体、一般与特殊之间关系的能力，以及阐述知与行、调整专与博的关系的能力。

终身教育思想对当代教育产生了巨大的影响，越来越被世界各国接受，在各国教育改革和教育实践中发挥了重要作用。终身教育思想对人生各个阶段的学习都具有积极的推进作用，对初等教育更是具有重大的理论意义和实践意义。

思考题

1. 第二次世界大战后初期，外国初等教育变革的理念和背景是什么？
2. 试述英国《1944 年教育法》的内容和意义。
3. 试述美国《国防教育法》出台的背景及其对初等教育的影响。
4. 第二次世界大战后初期外国教育思想中出现的心理学三大流派具体指的是什么？
5. 小组学习苏霍姆林斯基的《给教师的建议》，并汇报读书体会。

---

① ［法］保罗·朗格让：《终身教育导论》，滕星，滕复，王箭，译，71 页，北京，华夏出版社，1988。
② 联合国教科文组织总部：《教育——财富蕴藏其中》，109 页，北京，教育科学出版社，2001。
③ ［法］保罗·朗格让：《终身教育导论》，滕星，滕复，王箭，译，24 页，北京，华夏出版社，1988。

第九章　新中国初等教育的变革

知识导图

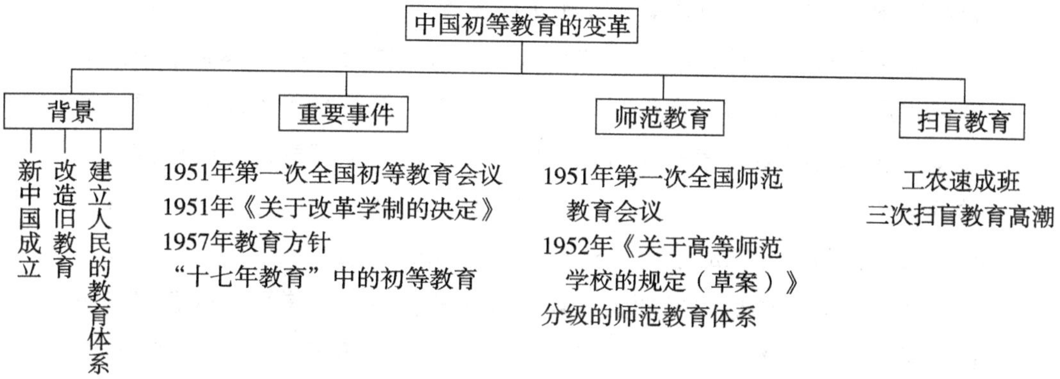

学习目标

1. 理解新中国初等教育的意义及“十七年教育”的历史作用。
2. 了解新中国成人扫盲教育的历史背景，三次扫盲教育的结果和意义。
3. 掌握新中国教育体制中初等教育和成人初等教育的关系。
4. 掌握新中国师范教育的主要内容。

新中国成立的重要标志，是人民大众登上政治舞台，成为国家主人。为此，新中国教育以改造旧教育、建立为人民服务的新教育为宗旨，将提高人民文化水平、培养国家建设人才作为教育的目标。这一指导思想直接影响着初等教育的办学目标和课程设置。

新中国成立初期，我国初等教育以学习苏联为主线，摸索新中国教育的发展方向，同时在课程、教材、教法等方面进行了大胆的探索，并于第三次基础教育课程改革过程当中，独立自主地探索适应新中国国情的教育模式，提出了“三类学校”的设想并付诸实践。这一系列的探索和改革，为新中国完成社会主义改造，大力发展经济打下了基础。

另外，新中国成立初期大规模的成人扫盲运动，是新中国初等教育的重要内容。三次扫盲教育高潮不仅为广大人民创造了受教育的机会，也培养了大批经济建设的人才，是我国初等教育的重要成果。

名人小名片

名字误入打油诗的校长——徐特立

徐特立，又名徐立华，原名懋恂，字师陶，中国革命家和教育家，被尊为“延安五老”之一。他是自己砍下左手的一根手指，用鲜血书写“驱除鞑虏，恢复中华”的革命家；他是在共产党人和革命群众遭到迫害时坚决入党，以54岁高龄参加红军两万五千里长征的共产党员。徐特立与著名戏剧家、诗人、《国际歌》词作者田汉既有着深厚的师生情，又有着为共产主义理想奋斗的同志谊。[①]徐特立在70大寿时，收到了田汉寄赠的寿诗，其中写道：“学生遍天下，春风无不被。寒极暖亦近，雪深草弥翠。海上举金尊，共为老人醉。”

1912年至1916年，田汉就读于徐特立创办的长沙师范学校第一班。他聪颖活跃，深得校长徐特立的关爱和器重。当时，学校里有两位名为首元龙和黄竹村的老教师，田汉和几个淘气的学生一起将徐特立、首元龙与黄竹村三位老师的姓名组合成了一首打油诗“特立狂涛骇浪中，宝刀血溅首元龙……黄竹村中鸡犬喧……”，竟然贴在了教室的窗户上，来往的师生看到都笑了起来，但也揪心于即将出现的暴风骤雨式的后果。首元龙与黄竹村非常气愤，认为受到了学生的侮辱，应该让田汉为自己的错误行为负责，并向徐特立说明了情况。而徐特立却宽慰两位教师，并对田汉进行耐心的说服教育，这使得田汉和几名同学主动承认错误，向首元龙与黄竹村两位教师道歉。而且，徐特立惊奇地发现了田汉在文学方面的独特才能，并对他进行鼓励教育，帮助田汉发挥积极因素，克服消极因素，展现自己的才能。于是，田汉组织同学们办了“窗户报”，激发了同学们的写作热情。徐特立还将好的文章进行摘抄并发表在《教育周刊》上，使得“侮辱师长的处罚”转变为“生机勃勃的创作”。各种“窗户报”里有读书心得、时事评述、诗歌、小说，也有杂文、小品，万紫千红，满园春色，连原感到受了侮辱的首元龙、黄竹村两位教师，也高兴地点头称赞。

徐特立曾说：“教师有两重任务，一是‘经师’，二是‘人师’。”他对教育事业奉献了毕生的精力，诠释了教师的真谛！

毛泽东与徐特立有着跨越半个世纪的师生情。毛泽东曾说：“我在湖南第一师范求学时，最敬佩的两位老师，一位是杨怀中先生，一位是徐老。”1937年，在徐特立60寿辰时，毛泽东为徐老写了一封热情洋溢的贺信。信中说：“你是我二十年前的先生，你现在仍是我的先生，你将来必定还是我的先生。”1947年党中央为徐特立庆贺70岁寿辰，毛泽东题词“坚强的老战士”，朱德题词“当今一圣人”。

---

① 梁堂华：《徐特立与田汉的一生情谊》，载《党史博采》，2009（4）。

第一节 新中国初等教育的全新启航

资源：新中国初等教育的变革

一、改造旧教育，建立人民的教育体制

1949年9月，中国人民政治协商会议召开，通过了《中国人民政治协商会议共同纲领》(以下简称《共同纲领》)，这是新中国第一个重大法律法规。《共同纲领》规定："中华人民共和国的文化教育为新民主主义的，即民族的、科学的、大众的文化教育。人民政府的文化教育工作，应以提高人民文化水平，培养国家建设人才，肃清封建的、买办的、法西斯主义的思想，发展为人民服务的思想为主要任务。"[①] 这一纲领明确了新中国文教政策的发展方向。同年12月，第一次全国教育工作会议召开，决定新教育的总方针是以老解放区教育经验为基础，吸收旧教育有用经验，借鉴苏联经验，建设新民主主义教育；新教育的发展方向是除了必须维持原有学校继续加以改进外，教育应着重为工农服务；当前的中心环节应是机关、部队、工厂、学校普遍建立工农中学，吸取大批工农干部及工农青年入学，培养工农知识分子干部；大量举办业余补习教育，准备开展识字教育。[②]

为了使被国民党统治的教育尽快回到人民手中，新中国政府采取接管、接收、接办和加以改造的方针：首先是接管已无经费来源和主管领导的公立学校；其次是接收外国津贴的学校，其中包括幼儿园、孤儿院以及初等教育学校等；最后是接办私立学校，将其改为公立学校。到1952年，私立高校全部改为公立高校，到1956年，私立中小学全部改为公立中小学。

1951年8月，第一次全国初等教育会议召开。教育部长马叙伦指出，初等教育是人民的基础教育，提高人民文化水平，培养国家建设人才，均有赖于这个基础。同年10月，政务院颁布《关于改革学制的决定》。该决定分为幼儿教育、初等教育、中等教育、高等教育和各级政治训练班五部分。其中初等教育部分包括儿童的初等教育和青年、成人的初等教育。对儿童实施初等教育的学校为小学，对自幼失学的青年和成人实施的初等教育为工农速成学校、业余学校和识字学校(小学识字班)。

《关于改革学制的决定》依据《共同纲领》的主旨，将教育对象由儿童、青少年扩大到成人，从初等教育到高等教育都设有面向成人的业余学校和速成学校，贯彻了为人民服务的思想和教育应着重为工农服务的教育方针，有效地克服了原有学制的弊端。由此，广大工农群众成为受教育的主体，这是新学制的最大特点之一。另外，在中等教育和高等教育中设有各种专业技术院校，以保证各类专业人才的培养，为新中国的经济建设打下了基础，这也是教育为生产建设服务的体现。

---

① 董明传，毕诚，张世平：《成人教育史》，62页，海口，海南出版社，2002。

② 王凌皓：《中国教育史纲要》，397页，北京，人民教育出版社，2005。

二、“十七年教育”中的初等教育

在新中国文教政策的指引下，我国教育领域发生了一系列的变革。到1966年“文化大革命”开始，包括初等教育在内的基础教育课程进行了三次大的变革，亦称“十七年教育”。这期间，有向苏联一边倒的背景，也有经济建设高潮的需求和影响，我国走出了一条从模仿他人到摸索出符合我国办学体系的路子。

（一）以俄为师，摸索学制和改革课程（1949—1952）

由于意识形态领域的相似和苏联对中国革命的关注，中国共产党一直重视与苏联的教育交流。早在1920年，毛泽东等人组织俄罗斯研究会，提倡勤工俭学。20世纪40年代，中共中央先后派出大批高干子弟到苏联学习，为胜利后培养建设人才。新中国成立初期，为彻底改造中国的教育现状，建设社会主义的教育制度，我国也需要向苏联学习成功经验。①

1949至1952年为第一次基础教育课程改革时期，是我国改造旧教育，借鉴苏联经验，摸索学制和改革课程阶段。1950年8月，教育部颁发《中学暂行教学计划（草案）》和《中等学校暂行校历（草案）》。1951年，由人民教育出版社仿照苏联教材编写、修订的第一套全国通用中小学教科书出版。该教材主要修订老解放区的语文、历史、地理等课本，算术使用原教材。

图41　开国第一教本——1951年版中小学教科书（小学）
拍摄于人民教育出版社中国百年中小学教科书陈列馆

1952年3月，教育部发布《小学暂行规程（草案）》，规定“小学教育的宗旨是：根据新民主主义的教育方针和理论与实际一致的教育方法，给儿童以全面的基础教育，使他们成为新民主主义社会热爱祖国和人民的、自觉的、积极的成员”②。同年11月，教育部发布《关于小学实施五年一贯制的指示》，决定全国小学从1952年开始推行五年制，学生7岁入学。实行五年制小学是为了保证广大劳动人民，特别是农村子女能够接受完整的初等教育。四二制小学教育时期，大部分农村只能维持四年的初级小学，许多经济落后的地方，儿童辍学严重，不能保证初等教育的质量。但是，由于师资短缺以及经费困难，五年制小学也未能得到很好的实施。1953年开始，

① 参考田正平:《中外教育交流史》，853~854页，广州，广东教育出版社，2004。
② 中华人民共和国教育部办公厅:《教育文献法律汇编（1949—1952）》，195页，1958。

小学又恢复到四二学制。1952 年 3 月，教育部颁布五年一贯制小学的《小学教学计划》，规定小学课程包括语文、算术、自然、历史、地理、体育、图画和音乐，每学年上课 38 周。

（二）全面向苏联学习（1953—1957）

1953 至 1957 年为第二次基础教育课程改革时期，是全面学习苏联经验的阶段。1953 年开始，我国开始国民经济建设“第一个五年计划”。毛泽东在中共中央政治局会议讨论教育工作时提出要抽调力量编写教材。1953 年 3 月，教育部颁布了《实行中小学教学大纲（草案）》，提出全面向苏联学习，小学算术、中学数学、物理、化学和生物这五门学科的教育大纲基本参照苏联大纲的模式，小学采用四二学制。1953 年 9 月，我国颁发《实行小学（四二制）教学计划（草案）》，规定中、高年级各科教学周课时分别为 26、28 节。另外，美工课改为图画课，包括图画和剪贴。

在以上两个小学教学计划的基础上，1955 年 9 月，教育部颁发《关于执行〈小学教学计划〉的指示》。该文件规定：第一，在原有课程基础上，开设手工劳动课，一至六年级每周 2 课时，以便实施生产技术教育，这是学习苏联教育与生产技术相结合，也是新中国成立以来教育目标的体现；第二，为了保证学生的身体健康，一、二年级体育课由每周 1 课时增加到 2 课时，同时加强课外活动中的体育锻炼；第三，减轻学生学习负担，年授课周数由 38 周减为 34 周，三年级以上各年级平均减少 2 个周授课时数。1955 年，人民教育出版社编出全国通用小学语文和算术教材；1956 年出版了小学地理、历史、自然教材，这是新中国成立以来第二套全国通用教材，也是第一套正式编写的教材。

图 42　1955 年初级小学国语课本、算术课本

拍摄于人民教育出版社中国百年中小学教科书陈列馆

1956年，教育部编订并颁发了适合四二制小学使用的各科教学大纲。该大纲共有语文、算术、历史、地理、自然、唱歌、图画和体育8科。这是新中国完全以苏联小学教学大纲为蓝本制定的第一部小学各科教学大纲。课程为单一的必修课，实行全国统一的教学要求。

（三）独立探索适合中国发展的教育模式（1958—1965）

1958年至1965年为第三次基础教育课程改革阶段，是我国独立自主地探索本国教育发展的阶段。1955年到1965年是新中国成立以来我国历史上十分重要的10年，这个阶段我国基本完成了生产资料所有制的社会主义改造，把全面开展社会主义建设这一历史任务提上日程。同时，由于与苏联的关系出现分歧，所谓“先进经验”遭到质疑，因此，这个阶段教育的探索和革新是独立进行的，也是大胆且曲折的。

1957年，毛泽东指出社会主义教育方针是“应该使受教育者在德育、智育、体育几方面都得到发展，成为有社会主义觉悟的有文化的劳动者”，提出“培养什么样的人”的问题。1958年，中共中央、国务院颁布《关于教育工作的指示》指出：“党的教育工作方针，是教育为无产阶级政治服务，教育与生产劳动相结合”；明确了教育工作的方向；提出六个并举，即“国家办学与厂矿、企业、农业合作社办学并举，普通教育与职业（技术）教育并举，成人教育与儿童教育并举，全日制学校与半工半读、业余学校并举，学校教育与自学（包括函授学校、广播学校）并举，免费教育与不免费教育并举”；提出了三类学校的设想。

三类学校是指全日制学校、半工（农）半读学校和业余学校。全日制学校小学为五年不分段，中学为四年不分段，高中为两年不分段；半工（农）半读学校的中等阶段为中等技术教育和师范教育；业余学校分为初、中、高三级。这种设想源于刘少奇两种劳动制度和两种教育制度的提议。据统计，到1965年下半年，全国半工（农）半读学校达到4000余所，学生有80多万人。①

1957年7月，教育部颁布《1957—1958学年度小学教学计划》。这个教学计划较1955年教学计划有所不同：第一是农村小学高年级增设农业常识课，每周1课时；第二是一至六年级开设图画课，每周1课时；第三是一至六年级每周增加1课时的周会，主要是对学生进行思想品德教育和做时事政策报告。在“大跃进”浪潮的推动下，教育领域也出现了“教育大跃进”“教育大革命”的现象。在高指标、高速度的影响下，很大一部分学校盲目上马，有名无实。为此，1963年，在总结了1958年经验教训后，中共中央颁发了《全日制小学暂行工作条例（草案）》，重新制订了教学计划，确立了以双基（基础知识、基本技能）为重点的课程模式，尤其指明了语文和算术两科目的基础性与工具性。

1960年下半年开始，人民教育出版社根据“缩短学制、提高程度”的指示编写了十年制中小学教材，从1961年起陆续出版发行，供中小学选用，1963年根据新大纲精神对此又做了修改。

① 王凌皓：《中国教育史纲要》，407页，北京，人民教育出版社，2005。

这套课本一直用到1966年“文化大革命”开始为止，是新中国成立以来第三套全国小学通用教材。

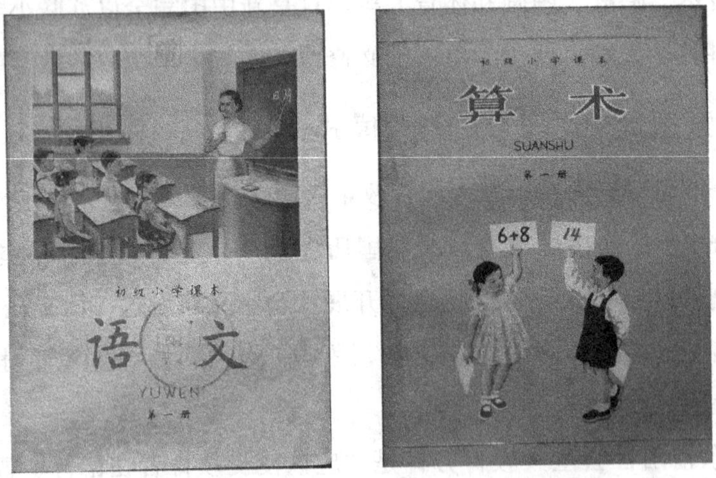

图43　1963年初级小学语文课本、算术课本
拍摄于人民教育出版社中国百年中小学教科书陈列馆

通过以上三次基础教育课程改革，我国建立了比较完整的教育体系和适合我国国情的教育模式。这在新中国教育史上具有非常重要的意义：首先是改造旧的教育制度，党和人民掌握了教育大权，明确了新中国教育的发展方向和办学方针；其次是在教育为人民服务、为工农服务理念的影响下，工农大众获得了受教育的机会和权利，成为教育活动的最大主体；再次是多样化办学，使得学校教育和半工（农）半读、业余教育共同发展，开创了正规教育和非正规教育“两条腿走路”的教育模式；最后是培养了大批素质较高的劳动后备大军和德才兼备的建设人才，为国民经济的发展和社会进步提供了有力的人才支撑。但同时我们也应看到其弱点和不足，如前述“教育大跃进”和过分强调生产劳动而削弱了知识课程的系统性，另外还有受办学条件和师资水平的影响，中小学课程内容和教学方法比较陈旧等。

第二节　新中国师范教育的重整和发展

一、新中国成立初期师范教育体系的重整

新中国成立后，普及教育、提高民众的文化水平、培养各类建设人才成为建设新中国的重要议题。1951年8月，第一次全国师范教育会议召开，确立了师范教育的工作方针是正规师范教育与大量短期训练相结合，调整、整顿和发展各级师范学校。会议讨论通过了《师范学校暂行规程》《加强中小学教师在职学习的指示》等草案。同年10月，政务院颁布《关于学制改革的决定》，决定将师范学校归入中等专业学校，与普通中学并列，师范大学和师范学院为专门院校。10月13日，《人民日报》发表题为《大力稳定和发展小学教育，培养百万人民教师》的社论。

社论指出“师范教育好比工业中的重工业，机器中的工作母机，它是国家教育建设的根本，是全部教育工作中的中心环节”[①]。在此原则指导下，经过院系调整，师范院校全部独立开设。新中国成立时，高等师范学校有 12 所、中等师范学校有 610 所（含幼儿、初级、中级三类师范学校）。到 1957 年，高等师范学校增加到 58 所，中等师范学校增加到 592 所，在校生增长了一倍。[②]

1952 年，政府颁布《关于高等师范学校的规定（草案）》和《师范学校暂行规程（草案）》，确立了分级的师范教育体系，具体如下：高等师范学校分为师范学院（学制 4 年）或师范大学，培养高等中学和同等中学教师；师范专科学校（学制 2 年）培养初级中学和同等中学教师；中等师范学校（学制 3 年）培养初等教育和幼儿教育教师；高等和中等两类师范学校均可设函授部、速成班、培训班以及附属学校。在很长一段时期内，由于国家建设和普及义务教育的需求，中等师范学校和师范专科学校处于整体师范教育体系的中心位置。

这期间，在全面学习苏联办学经验的潮流中，凯洛夫的《教育学》被列为师范院校教育学课程的教材。各级师范学校的课程设置和教学计划也参考了苏联的教学模式，除去课堂讲授之外，还设置了讨论、实习、实验、毕业论文等环节。但是从整体上看，新中国成立以来的一段时期内，师范院校的课程除去必要的教育学课程之外，主要根据中小学课程来设置。这样虽然有利于快速培养中小学教师，但是专业面比较窄，教育理论功底不够扎实。

二、“文化大革命”前后时期师范教育的一波三折

“大跃进”背景下的“教育大革命”加快了各级各类学校的建设速度，也加大了师范学校的扩建规模。“教育为无产阶级政治服务”“教育与生产劳动相结合”的教育方针，引发了学校过多参与社会活动和生产劳动的现象，一定程度上影响了教学质量。师范教育也不例外，缩减了教育类课程，取消了实习科目，加大了文化科目的课程。

“文化大革命”开始以后，学制缩短，大学本科从 4 年变为 2～3 年，中等师范学校也从 3～4 年缩短为 2 年，教育学类课程完全取消，基础知识的学习也大大削减，包括师范大学在内的高等院校停止招生，中等师范学校也遭到了挫折。直至改革开放以后，师范教育才重整旗鼓，走上了发展之路。

第三节　成人初等教育（识字运动）

一、成人初等教育的意义

识字运动历来是我国初等教育的重要内容。早在清朝晚期，清政府直接部署开展简易识字

① 马啸风:《中国师范教育史》，40 页，北京，首都师范大学出版社，2003。
② 马啸风:《中国师范教育史》，41 页，北京，首都师范大学出版社，2003。

夫妻识字

女：黑格隆冬天上

男：出呀出星星

女：黑板上写字

男：放呀么放光明

女：什么字

男：放光明

合：学习

男：学习二字我认得清

女：认的清

男：认的清

女：要把道理说分明

庄稼人为什么样要识字

男：不识字不知道大事情

旧社会咱不识字

糊里糊涂受人欺

合：如今咱们翻了身

受苦人变成了当家的人

睁眼的瞎子怎能行

哎咳哎咳咿哟学习那文化最呀当紧

呀么嗯哎哟

教育。面对西方列强的坚船利炮，清政府认识到民众文化科学知识的欠缺是导致国家落后的重要原因，因此，于1909年计划设立简易识字学塾。1910年，学部奏准《简易识字学塾章程》，明确简易识字学塾是“专为年长失学及贫寒子弟无力就学者而设”[①]，“欲以辅小学教育之不及，而期以无人不学为归”[②]。

民国时期，国民政府也努力推进成人初等教育的实施。1914年，教育部颁布《半日学校章程》，1916年颁布《露天学校简章》，要求各地开办此类学校，为失学儿童和成人实施简易的识字等教育，这些机构和晚清时期的简易识字学塾有着相似的教育机能。

五四运动以后，晏阳初、梁漱溟等人领导的平民教育运动日渐兴起。这种教育不同于上述各类学校，是由教育家或者民间教育团体创办的、为普通民众开设的教育机构。20世纪20年代，以陶行知为代表的小先生运动，也是为了广大民众的生活、自立推广的以识字为主要内容的教育活动。这些教育先驱以其多年的研究和追求，站在普通民众的立场，立志“除文盲”“送教育”，让平民获得接受教育的机会，做新民，获新生。一曲流传在解放区直至新中国成立初期的秧歌剧里的对唱《夫妻识字》，正是这种教育效果的体现和大众心愿的表达。

新中国成立后，毛泽东非常重视成人初等教育，指出从百分之八十的人口中扫除文盲，是建立新中国的必要条件。[③]为此，政府就扫盲问题制定了诸多条例，具体规定了扫盲教育的方向、任务、方法以及标准等。除去颁布各项决定以外，政府还号召成立各种识字运动组织，如业余教育、工农速成班等，积极推进识字运动。1951年至1953年、1955年至1956年以及1958年，我国相继掀起了三次扫盲教育高潮，文盲占人口总数的比例下降到43%左右。[④]

我国政府之所以如此重视扫盲教育，是因为我国作为人口大国，文盲占的比例非常大。新

① 转引自王雷：《中国近代社会教育史》，215页，北京，人民教育出版社，2003。

② 转引自王雷：《中国近代社会教育史》，290页，北京，人民教育出版社，2003。

③ 董明传，毕诚，张世平：《成人教育史》，64页，海口，海南出版社，2002。

④ 刘立德，谢春风：《新中国扫盲教育史纲》，37页，合肥，安徽教育出版社，2006。

中国成立初期我国文盲人口占全国人口总数的80%左右，这对提高国民素质，建设新中国非常不利。为此，《共同纲领》明确提出“人民政府的文化教育工作，应以提高人民文化水平，培养国家建设人才”。第一次全国教育工作会议也强调“教育应着重为工农服务”。

扫盲教育对改变我国当时的面貌，使广大民众“睁开眼睛”“重新做人”起到的作用是毋需赘述的。然而，我们还应关注的是，扫盲教育给新中国成立以前由于未能接受教育而处于社会底层的广大民众带来的“精神上、文化上的翻身”和“人权的保障”，即“人的解放和自立”。当时，通过扫盲教育以及其后的技术培训走上重要工作岗位，或者成为技术骨干的人员不计其数。我国唯一一名从第一届连任至第十二届的全国人大代表、“共和国勋章”获得者申纪兰，就是扫盲班文凭。她所提倡的“男女同工同酬”的建议被写入中华人民共和国第一部宪法中，她的事迹是通过“文化翻身”走上“人的解放和自立”的光辉典范。这是我国通过实实在在的扫盲教育保障国民的人权、生存权以及学习权的具体体现。

图44　申纪兰

晚清时期的简易识字学塾和民国时期的半日学校、露天学校等，虽然都是政府主办的教育事业，但那是基于增强国力、对抗列强的角度，还没有落实到民众自身这个层面。而新中国扫盲教育的意义不仅在于建设国家、增强国力，而且还是广大工农大众成为国家主人这一政治上、精神上以及文化上的翻身。仅从“工农速成班”“工人业余教育”“农民业余教育”等名称和形式上，我们就可以看出，当时包括扫盲教育在内的文化教育事业是为人民服务的，这是新中国扫盲教育与其他历史阶段识字运动的最大区别，也是其最有意义的地方之一。政府尤其重视建设新中国不可或缺的工农干部的文化学习，为新中国政权的稳定和社会主义经济建设打下了坚定的基础。

二、扫盲教育的三次高潮

1949年12月，中央人民政府教育部召开第一次全国教育工作会议，提出“要做必要的准备，一边在全国范围内进行识字教育和扫除文盲的伟大工作”。1950年，教育部发布《关于举办工农速成中学和工农干部文化补习学校的指示》《关于开展职工业余教育的指示》《关于开展农民业余教育的指示》，并于同年9月召开第一次全国工农教育大会，明确提出“有计划有步骤地开展识字运动，减少工农中的文盲”。

（一）第一次扫盲教育高潮（1951—1953）

新中国成立后，工农大众翻身成为国家主人，迫切需要学习文化知识，以成为新中国建设的有生力量。从1949年冬天开始，各地先后出现夜校、家庭、邻里等形式的扫盲教育。在第一次全国工农教育大会上，毛泽东、朱德、周恩来等国家领导人亲临会场接见与会代表。

1951年至1953年全国掀起了第一次扫盲教育高潮，这是推广“速成识字法”的结果。“速成识字法”是中国人民解放军西南军区某部文化教员祁建华创造的借助拼音字母的一种识字方法。

祁建华"速成识字法"

中华人民共和国成立以后，"向工农开门"成为新民主主义教育发展的主要方向。政府通过开办识字学校、速成学校和业余学校等形式帮助人民群众提高文化水平。其中，祁建华的"速成识字法"是群众识字运动中的一大发明。祁建华是中国人民解放军西南军区某部文化教员，在教干部、战士学习文化过程中逐步摸索和总结了一套"速成识字法"。"速成识字法"共有三个教学环节。第一步，学会注音符号和拼音，掌握识字的辅助工具，战士们叫它"识字拐棍"。学习这套字母和拼音约需要二十小时。在正常工作单位的战士们一天可以学会注音字母，两天可以学会拼音。第二步，突击识字，先求会读，初步会讲。抽出1600～2000个常用字列成注音字表，学员开始靠注音来念来认，接着就脱离注音来"搬家"，认完生字需要80～100小时，经过九天的突击生字和三天的总复习，学员平均识字到2000字，最差的也能认900字。第三步，学习语文课本，开展阅读、写字、写话活动，巩固已认识的汉字。战士们随即讲解课文并阅读其他通俗读物报刊，对生字巩固熟悉后提高对字义的理解程度，提高阅读能力，并且结合习字、写作文，走向"四会"——会认、会讲、会写、会用。据介绍，1951年西南军区在12675名学员中试行"速成识字法"，学员一般只要15天时间就能识字1500个以上，能读小学课本3册，能写短稿。1951年12月15日，祁建华在教育局举办的速成识字座谈会上介绍了他的成果。1952年4月26日，《人民日报》又发表了社论《普遍推广速成识字法》，祁建华的"速成识字法"由此在全国迅速推广，教育部还把河北省定为"速成识字法"的实验区。1953年，全国共有700多万名工人、农民参与了"速成识字法"的学习。祁建华也由此获得了政务院文化教育委员会颁发的奖状，并于1952年11月15日被任命为新组建的扫除文盲工作委员会副主任委员。

顾明远:《世界教育大事典》，761页，南京，江苏教育出版社，2000。

1952年5月，教育部颁布《关于各地开展"速成识字法"的教学实验工作的通知》，同年11月决定成立"全国扫除文盲工作委员会"。1953年2月，该委员会召开第一次全国扫盲工作会议，肯定了推行"速成识字法"的成效。同年11月，扫除文盲工作委员会颁发《关于扫盲标准、扫盲毕业考试等暂行办法的通知》，规定扫盲标准为：干部、工人2000字，农民1000字。据统计，仅1953年就有3000余万人加入扫盲教育的行列，从1949年至1953年，共有700余万人脱离了文盲队伍。① 但是值得注意的是，由于时间短，力度过大，运动过程当中不可避免地有盲目、冒进的遗憾。

（二）第二次扫盲教育高潮（1955—1956）

1955 年开始，我国的社会主义改造基本完成，全国掀起建设社会主义高潮，特别是农村地区，农民参加业余教育、识字教育的热情高涨。1955 年 10 月 16 日，《人民日报》发表《关于农村扫除文盲工作》的文章，指出争取用 7 年时间，使全国青年非识字者的 80% 达到认识 1500 字的水平。第二次扫盲教育高潮随之到来。

第二次扫盲教育高潮在简单的识字基础上，有了科学文化知识的学习，这也是社会主义建设需要的新的素养。1955 年 12 月，教育部发出《关于筹办各级扫除文盲协会的通知》。1956 年 3 月，全国扫除文盲协会成立，陈毅任会长。中共中央、国务院也于 1956 年 3 月发布《关于扫除文盲的决定》，指出“在全国范围内积极地有计划有步骤地扫除文盲，使广大劳动人民摆脱文盲状态，具有现代的文化，这是我国文化上的一个大革命，也是国家进行社会主义建设中一项极为重大的政治任务”，并规定扫盲标准为：工人 2000 字，农民 1500 字。在党中央、国务院的直接领导下，各级组织积极行动。到 1956 年，全国共有 1100 万人脱离了文盲队伍。②

（三）第三次扫盲教育高潮（1958）

1958 年，随着社会主义建设进程的推进，特别是受“大跃进”浪潮的影响，全国掀起了第三次扫盲教育高潮。1958 年 2 月，教育部、团中央、全国妇联、全国扫盲协会联合召开 18 个省市扫盲工作先进单位代表会。陈毅同志在会上指出，扫盲工作是使六万万人“睁开眼睛”的工作。在中央政府的直接领导下，全国出现了“千人教”“万人学”“三代同堂”互教互学的学习热潮。1958 年 11 月，中共中央颁发《关于人民公社若干问题的决议》，指出要在成人教育中认真地扫除文盲，逐步提高教育水平。据统计，1958 年共有约 6000 万人③ 参加扫盲教育，这使大批青壮年文盲脱盲并走上建设社会主义的第一线。

图 45 扫除文盲奖状

---

① 贺向东，劳凯声，吴安民：《中国成人教育管理运作全书》，14 页，北京，中国物资出版社，1998。
② 贺向东，劳凯声，吴安民：《中国成人教育管理运作全书》，14 页，北京，中国物资出版社，1998。
③ 关世雄：《成人教育辞典》，517 页，北京，职工教育出版社，1990。

第三次扫盲教育高潮打出了“从扫识字盲，扫文化盲，到扫科学盲”的口号①，较之前两次高潮，又有了新的高度和提升。陈毅曾经强调“扫盲就是文化的开始，科学的开始”，强调了扫盲教育与经济建设的关系。这种在实践中得出的经验和认识非常有意义。到 1959 年，文盲比例从新中国成立初期的 80% 下降到 43% 左右，这表明扫盲教育取得了可喜的成就。1959 年开始的三年自然灾害，扫盲教育随之走入了低谷。直至改革开放之后，中央政府重视教育，特别是重抓初等教育，扫盲教育又有了起色。

思考题

1. 简述新中国初等教育的意义。
2. “十七年教育”的脉络和历史作用是什么？
3. 新中国师范教育的主要机构和中心任务是什么？
4. 简述新中国成人扫盲教育的意义和成果。
5. 小组讨论初等教育和成人初等教育的关系。

---

① 贺向东，劳凯声，吴安民:《中国成人教育管理运作全书》，16 页，北京，中国物资出版社，1998。

参考资料

国内资料

一、著作

1. 汪懋祖．美国教育彻览．上海：中华书局，1922.

2. 中华教育改进社．中国教育统计概览．上海：商务印书馆，1924.

3. 周予同．中国现代教育史．上海：良友图书印刷公司，1934.

4. 陈鹤琴．活教育理论与实施．上海：立达图书服务社，1949.

5.（宋）王溥．唐会要．北京：中华书局，1955.

6. 中共中央马克思恩格斯列宁斯大林著作编译局．列宁全集（第33卷）．北京：人民教育出版社，1957.

7. 孟宪承，陈学恂，张瑞璠，等．中国古代教育史资料．北京：人民教育出版社，1961.

8. 曹孚．外国教育史．北京：人民教育出版社，1962.

9.《宋会要辑稿·崇儒》，开封：河南大学出版社，2000.

10.（明）宋濂．元史．北京：中华书局，1976.

11. 张枬，王忍之．辛亥革命前十年间时论选集（第一卷上册）．北京：生活·读书·新知三联书店，1960.

12. 上海教育出版社．老解放区教育工作回忆录．上海：上海教育出版社，1979.

13. 舒新城．中国近代教育史资料（下册）．北京：人民教育出版社，1981.

14. 杜威教育论著选．赵祥麟，王承绪，译．上海：华东师范大学出版社，1981.

15. 中央教育科学研究所，陈元晖，璩鑫圭，邹光威，等．老解放区教育资料（一）．北京：教育科学出版社，1981.

16. 高觉敷．西方近代心理学史．北京：人民教育出版社，1982.

17. 人民教育出版社教育室．马克思恩格斯列宁论教育．北京：人民教育出版社，1993.

18. 山东省教育史志编纂委员会办公室．山东教育史志资料．济南：山东省教育史志编纂委员会办公室，1983.

19. 陈学恂．中国近代教育文选．北京：人民教育出版社，1983.

20. 北京市教育科学研究所．陈鹤琴教育文集（上卷）．北京：北京出版社，1983.

21. 马端临．文献通考．北京：中华书局，1986.

22. 吴式颖．马卡连柯教育文集．北京：人民教育出版社，1985.
23. 朱有瓛．中国近代学制史料（第一辑下册）．上海：华东师范大学出版社，1986.
24. 陈学恂．中国近代教育史教学参考资料（上册）．北京：人民教育出版社，1986.
25. 陈学恂．中国近代教育史教学参考资料（下册）．北京：人民教育出版社，1987.
26. 张念宏．教育学辞典．北京：北京出版社，1987.
27. 朱有瓛．中国近代学制史料（第二辑上册）．上海：华东师范大学出版社，1987.
28. 赵祥麟．外国现代教育史．上海：华东师范大学出版社，1987.
29. 毛礼锐，沈灌群．中国教育通史（第五卷）．济南：山东教育出版社，1988.
30. 中央教育科学研究所．中国现代教育大事记．北京：教育科学出版社，1988.
31. 瞿葆奎．教育学文集·苏联教育改革．北京：人民教育出版社，1988.
32. 滕大春，戴本博．外国教育通史（ 第 1 卷）济南：山东教育出版社，1989.
33. 滕大春，任钟印．外国教育通史（第 3 卷）．济南：山东教育出版社，1990.
34. 关世雄．成人教育辞典．北京：职工教育出版社，1990.
35. 熊明安．中华民国教育史．重庆：重庆教育出版社，1997.
36. 董远骞，施毓英．俞子夷教育论著选．北京：人民教育出版社，1991.
37. 陶行知全集（二）．成都：四川教育出版社，1991.
38. 钟启泉．国外课程改革透视．西安：陕西人民出版社，1993.
39. 徐辉，郑继伟．英国教育史．长春：吉林人民出版社，1993.
40. 王天一，夏之莲，朱美玉．外国教育史（上册）．北京：北京师范大学出版社，1993.
41. 滕大春，王桂．外国教育通史（第 6 卷）．济南：山东教育出版社，1994.
42. 罗荣渠．现代化新论．北京：商务印书馆，2009.
43. 王桂．当代外国教育．北京：人民教育出版社，1995.
44. 顾明远．教育大辞典（增订合编本上）．上海：上海教育出版社，1998.
45. 贺向东，劳凯声，吴安民，等．中国成人教育管理运作全书．北京：中国物资出版社，1998.
46. 吴洪成．中国教会教育史．重庆：西南师范大学出版社，1998.
47. 吴式颖．外国教育史教程．北京：人民教育出版社，1999.
48. 吴文侃，杨汉青．比较教育学．北京：人民教育出版社，1989.
49. 王英杰．美国教育．长春：吉林教育出版社，2000.
50. 顾明远．世界教育大事典．南京：江苏教育出版社，2000.
51. 于钦波，刘民．外国德育思想史．成都：四川教育出版社，2000.
52. 田正平，肖朗．中国近代义务教育研究．杭州：浙江教育出版社，2000.
53. 陈乃林．面向 21 世纪中国终身教育体系研究．北京：高等教育出版社，2002.
54. 滕大春．外国近代教育史．北京：人民教育出版社，2002.
55. 董明传，毕诚，张世平．成人教育史．海口：海南出版社，2002.
56. 王雷．中国近代社会教育史．北京：人民教育出版社，2003.
57. 马啸风．中国师范教育史．北京：首都师范大学出版社，2003.

58. 杨兰英．德国教育改革与早期现代化．长沙：湖南师范大学出版社，2003.
59. 高金岭．俄罗斯基础教育．广州：广东教育出版社，2004.
60. 田正平．中外教育交流史．广州：广东教育出版社，2004.
61. 王凌皓．中国教育史纲要．北京：人民教育出版社，2005.
62. 滕大春．外国教育通史．济南：山东教育出版社，2005.
63. 刘立德，谢春风．新中国扫盲教育史纲．合肥：安徽教育出版社，2006.
64. 闫玲玲．英国1944年教育法评述．武汉：华中师范大学出版社，2006.
65. 吴洪成．中国小学教育史．太原：山西教育出版社，2006.
66. 钟文芳．西方近代初等教育史．上海：上海科技教育出版社，2006.
67. 崔运武．中国师范教育史．太原：山西教育出版社，2006.
68. 单中惠．外国教育思想史．北京：高等教育出版社，2000.
69. 孙培青．中国教育史．上海：华东师范大学出版社，2009.
70. 陈学恂．中国教育史研究（现代分卷）．上海：华东师范大学出版社，2009.
71. 陈琦，刘儒德．当代教育心理学．北京：北京师范大学出版社，2010.
72. 曲铁华．新编中国教育史．长春：东北师范大学出版社，2011.
73. 彭正梅．德国教育学概观：从启蒙运动到当代．北京：北京大学出版社，2011.
74. 陈鹤琴．活教育．南京：南京师范大学出版社，2012.
75. 华东师范大学教育系，杭州大学教育系．现代西方资产阶级教育思想流派论著选．北京：人民教育出版社，1980.
76. 王定华．透视美国教育．北京：北京大学出版社，2012.
77. 袁贵仁．中国教育．北京：北京师范大学出版社，2013.
78. 徐辉，冉春．抗战大后方教育研究．重庆：重庆出版社，2015.
79. 陈青之．中国教育史．北京：中国文史出版社，2016.
80. 张挚，张玉龙．中央苏区教育史料汇编（下册）．南京：南京大学出版社，2016.

二、论文

1. 林承节．周一良教授论日本近代史分期．北京大学学报，1963（2）.
2. 胡平生，韩自强．《苍颉篇》的初步研究．文物，1983（2）.
3. 于沛．苏联扫盲运动（1919–1939）．华东师范大学学报（教育科学版），1984（1）.
4. 钱曼倩．钟天纬与上海三等公学．华东师范大学学报（教育科学版），1985（8）.
5. 程西筠．论19世纪英国初等教育改革．世界历史，1989（4）.
6. 张丽．法国茹尔·费里的初等教育改革．世界历史，1994（4）.
7. 罗荣渠．“现代化”的历史定位与对现代世界发展的再认识．历史研究，1994（3）.
8. 李维．试论英国工业革命和初等教育普及的关系．世界历史，1995（1）.
9. 王炳照．中国师资培养与师范教育——纪念中国师范教育100周年．高等师范教育研究，1997（6）
10. 张海鹏．关于中国近代史的分期及其“沉沦”与“上升”诸问题．近代史研究，1998(2).

11. 唐黎．美国初等教育的历史变迁．四川教育学院学报，2002，18（5）．
12. 许永璋，于兆兴．世界近代史断限问题新探．史学月刊，2003（1）．
13. 贺国庆．近代德国普及教育之路．河北师范大学学报（教育科学版），2003，5（1）．
14. 李海峰，祝晓香．古代西亚苏美尔人的学校教育．阿拉伯世界，2003（6）．
15. 金冲及．中国近代历史的几个根本问题．中共党史研究，2005（3）．
16. 杨大伟．凯洛夫《教育学》：斯大林意识形态的教育代表作．全球教育展望，2007（8）．
17. 金宏伟．徐特立与田汉．纪念徐特立诞辰130周年学术研讨会论文集，2007.
18. 向荣．世界史与和谐世界．历史研究，2008（2）．
19. 单中惠．一种值得重视的教育史研究范式——以《外国中小学教育问题史》《外国大学教育问题史》为例．河北大学学报（哲学社会科学版），2008（3）．
20. 陈沛志，王亚军．浅析宗教改革对西欧近代教育世俗化的影响．历史教学，2008（8）．
21. 梁堂华．徐特立与田汉的一生情谊．党史博采，2009（4）．
22. 夏晓虹．《蒙学课本》中的旧学新知．清华大学学报（哲学社会科学版），2009（4）．
23. 李世安．略谈世界现代史的开端问题．温州大学学报·社会科学版，2010，23（1）．
24. 曾晓阳．试析法国近代两次“教科书战争”．世界历史，2010（5）．
25. 钱乘旦，吕一民，徐健．“十一五”期间的世界近代史研究．世界历史，2011（4）．
26. 常红梅，代钦．清末小学算术教科书个案分析——以《初等小学用最新笔算教科书》为例．内蒙古师范大学学报（教育科学版），2016，29（4）．

国外资料

1.［苏］米定斯基．世界教育史．叶文雄，译．北京：生活·读书·新知三联书店，1950.
2.［苏］司徒卢威．古代的东方．陈文林，贾刚，萧家琛，译．北京：人民教育出版社，1955.
3.［苏］凯洛夫．教育学．陈侠，译．北京：人民教育出版社，1957.
4.［美］泰益克·大卫．美国教育史上的转折点．历史学家谈美国，1967.
5.［苏］马卡连柯．教育诗（第三部）．许磊然，译．北京：人民文学出版社，1978.
6.［美］布鲁纳．教育过程．邵瑞珍，译．北京：化教育出版社，1982.
7.［苏］米·伊·加里宁．论共产主义的教育和教学．陈昌浩，沈颖，译．北京：人民教育出版社，1981.
8.［苏］B.A. 苏霍姆林斯基．帕夫雷什中学．赵伟，王义高，蔡兴文，等，译．北京：教育科学出版社，1983.
9.［美］卡罗尔·卡尔金斯．美国文化教育史话．邓明言，译．北京：人民教育出版社，1984.
10.［英］博伊德，金．西方教育史．任宝祥，吴元训，译．北京：人民教育出版，1985.
11.［希腊］希罗多德．历史（下卷）．王以铸，译．北京：商务印书馆，1985.
12.［德］弗·鲍尔生．德国教育史．滕大春，滕大生，译．北京：人民教育出版社，1986.
13.［苏］鲍里斯·塔尔塔科夫斯基．苏霍姆林斯基的一生．唐其慈，毕淑芝，赵玮，等，译．北京：教育科学出版社，1986.

14. [美] S.E. 佛罗斯特 . 西方教育的历史和哲学基础 . 吴元训，张俊洪，宋富钢，等，译 . 北京：华夏出版社，1987.

15. [日] 持田荣一，森隆夫，诸冈和房 . 终身教育大全 . 龚同，林瀛，邢齐一，等，译 . 北京：中国妇女出版社，1987.

16. [法] 保罗 · 朗格让 . 终身教育导论 . 滕星，滕复，王箭，译 . 北京：华夏出版社，1988.

17. [美] 约翰 · 杜威 . 民主主义与教育 . 王承绪，译 . 北京：人民教育出版社，1990.

18. [捷克] 夸美纽斯 . 大教学论 . 傅任敢，译 . 北京：人民教育出版社，1984.

19. [美] 卡尔·R. 罗杰斯 . 个人形成论：我的心理治疗观 . 杨广学，尤娜，潘福勤，译 . 北京：中国人民大学出版社，2004.

20. 罗杰斯著作精粹 . 刘毅，钟华，译 . 北京：中国人民大学出版社，2006.

21. [美] 简 · 杜威 . 杜威传 . 单中惠，编译 . 合肥：安徽教育出版社，2009.

22. [美] 茨威格 . 人类群星闪耀时 . 高中甫，潘子立，译 . 天津：天津人民出版社，2011.

23. [美] R. 弗里曼 · 波茨 . 西方教育文化史 . 王凤玉，译 . 济南：山东教育出版社，2013.

24. [瑞] 阿 · 布律迈尔 . 裴斯泰洛齐与当代教育 . 顾正祥，译 . 北京：中央编译出版社，2013.

25. [美] 保罗 · 约翰逊 . 英雄：从亚历山大大帝、尤里乌斯 · 凯撒到丘吉尔和戴高乐 . 张薇薇，译 . 北京：中信出版社，2014.

26. P. Roman. A Test-Book in the History of Education. New York: Macmillan Press, 1919.

27. J. Bowen. A History of Western Education Vol. Ⅱ. London: Routledge Press, 1987.

其 他

1. 国民政府资料《教育》(复印资料)

2. 延安《解放日报》，1940 年 2 月 8 日

3. 陕西师范大学教育研究所 . 陕甘宁边区教育资料 (小学教育部分上册) . 北京：教育科学出版社，1981.

4.《陕甘宁边区第四次三科长联席会议的总结报告》，1941 年 10 月 .

5. 中华人民共和国教育部办公厅 . 教育文献法律汇编 (1949-1952)，1958.

6. 梁启超 . 饮冰室合集 · 专集 (第 1 册) . 北京：中华书局，1989.

7. 梁启超全集 . 北京：北京出版社，1999.

8. 当年明月 . 明朝那些事儿 (第 4 部) . 杭州：浙江人民出版社，2001.

9. 周洪宇 . 生活教育导读 . 福州：福建教育出版社，2013.

10. 李喜所，元青 . 梁启超新传 . 北京：商务印书馆，2015.

11. 张光奇 . 古代教育 . 合肥：黄山书社，2016.

12. 安之忠，林锋 . 一颗心的史诗 王阳明大传 . 北京：当代世界出版社，2018.